■ 企业税收安全

■ 企业税收安全

■ 经典案例实操

U0582772

建筑房地产企业
税收安全策略

Tax safety strategy of building and real estate enterprises

肖太寿　高亚莉　著

经济管理出版社

ECONOMY & MANAGEMENT PUBLISHING HOUSE

图书在版编目（CIP）数据

建筑房地产企业税收安全策略/肖太寿，高亚莉著. —北京：经济管理出版社，2018.10

ISBN 978-7-5096-6100-0

Ⅰ. ①建⋯ Ⅱ. ①肖⋯②高⋯ Ⅲ. ①建筑企业—税收管理—研究—中国 ②房地产企业—税收管理—研究—中国 Ⅳ. ①F812.423

中国版本图书馆 CIP 数据核字（2018）第 240701 号

组稿编辑：王光艳

责任编辑：魏晨红　许　艳

责任印制：司东翔

责任校对：王纪慧

出版发行：经济管理出版社

（北京市海淀区北蜂窝 8 号中雅大厦 A 座 11 层　100038）

网　　址：www. E-mp. com. cn

电　　话：（010）51915602

印　　刷：三河市延风印装有限公司

经　　销：新华书店

开　　本：720mm×1000mm /16

印　　张：21.25

字　　数：316 千字

版　　次：2018 年 11 月第 1 版　2018 年 11 月第 1 次印刷

书　　号：ISBN 978-7-5096-6100-0

定　　价：88.00 元

前言

　　企业税收安全是企业的核心竞争力指标，它是企业依照税法规定依法纳税，消除多缴纳税款或漏税以致被税务机关稽查的风险，以及与税务机关和谐相处化解税企争议，争取最大税收政策红利的一种状态。企业税收安全的主要表现形式：合法纳税，不漏税，不骗取国家退税款，具有良好的和谐税企关系，化解税企争议，建立健全的税务风险控制机制，将税收风险消除在萌芽状态中，节税是企业控制成本的核心。提升企业税收安全的主要手段：事前税务规划、事中税务管理和事后纳税自查。

　　企业要在经营中规避各种税收风险，提升企业税收安全，维持企业健康持续经营，作为企业老板和企业财务负责人一定要重视企业税收安全策略。为了提高广大企业老板和财务负责人对企业自身税收风险的掌控能力，策划好企业的税收安全战略，本人结合自己多年在税务实践中的职业操守经验和对国家最近颁布的新税收政策的研究，特意编写了《建筑房地产企业税收安全策略》。

　　本书从篇章结构来看，主要分为五章：企业税收安全的基本理论；建筑房地产企业税收安全策略一：法务、财务和税务融合控税；建筑房地产企业税收安全策略二：巧签合同促节税；建筑房地产企业税收安全策略三：法律框架下合法税务筹划；建筑房地产企业税收安全策略四：建立涉税内控制度。

第一章：企业税收安全的基本理论

企业税收安全是很多企业决策层和管理层在企业经营管理中最关心的热点和难点问题，也是现代企业财务和税务管理中不可回避的问题。在现代企业管理的意识形态中，税收安全越来越得到企业家们的重视和关注，但是，在财税管控实践中，对于应如何提升企业的税收安全，缺乏系统的理论指导。因此，了解企业税收安全的基本理论，是企业管理中的必备课题之一。

第二章：建筑房地产企业税收安全策略一：法务、财务和税务融合控税

所谓的法务、财务和税务融合控税是指企业经济业务的税务处理，首先要符合《中华人民共和国民法》《中华人民共和国合同法》《中华人民共和国劳动合同法》《中华人民共和国公司法》《中华人民共和国广告法》《中华人民共和国土地法》《中华人民共和国建筑法》等民事法规、行政法规的相关法律规定，然后在符合税法和《企业会计准则》的规定下，进行财务和税务处理。也就是说，企业在对某些特殊的经济业务进行税务处理时，由于税法没有明确的规定，在进行税务处理时更应该依照相关的民事和行政法律法规进行处理。即企业的涉税事项处理，必须在相关法律规定的框架下进行。例如，根据《中华人民共和国建筑法》的规定，挂靠一家建筑公司资质从事承接业务的行为（以下简称挂靠行为）是违法行为，而根据《财政部、国家税务总局关于全面推开营业税改征增值税试点的通知》（财税〔2016〕36号）的规定，建筑工程总分包行为中，总包可以扣除分包的销售额，实行差额征收增值税优惠政策。当分包方是被挂靠的建筑企业，与建筑总承包资质企业签订总分包合同时，总承包方要享受差额征收增值税政策，必须在法律上与被挂靠方签订分包合同。在财务上，必须实行报账制度，即挂靠方在施工过程中发生的各类成本费用，应开成以被挂靠方为抬头的

发票，统一交给被挂靠方进行账务核算，所有的资金都以被挂靠方的账户进行收支结算。在工程结算上，挂靠方必须以被挂靠方的名义与总包进行结算。通过以上方法处理，将违背《中华人民共和国建筑法》规定的挂靠行为，变成形式上的合法行为，就可以依据税法规定进行差额征收增值税。因此，企业税收安全的提升必须遵循税务与法务处理相统一的原则。

本章主要介绍法务、财务和税务融合控税的三大实操要点：第一，税务处理需要参照有关法律的规定。即在应用税法条文的规定进行税务处理时，对税法条文中没有明确规定的地方，需要相关法律的规定进行佐证。第二，税法上没有规定的，必须依据民商法的相关规定进行税务处理。即一笔经济业务的税务处理，在税法没有规定的情况下，必须以相关法律、司法解释中的规定为主。第三，企业的财务处理有时仅依据《会计准则》规定还不够，还要结合税法和相关民商法的规定进行处理。即有的经济业务，在进行账务处理时，必须依据税法、《会计准则》和相关民商法律的规定进行。在这实操要点的前提下，本章重点介绍建筑房地产企业八大法务、财务和税务融合控税的实操业务处理。

第三章：建筑房地产企业税收安全策略二：巧签合同促节税

经济合同是调整民事平等主体之间权利和义务的重要法律凭证，也是企业管理层用来管理企业税务事项的重要工具。许多企业决策层和管理层在开展企业税务管理时，经常忽略经济合同在控制和降低企业税负中的重要作用，甚至错误地认为，经济合同是法律部门或合同管理部门的事情，与财务部门没有任何关系，或者认为经济合同与企业的税收没有任何关系。其实，在企业税务管理实践中，经济合同的正确签订，或者说经济合同的巧妙签订与一个企业的税负有千丝万缕的关系。因为，经济合同决定了企业的业务流程；经济合同决定了企业的票价开具；经济合同决定了企业的账务和税务处理。所以，企业家们一定要记住：企业的税收不是企业财务做账做出来的，而是企业做业务做出来的；降低企业税负的关键环节是合同的签订环节。因此，无论是合同管理部门、法律部门还是财务部门，更重要的是企业高管层必须重视合同控税的相关原理和一些策略方法，在签订合同前，应该进行企业的相关涉税分析，保证合同签订后所决定的业务能够真正为企业降低税负，即事前进行企业税收筹划的重要工具是经济合同。

本人结合实践，在本章主要介绍两部分内容：一是建筑房地产企业节税的关键性合同条款剖析。这部分内容主要分析合同中的"合同价"条款、"材料与设备供应"条款、"工程结算和支付"条款和"发票开具"条款与企业的涉税处理的关系以及节税的巧妙签订方法。二是重点介绍并通过案例分析了建筑房地产企业节税的10个合同签订要点。

第四章：建筑房地产企业税收安全策略三：法律框架下合法税务筹划

税务筹划是在法律允许的范围内，运用国家的税收政策和有关法律规定，对企业的经济活动进行安排，使企业减轻纳税负担的一种理财活动。纳税筹划一定是一种合法行为，而不是有些人所讲的钻法律的空子而使企业少纳税的一种活动。由于税务筹划运用不当会面临着很大的税务风险，在现代税收筹划理论指导下，税务筹划面临一定的涉税法律风险、涉税行政执法风险、涉税经济风险、涉税信誉风险和涉税心理风险。真正的税务筹划在于筹划方案要遵循税收法律、法规的要求，根据税收法规中明确列出的优惠条款，对应税经济行为进行主动性适应安排和对会计政策进行灵活选择，从形式到内容合法并符合立法意图，且符合道德伦理，光明正大。因此，税务筹划必须在新的税务筹划理念的指导下，在法律框架下进行策划，企业的节税目的才会没有法律风险。

本章从实践业务出发，首先重点分析"建筑房地产企业税务筹划"必须遵循的三大新理念：一是用好用足国家税收（优惠）政策是最好的税务筹划；二是税务筹划必须在法律框架下合法筹划；三是税务筹划与企业战略管理相结合。在这三大新税务筹划理念下，重点举例分析四种建筑房地产企业税务筹划的秘诀和良方。

第五章：建筑房地产企业税收安全策略四：建立涉税内控制度

制度是规范一个经济主体行为规范的总和，任何公司在经营过程中都有各自的公司管理制度。如果从制度与税收有无关系的角度来划分，公司管理制度分为涉税管理制度和非涉税管理制度。由于公司的各项制度都会影响一个公司的成本和收入，从而影响一个公司的税收成本。制度定江山，制度才是真正的老板，说的就是制度会严重影响一个公司的经营状况和经验成果，特别是涉税制度会严重影响一个公司缴纳多少税收。例如，公司的工资薪酬制度、劳动保护制度、安全生产经营制度、营销制度、采购制度、公司费用报销制度、业绩考核制度、招投标制度、人事管理制度、产品售后管理制度等都会影响企业的成本从而影响企业税负。因此，制度控税的实质是利用国家税收政策，给企业设计和制定低税负的企业制度，使企业在涉税制度的安排下进行有序的生产经营活动，达到低税负的目的。制度控税的思想也给企业提供了一条税收规划的思路，即为了让企业实现低税负的目的，应该多从制度上下功夫，在"有制度才能成方圆"的理念下，给企业设计和制定各种低税负的涉税内控制度。

本章主要介绍四部分内容：一是涉税内控制度影响企业税负；二是建筑企业内部承包经营节税的内控管理制度设计；三是建筑企业挂靠工程税收安全的五项涉税内控制度设计；四是节约社保费用的职工福利费制度和职工培训制度设计。通过这些涉税内控制度设计的案例分析，充分证明企业为了节税必须建立良好的涉税内控制度。

本书的研究思路和技术路线如图0-1所示。

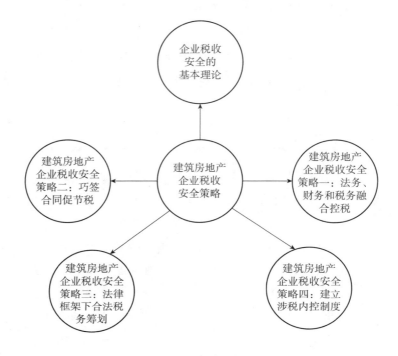

图 0-1　本书研究思路和技术路线

本书具有以下特点：

1. 内容很有新颖性和创新性

本书是基于国家颁布的最新税收政策而编写的税务实践之书。笔者从法务与税务相统一、合同控税、账务控税和制度控税四维角度，巧妙地把最新税收政策应用到企业租赁合同、建筑总承包合同、专业分包合同、劳务分包合同、包工包料合同当中，通过合同管理、合同设计和制度设计，从源头上来控制企业的涉税风险，提高企业的税收安全，具有很强的新颖性和时代的创新性。

2. 实用性和操作性强

本书收集了较多的实例，大部分是来自本人在全国财税培训实践中所积累的实例，特别是建筑和房地产行业中的众多实例，是本人在长期税务咨询实践中收集的真实案例，让读者看后，就知道怎样在税务实务中处理各类合同中存在的可能涉税风险点，富有实际操作性和可行性。

希望本书能够作为各地税务干部、财务总监、财务部经理、企业家或老板的培训教材，也可以作为广大教师、科研人员、税务官员、注册税务师、注册会计师和税务律师的参考用书。

由于时间仓促，书中错误之处在所难免，敬请读者谅解！

2018 年 11 月于肖太寿财税工作室

获得更多精彩内容，请扫描并关注肖太寿财税工作室

公众微信号：xtstax

第二章 建筑房地产企业税收安全策略一：法务、财务和税务融合控税

第三章　建筑房地产企业税收安全策略二：巧签合同促节税

第四章　建筑房地产企业税收安全策略三：法律框架下合法税务筹划

第五章 建筑房地产企业税收安全策略四：建立涉税内控制度

第一节 涉税内控制度影响企业税负 //289

1

企业税收安全的基本理论

企业税收安全是企业的核心竞争力指标，它是企业依照税法政策规定依法纳税，消除多缴纳税款或漏税以致被税务机关稽查的风险，以及与税务机关和谐相处化解税企争议，争取最大税收政策红利的一种状态。企业税收安全的主要表现形式：合法纳税，不漏税，不骗取国家退税款，具有良好的和谐税企关系，化解税企争议，建立健全的税务风险控制机制，将税收风险消除在萌芽状态中，节税是企业控制成本的核心，税务风险管理和防范是企业管理中的关键。要提高企业的核心竞争力，实现税收安全目标，要注重提升企业税收安全的三步法即事前税务规划、事中税务风险管理和事后纳税自查，排除纳税盲点。同时，提升企业税收安全，必须遵循三大原理：三证统一（法律凭证、会计凭证和税务凭证相统一）、三价统一（合同价、发票价和结算价相统一）和四流统一（资金流、发票流和物流或劳务服务流相统一）。因此，在企业的经营管理实践中，必须将税收安全作为企业管理的重要目标加以重视，才能真正提高企业的市场竞争力。

第一节　企业税收安全的内涵

税收安全已经越来越成为企业竞争中的一个核心竞争力指标。税收安全也是企业税务管理中必须重视的一个重要目标。在企业管理实践中，企业税收安全有多种表现形式，其与企业税务风险有着重要的内在逻辑关系。要控制企业的税收风险，提升企业的税收安全能力，必须全面了解和分析企业税收安全的内涵。

一、什么是企业税收安全

理论学术界对"安全"定义的研究较多。例如，国家标准（GB/T 28001）对"安全"给出的定义是："免除了不可接受的损害风险的状态。"中国政法大学出版社 2004 年版《国家安全学》对"安全"概念的解释如下：安全是一种状态，即通过持续的危险识别和风险管理过程，将人员伤害或财产损失的风险降低并保持在可接受的水平或其以下。但有关研究企业税收安全的理论文献甚少，对税收安全的学术定义也很少。笔者根据多年的税收理论研究和税务实践，对税收安全的定义和界定分析如下：

什么是企业税收安全？笔者认为，所谓的企业税收安全是指企业用足用好税收政策实现合法合理纳税，免除多缴纳税款或漏税以致被税务机关稽查的风险，以及与税务机关和谐相处化解税企争议，争取最大税收政策红利的一种状态。也就是说，针对企业而言，税收安全有三层含义：一是企业充分利用税收政策，避免多缴税、交冤枉税和过头税的风险；二是识别和控制企业业务流程中潜在的税收风险，避免被税务机关稽查从而导致税收罚款和缴纳税收滞纳金的风险；三是运用税务规划手段，达到企业合法合理节税的目的。

关于"企业没有充分利用税收政策，出现多缴税、交冤枉税和过头税的风险"的例子举不胜举。例如，销售自产货物并提供建筑、安装服务的建筑企业适用的国家税收政策有两个：一是《国家税务总局关于进一步明确营改增有关征管问题的公告》（国家税务总局公告 2017 年第 11 号）第一条给予了明确规定：**纳税人销售活动板房、机器设备、钢结构件等自产货物的同时提供建筑、安装服务，不属于《营业税改征增值税试点实施办法》（财税〔2016〕36 号文件）第四十条规定的混合销售，应分别核算货物和建筑服务的销售额，分别适用不同的税率或者征收率。**二是《国家税务总局关于明确中外合作办学等若干增值税征管问题的公告》（国家税务总局公告 2018 年第 42 号）第六条第一款规定："**一般纳税人销售自产机器设备的同时提供安装服务，应分别核算机器设备和安装服务的销售额，安装服务可以按照甲供工程选择适用简易计税方法计税。**"根据此两项税收政策的规定，销售自产货物并提供建筑、安装服务的施工企业，在与发包方签订一份包工包料合同的情况下，其增值税的处理如下：①必须按照兼营行为进行增值税处理：销售货物部分按照 16% 的增值税税率计算增值税销项税额。②建筑安装服务部分的增值税处理分两种情况：其一，如果销售自产的是机器设备，则安装设备的安装服务费用可以选择 10% 计征增值税，也可以按照 3% 计征增值税；其二，如果销售自产的是非机器设备，则建筑服务部分按照 10% 计征增值税。可是不少生产中央空调冷暖系统并提供安装的建筑安装企业在与发包方签订包工包料合同后，往往中央空调冷暖系统设备按照 16% 计征增值税，安装服务费用按照 10% 计征增值税，而没有选择简易计税方法，按照 3% 计征增值税，致使企业多缴纳 7 个百分点的增值税。这就是没有根据《国家税务总局关于明确中外合作办学等若干增值税征管问题的公告》（国家税务总局公告 2018 年第 42 号）第六条第一款"**一般纳税人销售自产机器设备的同时提供安装服务，应分别核算机器设备和安装服务的销售额，安装服务可以按照甲供工程选择适用简易计税方法计税**"的规定，享受少缴纳增值税政策红利的表现。也就是说，中央空调冷暖系统并提供安装的建筑安装企业没有充分利用好国家税收政策《国家税务总局关于明确中外合作办学等若干增值税征管问题的公告》（国家税务总局公告 2018 年第 42 号）第六条第一款的规定，出现了多缴税、交冤枉税和过头税的税收风险，这就是企业税收不安全的表现。

二、企业税收安全的表现形式

企业税收安全在企业经营中有一定的表现形式，具体而言，主要有以下几种表现形式：

（一）合法纳税，不漏税

合法纳税中的"合法"是指依据税法的规定进行纳税，不曲解税法规定，严格按照税法的规定，计算企业应缴纳税款的多少，在规定的纳税义务时间内及时申报税款，不提前或滞后申报纳税。漏税是指纳税人无意识地漏缴或者少缴税款的行为。漏税是由于纳税人不熟悉税法规定和财务制度，或者由于工作粗心大意等原因造成的。如错用税率、漏报应税项目、少计应税数量、错算销售金额和经营利润等。实践中的合法纳税有严格的法律界定，可以从以下几方面来理解：

第一，正确理解并运用国家和国际税收政策。对税收政策理解不当导致运用不当而使企业多交了不应该交的税；或者使企业少交了应该缴纳的税从而产生未来税务稽查的风险。

第二，享受国家税收优惠政策红利时，到当地税务主管部门履行有关的备案手续。税收优惠政策是国家给予符合一定条件的企业的一种税收照顾，企业为了享受国家的税收优惠政策必须持相关的资料到当地税务主管部门进行备案，否则不可以享受税收优惠政策。

第三，知道国家税收政策的时效性，能清楚了解哪些税收政策失效，哪些税收政策有效。如果企业不了解国家最新的税收调整政策，依据已经失效的税收政策缴税，将由合法变为不合法。税收政策的时效性增加了纳税人提升企业税收安全的难度。

某投资企业投资政府土地改造项目不理解税收政策而多交税

一、案情介绍

某投资公司的经营范围为对土地开发、基础设施建设、公共配套设施进行投资。该公司与当地政府合作，负责当地一片区土地一级开发业务，并与政府成立的一个投资公司签订了《合作开发协议》，开发范围包括对项目地块及该区域之上的全部附着物和地上物、相关单位和人员进行征地、拆迁、补偿、安置，建设项目地块范围内所需配套的水、电、排污、燃气、通信等市政管网及区域道路，相应土地的"七通一平"，与项目相关的河道防洪堤、河道清淤、两岸绿化等工程。土地达到挂牌出让条件后，由政府进行出让并收取土地出让金。土地出让金扣除各项应纳基金及开发成本后为土地净收益，双方按照规定比例进行分配。

投资公司在开发土地过程中，委托施工单位建设橡胶坝工程、路网工程，两项工程均按照招投标手续发包给具有相应资质的建筑企业施工，并取得相应建筑业发票，建筑企业已按照发票缴纳了相应税款。

投资公司在核算过程中，对橡胶坝工程和路网工程根据工程预算成本按照"建筑业"税目计算缴纳了增值税及附加等税费219万元；对分得的投资收益，按照"服务业——代理"税目计算缴纳增值税及附加89万元。请分析该投资公司是否多交税。

二、涉税安全分析

当前，一些纳税人（以下称投资方）与地方政府合作，投资政府土地改造项目，土地拆迁、安置及补偿工作由政府指定其他纳税人进行，投资方负责按计划支付土地整理所需资金，同时，与规划设计单位和施工单位签订劳务合同，协助政府完成土地规划设计、场地平整、地块周边绿化等工作，并直接向规划设计单位和施工单位支付设计费和工程款，当该地块符合国家土地出让条件时，地方政府将该地块进行挂牌出让，实现的收益或亏损均由投资方自行承担。通过该投资行为，投资者获得的收益应如何进行税务处理？要从两方面来分析：

第一，如果社会民间投资者与政府签订的国有土地一级开发协议中约定以下内容：当土地达到招挂拍的条件，土地对外拍卖，无论拍卖价是否超过社会民间投资者投入一级土地开发的投资成本（包括投资资金的融资成本费用），政府在一定的期限内偿还投资者投入的资本金和有关资本金所发生的融资利息费用。则投资者获得政府给予的投资成本和融资利息费用视同贷款服务，按照贷款服务缴纳增值税和企业所得税。

根据《财政部、国家税务总局关于全面推开营业税改征增值税试点的通知》（财税〔2016〕36号）附件《销售服务、无形资产、不动产注释》第一条第（五）项对于金融服务的规定，贷款服务是指将资金贷与他人使用而取得利息收入的业务活动，以货币资金投资收取的固定利润或者保底利润，按照贷款服务缴纳增值税。基于此规定，政府与社会民间投资签订的国有土地一级开发协议约定：民间投资者不承担风险，无论开发的国有土地是否对外拍卖，拍卖价是高于还是低于社会民间投资者在国有土地一级开发中的投资本金，政府都保证一定期限内偿还社会投资者的投资本金，而且还按照银行同期限的贷款利率给投资融资利息。这种合同约定的实质是，社会民间投资者以货币资金投资收取的固定利润或者保底利润，应按照贷款服务缴纳增值税。社会民间投资者获得的融资利息应该缴纳企业所得税。

第二，如果社会民间投资者与政府签订的国有土地一级开发协议中约定以下内容：社会民间投资者投资政府土地改造项目（包括企业搬迁、危房拆除、土地平整等土地整理工作）。其中，土地拆迁、安置及补偿工作由地方政府指定其他纳税人进行，投资方负责按计划支付土地整理所需资金；同时，投资方作为建设方与规划设计单位、施工单位签订合同，协助地方政府完成土地规划设计、场地平整、地块周边绿化等工作，并直接向规划设计单位和施工单位支付设计费和工程款。当该地块符合国家土地出让条件时，地方政府将该地块进行挂牌出让，若成交价低于投资方投入的所有资金，亏损由投资方自行承担；若成交价超过投资方投入的所有资金，则所获收益归投资方或者由政府和社会投资者共同按照一定比例进行分配。则社会投资者投入资金并承担项目风险和损益的行为，即利益和风险共担，属于合同联营行为（投资行为的一种），投资者获得的收益不缴纳增值税，只缴纳企业所得税。

《财政部、国家税务总局关于全面推开营业税改征增值税试点的通知》（财税〔2016〕36号）附件1《营业税改征增值税试点实施办法》第一条：在中华人民共和国境内（以下简称境内）销售服务、无形资产或者不动产（以下简称应税行为）的单位和个人为增值税纳税人，应当按照本办法缴纳增值税。《中华人民共和国民法通则》第五十三条规定："企业之间或者企业、事业单位之间联营，按照合同的约定各自独立经营的，它的权利和义务由合同约定，各自承担民事责任。"该条是对"合同型联营"的法律界定，所谓的合同型联营，是指联营各方按照合同的约定相互协作，独立经营的一种散型的共同经营体，联营各方要遵循共负盈亏、共担风险的基本原则，实质上合同型联营是一种投资行为。另外，《财政部、国家税务总局关于全面推开营业税改征增值税试点的通知》（财税〔2016〕36号）附件3《营业税改征增值税试点过渡政策的规定》第一条第（三十七）项规定："土地所有者出让土地使用权，免增值税。"根据该条规定，政府将开发的熟地对外招挂拍，所获得的土地出让金免增值税。

基于以上分析，社会投资者与政府签订的国有土地一级开发协议，投资者获得的收益根据开发完成的一级土地拍卖市场的波动而波动。即地方政府将该开发完成的国有土地进行挂牌出让，若成交价低于投资方投入的所有资金，亏损由投资方自行承担；若成交价超过投资方投入的所有资金，则所获收益归投资方或者由政府和社会投资者共同按照一定比例进行分配。投资者获得的收益是投资收益，没有发生销售行为，不征增值税，只征收企业所得税。

基于以上涉税分析，对于橡胶坝工程和路网工程，该投资公司并没有从事建筑施工业务，不属于建筑业增值税的纳税人，这部分增值税及附加应由建筑企业缴纳。另外，该投资公司按照比例分得的投资收益，属于投资行为，按照现行增值税政策规定，投资行为获得的投资收益不属于增值税征税范围，不征收增值税，只征收企业所得税。

因此，本案例中的投资公司两项业务多缴纳增值税及附加308（219+89）万元。

某社会投资者投资土地增减挂钩项目的涉税处理

一、案情介绍

某地方政府采用与社会资本合作方式开展土地增减挂钩项目，社会资本方在项目地成立A项目公司，负责投入资金用于土地改造，A公司负责搬迁补偿、土地平整、安置房建设等，分别与建筑企业签订土地平整及安置房建设合同，预计总投入2亿元。政府与社会资本签订的《投资合作协议》中约定：政府将获得的1000亩城镇建设用地指标作为回报由社会投资方自行出售，并承诺一定期间内未出售，政府可以按每亩20万元进行回购。结果社会投资方对政府给予的1000亩城镇建设用地，在一定的期限内没有出售，政府给予社会投资方2亿元人民币。该项业务中，A项目公司按照建筑服务业税务规定，申报了增值税20000÷（1+10%）×10%＝1818.2（万元），企业所得税零申报。请分析该项目中的A项目公司是否多交税。

二、涉税分析

1. 法律政策依据及解析

《财政部、国家税务总局关于全面推开营业税改征增值税试点的通知》（财税〔2016〕36号）附件《销售服务、无形资产、不动产注释》第一条第（五）项"金融服务"规定："贷款服务是指将资金贷与他人使用而取得利息收入的业务活动，以货币资金投资收取的固定利润或者保底利润，按照贷款服务缴纳增值税。"《关于明确金融　房地产开发　教育辅助服务等增值税政策的通知》（财税〔2016〕140号）"保本收益、报酬、资金占用费、补偿金"，是指合同中明确承诺到期本金可全部收回的投资收益。金融商品持有期间（含到期）取得的非保本的上述收益，不属于利息或利息性质的收入，

不征收增值税。基于此条规定，投资者投入资金，不承担风险，只收取固定利润或者保底利润的经济行为，实质上是一种资金借贷行为，按照贷款服务缴纳增值税。

2. 本案例中的社会投资者投资的涉税分析

（1）本案例中最低回购价格仅是保证了投资方最低收入，而投资方的成本并未确定，有可能不足 2 亿元，也可能超出 2 亿元，因此，即使给予了最低回购价，也不能确定超过成本，无法确定保底利润。

（2）保底利润应是给予投资方的最低利润，所谓保底利润应是在成本之上的一个固定利润数额，而本案例中，只是有一个回购价格，保底价格并非保底利润，不符合《关于明确金融　房地产开发　教育辅助服务等增值税政策的通知》（财税〔2016〕140 号）中关于"保本收益、报酬、资金占用费、补偿金"，是指合同中明确承诺"到期本金可全部收回的投资收益"的定义。

（3）分析结论。基于以上分析，A 项目公司所投资的土地挂钩项目，虽然与政府间约定了最低回购价格，但保底价格不等于保底利润，未明确保底利润或固定利润，应属于投资行为，不征收增值税，但是要征收企业所得税。

因此，本案例中的 A 项目公司没有充分理解国家税收政策，而多交冤枉税 1818.2 万元。《国家税务总局关于纳税人权利与义务的公告》（国家税务总局公告 2009 年第 1 号）第七条关于"申请退还多缴税款权"的规定如下："对您超过应纳税额缴纳的税款，我们发现后，将自发现之日起 10 日内办理退还手续；如您自结算缴纳税款之日起三年内发现的，可以向我们要求退还多缴的税款并加算银行同期存款利息。我们将自接到您退还申请之日起 30 日内查实并办理退还手续，涉及从国库中退库的，依照法律、行政法规有关国库管理的规定退还。"基于此规定，本案例中的 A 项目公司可以向当地税务部门申请退税。

（二）不骗取国家退税款

骗税是指采取弄虚作假和欺骗手段，将本来没有发生应税（应退税）行为虚构成发生了的应税行为，将小额的应税（应退税）行为伪造成大额的应税（应退税）行为，即事先根本未向国家缴税，而从国库中骗取了退税款。从事享受国家出口退税、享受增值税即征即退或者享受超过一定比例后先征后退增值税优惠的企业，应实事求是地准备各种法律凭证，如实进行会计核算，按照国家税务机关的要求和退税程序依法办理退税。

（三）具有良好的和谐税企关系，化解税企争议

税收立法总是滞后于实践，也就是说，针对某些税收政策规定很含糊或规定不清楚的地方，税务主管当局在进行税收执法时，难免有"自由的裁量权"。依照税收法定原则，在存在税企争议的地方，税务机关在行使征税权时，可以决定少征税或不征或从高（从低）征税，这完全取决于企业与当地税务机关的和谐关系。企业平常多与当地税务当局多沟通，多交流，处理好关系，在很多存在税企争议的地方，完全可以通过和谐税企关系化解征税争议，节省一些不必要的税收。

（四）健全的税务风险控制机制，将税收风险消除在萌芽状态中

识别和控制企业税收风险是企业管理中的核心工作，也是企业税务管理中不可回避的重要课题。一个具有税收安全的企业，一定具有一套识别和控制税收风险的机制体制。例如，企业建立了专门的税务管理职能部门，配备了一定的管理人员加强企业的税务管理工作；企业有专门的财税顾问专家团队，在企业进行重大决策前，必须经过专家团队的涉税分析和论证程序；企业建立了发票管理制度，防范发票风险给企业造成的损失；等等。

（五）节税是企业控制成本的核心

对"节税"一词，目前没有一个非常权威的概念性解释。现行主流观点认为：节税是纳税筹划的核心内容，它主要是指纳税人依据税法规定的政策界限，采取合法的手段，最大限度地合理运用税收优惠条款，通过对纳税行为的事先策划与安排，以达到减轻税收负担的合法经济行为。[①] 节税具有以下三个特征：

第一，形式及实质具有合法性。节税始终在税法界定的法律框架内活

---

① 包伟泓：《关于对节税、避税等几个涉税概念的认识》，http://www.zjfic.org.cn/publish/content.php/48184，2006 年 12 月 31 日。

动，节税行为不具有税收违法性。它是纳税人在多种盈利的经济活动方式中，通过合法选择来降低应纳税负担的行为，其实质是若干依法纳税方案的比较优化选择。

第二，符合立法者的政策意图。国家税收政策的许多具体目标需要通过降低税收负担或者递延纳税等政策来实现，节税筹划有利于国家税收政策目标的实现。节税筹划是税收政策（特别是优惠政策）在税收实践中的综合运用，纳税人的节税行为在税务当局的预料和期望之中。立法者的政策意图、税收的调控职能也会在节税行为的实施中得以体现。

第三，节税有助于诚实信用关系的培育。虽然纳税是企业的法定义务，但企业是趋利的。一方面，纳税人在事先筹划过程中学习税法，以合法合理的方式获取最大的税收利益，杜绝其违法念头，有助于提高纳税人依法纳税的自觉性。另一方面，税务当局应持鼓励与引导的态度，帮助纳税人减轻不必要的税收负担，通过合法手段节税的行为应该被认可。

企业成本有很多种分类。如果从企业成本是否可控的角度来讲，可分为可控成本和不可控成本。如果从企业成本是否与税有关的角度来讲，可分为税收成本和非税收成本。其中税收成本分为税收实体成本和税收处罚成本，而税收实体成本主要分为流转税成本（流转税在我国主要是指增值税、土地增值税、消费税、关税）所得税成本及财产税和其他税费。所得税成本分为个人所得税成本和企业所得税成本。财产税和其他税费主要是房产税、城镇土地使用税、车船税、资源税、印花税、五险一金、残保基金和防洪基金等。企业总成本可以用图 1-1 来表示。

如果把企业的总成本用 C 来表示，企业的税收成本用 T 来表示，企业的非税收成本用（C-T）来表示，企业的税收成本在企业总成本 C 中所占的比例为 T/（C-T）。经验调研发现，在目前，我国不少企业的税收成本在企业总成本中所占的比例 T/（C-T）≥50%，这就意味着，企业在控制成本方面，必须重视税收成本的控制和降低。因此，节税或者说控制税收成本是企业控制总成本的重要组成部分。[①]

① 肖太寿、李晔：《砍掉企业税收成本 3 把刀及 76 案例精解》，经济科学出版社 2012 年版，第 2 页。

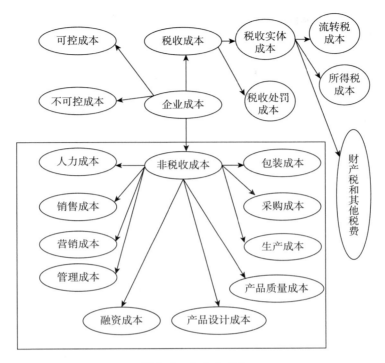

图 1-1 企业总成本

三、税收安全是企业的核心竞争力指标

企业的核心竞争力指标是美国学者普拉哈拉德（C. K. Prahalad）和哈默尔（G. Hamel）首先提出来的。这两位学者一致认为，核心竞争力又称为"核心竞争优势"，是一个企业能够长期获得竞争优势的能力；是企业所特有的竞争对手难以复制和模仿的技术或能力；是组织具备的应对变革与激烈的外部竞争，并且取胜于竞争对手的能力的集合；是企业竞争力中那些最基本的能使整个企业保持长期稳定的竞争优势、获得稳定超额利润的竞争力。

在当代市场经济竞争残酷的经济大潮中，企业要控制成本，提升竞争力，必须高度重视企业税收成本的控制和降低问题的研究。美国著名思想家本杰明·富兰克林有句名言："世界上只有两件事情是不可避免的，一是死亡，二是税收。"马克思曾经指出，"国家存在的经济体现就是捐税"①，"捐税体现着经济上国家的存在。官吏和僧侣、士兵和女舞蹈家、教师和警察、希腊式的博物馆和哥特式的尖塔、王室费用和官阶表，这一切童话般的存在物于胚胎时期就已安睡在一个共同的种子——捐税之中了"②；"国家存在的经济体现就是捐税，废除捐税的背后就是废除国家"③；"赋税是行政权力整个机构的生活源泉"④。我国唐代著名的理财学家杨炎曾指出："赋税者，邦国大本。"宋朝哲学家李觏则认为"民之所宝，谷米也；国之所宝，赋税也"。马克思、杨炎和李觏三人的论断深刻地揭示了税收与国家（政府）之间的密切联系，所表达或者反映的思想内容都说明了税收之于国家（政府）的重要性。因此，只要国家存在，任何企业都逃脱不了向国家缴纳税收的义务，如果企业想方设法漏税、延期缴纳税收或故意抗税，则将受到国家刑法的制裁。

以上分析证明，企业只有依照税收法律，做好事前税收规划和加强企业平常业务流程中的税收风险管理，实现合法合理地少缴纳税收，才不会触犯税收法律，才能实现依法诚实经营，真正实现提升企业税收安全目标，实现增强企业自身内在的市场竞争力的目标。所以企业税收安全是提升企业核心竞争力的主要手段。

随着社会的发展，企业之间的竞争越来越激烈，企业之间的竞争力指标不仅表现为企业拥有的核心技术、管理技术、企业文化、人才资源和盈利的商业模式，而且越来越表现为企业的税收安全。税收安全已经成为企业的重要核心竞争力。马云曾说：税收安全已经成为中国民营企业十分重要的竞争力，而传统的避税方法，已经不能满足信息化时代企业节税的要求。因此，在税收法制健全的当下，为了贯彻落实税收法定原则，企业绝对不能有漏税和逃税的侥幸心理，必须依法履行纳税义务，重视企业平常的纳税自查，建立健全企业税收风险识别和控制机制，提升企业税收安全，树立税收安全是企业核心竞争力的意识，重视企业税收安全的培育。

---

①②《马克思恩格斯选集》（第 1 卷），人民出版社 1972 年版，第 181 页。
③ 《马克思恩格斯全集》（第 4 卷），人民出版社 1959 年版，第 3 页。
④ 《马克思恩格斯全集》（第 1 卷），人民出版社 1959 年版，第 6 页。

第二节　提升企业税收安全的三步法

纵观中外企业管理发展史，可以发现，企业要提升税收安全，必须重视企业税务管理，建立低税负的涉税制度，进行税收健康体检和设计税务规划，否则企业将会承担较高的税收负担。为了提升企业的税收安全，规避税收风险，实现税收零风险目标，笔者认为提升企业税收安全必须遵循三步法：第一步是事前税务规划，第二步是事中税务风险管理，第三步是事后纳税自查。

一、第一步：事前税务规划

所谓的事前税务规划是指企业在进行任何投资决策和经营活动前，必须对该投资决策和经营活动所涉及的税收成本进行全盘考虑、策划和筹划的一种税收理财活动。税收规划是一项系统的财务理财工程，绝不是有些人所讲的合法避税或合理避税行为。合理避税或合法避税与税收规划的主要区别：前者是利用税法上没有规定之处或利用税法上的漏洞而进行的人为经济安排，以达到少缴纳税收的目的；后者是利用税法上的规定，即使利用了税收上的不完善之处，也是与税法的立法精神或立法意图保持一致的一种人为经济安排，以达到少缴纳税收的目的。也就是说，税收规划是一种合法行为，合理避税或合法避税是一种有违法嫌疑的行为。税务规划也称纳税筹划，是指纳税人在符合国家法律及税收法规的前提下，按照税收政策法规的导向，事前选择税收利益最大化的纳税方案处理自己的生产、经营和投资、理财活动的一种企业筹划行为。这个概念说明了税务规划的前提条件是必须符合国家法律及税收法规；税务规划的方向应当符合税收政策法规的导向；税务规划的发生必须是在生产经营和投资理财活动之前；税务规划的目标是使纳税人的税收利益最大化。所谓"税收利益最大化"，包括税负最轻、税后利润最大化、企业价值最大化等内涵，而不仅仅是指税负最轻。因此，在进行企业税务规划前，必须把握税务规划的特征、税务规划应遵循的原则和税务规划的实质三方面的内容。

（一）税务规划的特征

1. 行为的合法性

所谓合法性，一方面是指税务规划不违反现行的国家税收法律、法规，只在法律法规许可的范围内进行；另一方面指税务规划不仅在行为上不违反国家税收法律法规，在其结果上也符合立法者的立法意图。合法性是税务规划最本质的特性，也是税务规划区别于一切税收欺诈行为的根本。

2. 时间的前瞻性

前瞻性指纳税人对各项纳税事宜事先做出安排，在各项经营活动发生之前就把税收当作一个内在的成本考虑。纳税行为相对于经济行为而言，具有滞后性的特点，如企业实现销售后，才有增值税或别的税种的纳税义务；收益实现后，才计算缴纳所得税；取得财产后，才缴纳财产税；等等。这样，从客观上为纳税人提供了纳税义务发生前做出事先安排的可能性。一种纳税行为产生后便对应一种纳税义务，如果事后想改变这种纳税行为，即为税收违法行为。

3. 现实的目的性

税务规划的目的就是合理合法地减少税收成本，取得税收收益。税务规划着眼于纳税人长期利益的稳定增长，并不能局限于某个具体税种的利益得失。因为在企业日常经营过程中，税收成本只是其中的一个因素。在进行投资、经营决策时，除了要考虑税收因素外，还必须考虑其他多方面的因素，权衡轻重，趋利避害，以达到纳税人总体利益最大化的目的。

4. 行为主体为纳税人

税务规划是纳税人或代理人将其所掌握的税收知识、会计知识、法学知识、财务管理知识等综合知识自觉地运用到自己的日常经营行为中，其目的就是在合理合法的前提下，将其税收成本最小化。它根本不同于征税机关的征税行为，征税机关的征税行为是服务于税收收入最大化目标的，因而，纳税人和征税人行为所服务的目标是不一样的。

基于上述理解与认识，笔者认为，所谓的税务规划是纳税人或其代理人在合理合法的前提下，依据企业所涉及的税境，自觉地运用税收、会计、法律、财务等综合知识，对企业涉税事项进行的旨在减轻税负、有利于实现企业财务目标的谋划、对策与安排。

（二）税务规划应遵循的原则

税务规划是一项技术性很强的综合工作，在规划过程中，还应遵循一些基本的原则。只有遵循这些基本原则，才能保证税务规划预期目标的实现。在税务规划过程中需要遵循的基本原则主要包括以下几个方面：

1. 守法原则

守法包括合法与不违法两层含义，即纳税筹划一定不能违反税法，企业进行纳税筹划，应当以国家现行法律为依据，要在熟知税法规定的前提下，利用税制构成要素中税负弹性等进行纳税筹划，从中选择最优的纳税方案。守法的原则是纳税人实施纳税筹划时首先应遵守的最基本原则，纳税筹划必须以合乎法律规定为前提。

首先，要全面了解各项税收法律规定，尤其要熟悉并研究各种税收法律制度，为自己的纳税筹划活动构造一个安全的环境。其次，要能正确区分合法与非法。最后，要保持账证的完整。纳税筹划是否合法，必须通过纳税检查，而税务机关检查的依据就是纳税人的会计凭证和记录。若纳税人不能依法取得并保全会计凭证或记录不完整，纳税筹划就有可能无效或打折扣。

2. 事前周密筹划的原则

纳税筹划是一种经济规划，要做到长计划、短安排，周密地实施。在经济活动中，纳税人的纳税义务通常具有滞后性，这就从客观上为纳税人对纳税问题做出事前筹划安排提供了可能。另外，纳税人的经营、投资和理财活动是多种多样的。税收规定也具有较强的针对性。纳税人身份和课税对象不同，税收待遇也就存在差别，这从另一个方面向纳税人展示了可供选择较低税负的机会。总之，纳税人实施纳税筹划具有现实的可能性，但纳税筹划的实施必须在纳税人纳税义务发生之前。这也是纳税筹划的另一个重要特征——筹划性的具体要求和体现。如果纳税人的生产经营活动已经发生，纳税义务已经确定，为了减轻税负再去采用各种手段，即使能达到目的，也不是纳税筹划。

3. 整体性原则

纳税人实施纳税筹划，目的在于合理合法地减轻自己的税收负担。要减轻税收负担，必须在对纳税人主体的经营活动整体权衡下加以考虑才能取得最大收益。纳税人进行纳税筹划时，必须从全局出发，把所有经营活动作为一个动态的、与周围密切联系的整体来考虑，才能选择出最优的纳税方案。孤立、片面地看问题，可能在这一环节能减轻税负，而在另一环节又因加重税负而将节税的好处被抵消。

4. 成本效益原则

随着某一项筹划方案的实施，纳税人在取得部分税收利益的同时，必然会为该筹划方案的实施付出额外的费用，以及因选择该筹划方案而放弃其他方案所损失的相应机会收益。当新发生的费用或损失小于取得的利益时，该项筹划方案是合理的；当费用或损失大于取得的利益时，该筹划方案就是失败方案。一项成功的纳税筹划必然是多种税收方案的优化选择，我们不能认为税负最轻的方案就是最优的纳税筹划方案，一味追求税收负担的降低，往往会导致企业总体利益的下降。

5. 时效性原则

纳税筹划是在一定法律环境下，在既定经营范围、经营方式下进行的，有明显的针对性、特定性。随着时间的推移，社会经济环境、税收法律环境等各方面情况不断发生变化，企业必须把握时机、灵活应对，以适应税收和政策导向，不断调整或制定纳税筹划方案，以确保企业持久地获得纳税筹划带来的收益。时效性原则也体现在充分利用资金的时间价值上。再则，程序性税法与实体性税法如有变动，应遵循"程序从新、实体从旧"的原则，这也是时效性的问题。

6. 风险收益均衡原则

纳税筹划有收益，同时也有风险。风险是指在一定时期、一定条件、一定环境下，可能发生的各种结果的变动程度、某一事项的实际结果与预期结果的偏差。在纳税筹划中可能存在经济波动风险、市场风险与企业经营风险、外部风险与内部风险。企业应当遵循风险与收益适当均衡的原则，采取措施，分散风险、化解风险，选优弃劣，趋利避害。如果无视这些风险，盲目地进行纳税筹划，其结果可能是事与愿违，因此企业进行纳税筹划必须充分考虑其风险性。

（三）税务规划的实质——用足用好国家税收（优惠）政策

由于税收规划是在税收法律允许和规定的范围内进行的，而且一个国家和地区经济发展的区域差异性决定了一个国家和地区存在不同的税收优惠政策。利用好并且用足税收优惠政策，本身就是最好的税收规划。只有用足和用好国家税收（优惠）政策，才能为企业降低税收成本。问题是怎样用好用足税收（优惠）政策。在税收规划实践中，必须做好两件事情：第一件事情是，企业必须针对本企业适用的所有税收政策，包括税收优惠政策进行收集、整理和归纳，并随时保持税收法律法规信息的更新；第二件事情是，如果符合享受税收优惠政策的条件，企业必须到当地税务主管当局办理税收优惠备案手续，否则没有资格享受税收优惠政策。因为《国家税务总局关于发布〈税收减免管理办法〉的公告》（国家税务总局公告 2015 年第 43 号）第五条规定：**"纳税人享受核准类减免税，应当提交核准材料，提出申请，经依法具有批准权限的税务机关按本办法规定核准确认后执行。未按规定申请或虽申请但未经有批准权限的税务机关核准确认的，纳税人不得享受减免税。纳税人享受备案类减免税，应当具备相应的减免税资质，并履行规定的备案手续。"**

企业享受税收优惠政策必须要有资质认定要求的，纳税人须先取得有关政府部门的资质认定（例如高新技术企业、福利企业、创业投资企业和环保企业等）。因为《国家税务总局关于企业所得税减免税管理问题的通知》（国税发〔2008〕111 号）第四条规定：**"企业所得税减免税有资质认定要求的，纳税人须先取得有关资质认定，税务部门在办理减免税手续时，可进一步简化手续，具体认定方式由各省、自治区、直辖市和计划单列市国家税务局、地方税务局研究确定。"**

案例分析 3

某公司债权融资的税务规划节税 28.3 万元

一、案情介绍

甲公司与中国工商银行签订借款合同 5 亿元，年贷款利率 6%，贷款期限 5 年，支付的与该笔贷款直接相关的投融资顾问费、手续费、咨询费 0.05 亿元。请问如何进行税务规划使项目公司融资成本的税收负担最低。

二、税务规划的税收政策依据

1. 增值税政策

（1）根据《财政部、国家税务总局关于全面推开营业税改征增值税试点的通知》（财税〔2016〕36 号）附件 1《营业税改征增值税试点实施办法》第二十七条，下列项目的进项税额不得从销项税额中抵扣，第六点：**购进的旅客运输服务、贷款服务、餐饮服务、居民日常服务和娱乐服务。**

（2）《财政部、国家税务总局关于全面推开营业税改征增值税试点的通知》（财税〔2016〕36 号）附件 2《营业税改征增值税试点有关事项的规定》第一条第（四）项第三点：**纳税人接受贷款服务向贷款方支付的与该笔贷款直接相关的投融资顾问费、手续费、咨询费等费用，其进项税额不得从销项税额中抵扣。**

基于以上税收政策规定，"向贷款方支付的与该笔贷款直接相关的投融资顾问费、手续费、咨询费等费用，其进项税额不得从销项税额中抵扣"，其中有一个前提是上述费用是"向贷款方支付的"。如不是向贷款方支付的，而是向第三方支付的，其进项税额允许在销项税额中抵扣。因此，债权融资所产生的融资利息及向贷款方支付的与该笔贷款直接相关的投融资顾问费、手续费、咨询费等费用，其进项税额不得从销项税额中抵扣。

2. 印花税政策

根据《中华人民共和国印花税暂行条例》和《关于印花税若干具体问题的解释和规定的通知》（国税发〔1991〕155 号）的规定，银行及其他金融组织和借款人（不包括银行同业拆借）所签订的借款合同，按借款金额的万分之零点五贴花。担保合同不属于《中华人民共和国印花税暂行条例》列举的应税凭证的，不征收印花税。非金融机构和借款人签订的借款合同，不属于印花税的征税范畴，不征收印花税。

另外，借款合同的计税金额为借款金额。应纳税额＝借款金额×0.05，不需要交印花税的借款合同大致有十种：与非金融机构的借款合同，与企业、个人之间的借款合同，与金融机构签订的借款展期合同，与金融机构签订的委托贷款合同，限额内的循环借款，与金融机构的贴现协议，信用证押汇，保理合同和小微企业的优惠。

其中非银行金融机构包括基金公司、证券公司、信托公司、小额贷款公司。因此，项目公司与以上非银行金融机构签订借款合同时不征印花税。

3. 税收规划

在发生债权融资的情况下，应与融资担保公司合作，让融资担保公司提供担保，将向贷款方支付的与该笔贷款直接相关的投融资顾问费、手续费、咨询费等费用变成直接支付给融资担保机构的顾问费用、手续费用和咨询费用，可以得到增值税进项税额的抵扣，从而少缴增值税。

三、税务规划前的税收成本（不考虑印花税）

甲公司不可以抵扣融资财务费用中利息费用的增值税进项税额为：5÷（1+6%）×6%＝0.283（亿元）。

甲公司不可以抵扣融资支付的顾问费、手续费、咨询费中的增值税进项税额为：0.05÷（1+6%）×6%＝0.00283（亿元）。

甲公司五年当中不可以抵扣的增值税进项税额，即要多缴纳的增值税为：0.283×5+0.00283＝1.42（亿元）。

四、税务规划方案

甲公司应与中国工商银行旗下的子公司或别的融资担保公司合作，让融资担保公司提供担保，将向中国工商银行支付的与该笔贷款直接相关的投融资顾问费、手续费、咨询费等费用变成直接支付给融资担保机构的顾问费用、手续费用和咨询费用，可以得到增值税进项税额的抵扣，从而少交增值税。

五、税务规划后的税收成本

甲公司不可以抵扣融资财务费用中利息费用的增值税进项税额为：5÷（1+6%）×6%＝0.283（亿元）。

甲公司可以抵扣融资支付的顾问费、手续费、咨询费中的增值税进项税额为：0.05÷（1+6%）×6%＝0.00283（亿元）。

经过税务规划，甲公司可以少缴纳增值税283000元。

二、第二步：事中企业税务风险管理

企业税务风险管理是企业在遵守国家税法，不损害国家利益的前提下，充分利用税收法规所提供的包括减免税在内的一切优惠政策，达到少缴税或递延缴纳税款，从而降低税收成本，实现税收零风险，实现税收成本最小化的经营管理活动。企业的税务风险隐藏在企业平常的业务流程之中，事中控制企业的税务风险必须在企业的业务流程环节加以控制，否则业务做完后，再去控制税务风险，就是本末倒置，无法达到控制税务风险的目的。在国外，纳税人为有效减轻税收负担，都对税务风险管理加以研究，专门聘请税务顾问研究税收政策和征管制度的各项规定，利用优惠政策，达到节税的目的。在我国，随着市场经济体制的建立，企业之间竞争日趋激烈，因此，企业必须明确企业税务风险管理的目标、内容、管理模式和作用。

（一）企业税务风险管理的目标

企业税务风险管理作为企业管理的重要组成部分，其目标与企业的总体管理目标存在着一致性。具体来说，企业税务风险管理的目标主要包括恰当履行纳税义务、规避税务风险和控制税收成本三方面的内容。恰当履行纳税义务是指企业按照税法规定，在充分利用应享有的税收优惠政策的基础上，严格遵从税收法律、法规，确保税款及时足额上缴，避免出现任何法定纳税义务之外的纳税成本或纳税损失的发生。因而，企业应该做到纳税遵从，依法申报纳税，在规定的期限内缴纳税款。规避税务风险是指企业的涉税行为因未能正确有效地遵守税法规定而导致企业未来利益的可能损失，具体表现为企业涉税行为影响纳税准确性的不确定性因素，其结果导致企业多缴税或少缴税。控制税收成本是指企业在国家税收法律规定的范围内，通过税务管理活动使企业实现少缴税的目的，使企业从来不多缴一分税，也从来不漏一分税。

（二）事中企业税务风险管理的内容

企业税务风险管理的内容就是指企业应该对"什么"进行管理，即企业税务风险管理的客体。概而言之，企业税务风险管理的内容主要是企业什么时候缴税（纳税义务时间的把握）、缴纳多少税、发票风险管理的一系列管理活动。企业事中税务风险管理的主要内容有三方面：一是控制业务流程中的多缴税和漏税风险；二是控制账务处理和纳税申报中的涉税风险；三是控制业务中的发票风险。其中，事中控制企业业务中的税收风险管理的主要手段是，通过合同的正确签订来控制税收风险，通过企业设定涉税内控制度来控制税收风险。

某企业业务发生中没有签好合同导致多缴纳税收

一、案情介绍

某公司主要从事投资、物流和租赁业务，其 2018 年 1 月 1 日发生的业务如下：

第一，将其 2017 年投资建设的闲置厂房及设备整体出租，年租金为 130 万元（假设厂房租金和设备租金分别为每年 120 万元和 10 万元）。

第二，其投资开发的一大片商铺门面全部对外出租，租金较高，每年为 6000 万元，向承租人收的物业管理等费用，每年为 200 万元。

第三，其提供的物流业务（包括运输、搬运、装卸和仓储），假设运输费用为 700 万元，搬运、装卸和仓储费共为 300 万元。可是企业在签订物流服务合同时，在合同中没有分别写明运输、搬运、装卸和仓储各自的收费，每年总收入为 1000 万元。

请分析该企业的涉税风险及控制策略。

二、涉税风险分析

1. 税收政策法律依据

《中华人民共和国增值税暂行条例》（2017 年 11 月 19 日修正版）第三条规定：**纳税人兼营不同税率的项目，应当分别核算不同税率项目的销售**

额；**未分别核算销售额的，从高适用税率**。同时，根据《财政部、税务总局关于调整增值税税率的通知》（财税〔2018〕32号）的规定，**增值税税率由17%降为16%，11%降为10%，运输服务的增值税税率为10%，物业、搬运、装卸和仓储等服务的增值税税率为6%**。《财政部、国家税务总局关于营改增后契税 房产税 土地增值税 个人所得税计税依据问题的通知》（财税〔2016〕43号）第二条规定：**"房产出租的，计征房产税的租金收入不含增值税。"**

2. 涉税成本分析（不考虑增值税抵扣）

因为在出租业务活动中，采用整体出租形式，订立一份租赁合同，则设备与厂房建筑物不分，被视为房屋整体的一部分，因此设备租金也并入房产税计税基数。提供的物流业务（包括运输、搬运、装卸和仓储），每年总收入为1000万元，按照10%计算增值税。

房产税 =（120+10+6000）÷（1+10%）×12% = 668.73（万元）

增值税销项税额 =（120+10+6000）÷（1+10%）×10%+200÷（1+6%）×6%+1000÷（1+10%）×10% = 557.27+11.32+90.9 = 659.49（万元）

合计纳税 = 668.73+659.49 = 1328.22（万元）

3. 税收风险分析

在出租业务过程中，该企业没有将出租中的设备和厂房分开签订租赁合同，导致将不需要缴纳房产税的设备构成缴纳房产税，同时在签订物流服务合同时，没有在合同中分别写明运输、搬运、装卸和仓储各自的收费，从而导致了企业多缴纳增值税。

每年多缴纳的房产税 = 10÷（1+10%）×12% = 1.09（万元）

每年多缴纳的增值税销项税额 = 300÷（1+10%）×（10%−6%）= 10.91（万元）

因此，该企业在出租业务中，没有签订好合同，致使企业一年中多缴纳的税收金额为12（10.91+1.09）万元。

三、应对策略及税收成本分析

1. 应对策略

基于出租业务中多缴纳税收的风险，在业务做成后已经很难降低税收成本，要降低税收成本，必须在业务过程中的签订合同环节考虑如何合法地节税。具体的应对策略如下：

采取合同分立方式，即分别签订厂房和设备出租两项合同，则设备不作为房屋建筑的组成部分，也就不需计入房产税计算基数，从而可节约房产税支出；在租赁合同中分解销售额，即降低商铺租金100万元，增加物业管理费用100万元；在合同中将运输费用，搬运、装卸和仓储费用分别注明，假设运输费用为700万元，搬运、装卸和仓储费共为300万元。

2. 改变合同签订方式后的税收成本

房产税＝（120+5900）÷（1+10%）×12%＝656.73（万元）

增值税销项税额＝10÷（1+10%）×16%+700÷（1+10%）×10%+300÷（1+6%）×6%＝1.46+63.64+16.98＝82.08（万元）

合计纳税＝656.73+82.08＝738.81（万元）

在企业出租业务过程中，通过合同分立，企业每年可以合法节税1328.22-738.81＝589.41（万元）。

（三）事中企业税务风险管理的作用

企业对税务风险管理的重视和加强企业事中税务风险管理有三大作用。

第一，加强企业税务风险管理有助于降低税收成本。加强企业的税务风险管理，可以使企业依法履行纳税义务，可以避免因税收政策适用的不准确性而导致的税收处罚成本，可以使企业节约各种实体税收成本。

第二，加强企业税务风险管理有助于提高企业经营管理人员的税法观念，提高财务管理水平。加强企业税务风险管理的过程，实际就是税法的学习和运用过程，有助于提高企业纳税意识。同时，国家税收政策在地区之间、行业之间存在一定的差异，税法所允许的会计处理方法也不尽相同。因此，企业加强税务风险管理在一定程度上提高了企业的财务管理水平。

第三，加强企业税务风险管理有助于控制和防范企业的税务风险。税务风险分布在企业的各项业务流程之中，企业税务风险管理是对企业业务环节的涉税风险管理，企业重视业务环节中的涉税风险管理，可以使企业的税收风险得到一定程度的遏制。

（四）建立完善的企业税务管理体系

中国企业最缺乏的一种管理是税收管理。企业管理层不重视业务过程中的税收管理，结果是业务部门随意地产生税收，等出了事再让财务部门去解决，是增加企业税收成本的根源。要解决这个问题，必须重视和加强企业业务过程中的税收管理，企业的老板和管理层要学会用税收手段搞好经营，用税收手段做好业务。有鉴于此，企业必须建立完善的税务管理体系，一个完善的企业税务管理体系包括三方面的内容：管理主体、管理客体和税务管理的流程。

1. 管理主体：设立税务管理机构

根据《大企业税务风险管理指引（试行）》（国税发〔2009〕90 号）的规定，企业可结合生产经营特点和内部税务风险管理的要求设立税务管理机构和岗位，明确岗位的职责和权限，以加强企业的税务管理。

（1）税务管理机构的设置。企业税务管理机构的设置分以下三种情况：

其一，企业规模小、纳税事务简单的小型企业，可由企业财务部门承担税务管理工作，财务人员兼任纳税工作。

其二，企业规模中等、纳税事务复杂的企业，可以在企业财务部门设立税务管理岗位履行有关的涉税管理事项。

其三，企业规模较大、纳税事务复杂的大型企业，可单独设立税务管理部门，配备专业人员进行税务管理。如果是总分机构，则可在分支机构设立税务部门或者税务管理岗位；如果是集团型企业，在地区性总部、产品事业部或下属企业内部分别设立税务部门或者税务管理岗位。

（2）税务管理机构的主要职责。

企业设立的税务管理机构主要履行以下职责：制订和完善企业税务风险管理制度和其他涉税规章制度；参与企业战略规划和重大经营决策的税务影响分析，提供税务风险管理建议；组织实施企业税务风险的识别、评估，监测日常税务风险并采取应对措施；指导和监督有关职能部门、各业务单位以及全资、控股企业开展税务风险管理工作；建立税务风险管理的信息和沟通机制；组织税务培训，并向本企业其他部门提供税务咨询；承担或协助相关职能部门开展纳税申报、税款缴纳、账簿凭证和其他涉税资料的准备和保管工作。

企业税务管理机构在履行以上税务管理职责时，其职能可以概括为三大类：提供可供老板决策的涉税分析；监管业务流程中的涉税风险；监管财务部纳税。

（3）有关税务管理的内部控制制度。为了有效实施企业的税务管理，企业应该建立以下有关税务管理的内部控制制度建设：

其一，企业应建立科学有效的职责分工和制衡机制，确保税务管理的不相容岗位相互分离、制约和监督。税务管理的不相容职责包括：税务规划的起草与审批；税务资料的准备与审查；纳税申报表的填报与审批；税款缴纳划拨凭证的填报与审批；发票购买、保管与财务印章保管；税务风险事项的处置与事后检查；其他应分离的税务管理职责。

其二，企业应配备具备必要的专业资质、良好的业务素质和职业操守，遵纪守法的涉税业务人员。

其三，企业应定期对涉税业务人员进行培训，不断提高其业务素质和职业道德水平。

2. 管理客体

企业设立的税务管理机构主要管理的客体如下：

（1）业务流程、经济合同和公司决策中的涉税事项。由于税收的产生环节是在业务过程中，经济合同决定业务流程，业务流程决定税收，所以，企业的税务管理机构要重视业务流程、经济合同和公司决策中涉税事项的管理。如合同的签订、货款的结算、货物的发出和发票的开具等，都需要税收的监管，使全部业务流程都符合税收规定。

（2）纳税申报。纳税申报是企业业务流程中产生的税收，应按照纳税义务时间及时足额地向当地税务部门进行申报的纳税行为。在纳税申报过程中，主要涉及税收的核算、税收的纳税义务时间问题，特别是企业所得税和个人所得税计算的正确与否，将会给企业带来较大的税收风险，轻则补税、罚款和缴纳滞纳金，重则触犯刑法，承担一定的刑事责任。

（3）涉税凭证。企业中的涉税凭证主要是涉税经济合同、协议、内部的涉税管理制度、各种税收申报表、税收优惠政策审批书、发票、入库和出库单、保险单、运输单等。这些涉税凭证的管理好坏会影响一个企业的涉税风险，税务管理机构必须加强对这些涉税凭证的保管，为今后税务稽查提供有力的涉税证据，规避税务部门纳税调增和罚款的风险。

三、第三步：纳税自查，排查账务中的纳税盲点

纳税自查，排查纳税盲点是企业开展税务风险管理的一种有效方法。为防范税务风险，控制不必要的税收处罚事件的发生，企业重视平常的账务自查，排查纳税盲点、税务自查或税务"体检"显得越来越重要。一般来讲，纳税自查主要做好以下两件事情：一是定期开展纳税自查；二是年度结账前账务自查，及时进行账务调整，规避纳税盲点。

（一）定期开展纳税自查

定期纳税自查是纳税人、扣缴义务人按照国家税法规定，对自己履行纳税义务、扣缴税款义务情况等进行自我审查的一种方法。纳税自查是税务检查的形式之一，是贯彻执行国家税收政策、严肃纳税纪律、改善经营管理的重要手段。对照税法规定，纳税人对自己是否已经做到依法纳税进行自我检查，是确保严格履行税法规定义务、防范纳税风险的一种形式；通过纳税自查，发现企业有无多缴，提前缴纳税款，应退（免、返）未及时足额退（免、返）税款，不恰当地被加收了滞纳金、罚款等现象，以充分保护自身的合法权益；通过自查，发现纳税管理中的漏洞、薄弱环节、不足之处等。

纳税自查是企业日常加强企业纳税风险管理和控制的一种手段。企业定期对已经签订的合同进行检查，对企业过去、现在的财务报表中各会计科目进行检查，可以从中发现企业多缴或少缴纳税收的风险，并及时进行处理，可以规避税务稽查所产生的更大的纳税风险，可以降低企业的税收成本。一般来讲，纳税自查包括企业日常纳税自查、专项稽查前的纳税自查和汇算清缴的纳税自查三种。另外从企业要进行纳税自查的原因来划分，纳税自查包括：税务机关在稽查前要求企业自查，税务机关发现纳税疑问要求自查并解释。无论哪一种纳税自查，只要企业把纳税自查作为企业税务管理的重要工作，掌握纳税自查技巧，及时发现涉税风险，寻找转换方法规避税务风险，就可以给企业节省不少税收成本。

既然纳税自查在降低企业税收成本、防范税收风险中起着重要的作用，那么企业应该如何进行纳税自查呢？具体而言，企业必须掌握以下两种纳税自查技巧：

1. 企业应该从税收角度对合同、协议中有关涉税条款涉税自查

为了防范税收风险，必须对企业签订的各种经济交易合同和协议进行审查，特别是要审查合同和协议中的价格条款。因为价格条款是经济合同中的重要条款，合同中签订的价格条款是税收成本的重要依据，经济合同中的价格一旦签订后，就决定了诸如增值税、消费税及企业所得税和个人所得税等税负，以及决定了增值税和企业所得税的纳税义务时间。要降低以上税负，就得在经济合同签订之前，准确谈好交易价格，即压低合同价格才能真正降低税负。同时，对某些合同涉税条款加以修改，有可能帮公司省下很多税款，同时还可以规避税务机关今后的税务稽查导致的税收风险。

案例分析5

某建筑公司出租房屋合同中免收租金条款的房产税处理

一、案情介绍

某建筑公司 E 是执行新《企业会计准则》的企业。E 公司土地总面积为10000 平方米，取得土地使用权支付的价款以及开发土地发生的成本费用总额为 600 万元，E 公司自建的一幢房屋总建筑面积和占地面积都为 1000 平方米。E 公司会计核算时将地价款全部计入无形资产，即计入房产原值的地价为 0。E 公司的该幢房屋，房产值是 1000 万元，自 2017 年 1 月 1 日开始出租给 A 公司，租期三年（2017~2019 年），租金合计 24 万元（含增值税），第一年免租、第二年和第三年每年收 12 万元（含增值税），当地政府规定按房产余值计算房产税的扣除率为 30%，E 公司在会计上没有申报房产税。2017年底，公司税务管理部门对公司涉税合同中的价格条款进行纳税自查，发现公司出租房屋合同中有免租金条款，对公司 2017 年度房产税申报情况进行自查并及时进行纳税处理。请分析该建筑公司应如何进行纳税补救处理。

二、免租金条款的税收法律依据分析

出租人在出租房屋时，为了吸引客户，在房屋经营性租赁期间，往往会实行一定的免租金的招商政策。于是，出租人往往会与承租人签订一定期限免租金的条款，这种条款决定了出租方的税务处理。也就是说，免收租金的条款约定应如何申报缴纳房产税呢？有人提出，根据从租计征房产税的税收政策规定，出租人在免收租金期间，不申报房产税，因为0×12%=0。这种观点显然是错误的，如果假设是正确的，则与肖太寿教授提出的"合同与税务处理相匹配，或合同决定了税务处理"① 的观点相悖。

《财政部、国家税务总局关于安置残疾人就业单位城镇土地使用税等政策的通知》（财税〔2010〕121号）第二条规定："对出租房产，租赁双方签订的租赁合同约定有免收租金期限的，免收租金期间由产权所有人按照房产原值缴纳房产税。"第三条规定："对按照房产原值计税的房产，无论会计上如何核算，房产原值均应包含地价，包括为取得土地使用权支付的价款、开发土地发生的成本费用等。宗地容积率低于0.5的，按房产建筑面积的2倍计算土地面积并据此确定计入房产原值的地价。"

根据以上法律规定，如果出租人存在免租金而出租房屋的情况，务必在免收租金期间按照房产原值缴纳房产税。因此，实践中，在出租人与承租人签订了免收租金条款的经营性租赁合同的情况下，根据"合同与税务处理相匹配"的原理，依据《财政部、国家税务总局关于安置残疾人就业单位城镇土地使用税等政策的通知》（财税〔2010〕121号）第二条规定，在免收租金期间，出租人必须按照房产原值缴纳房产税。

三、纳税自查后的纳税申报处理

根据以上免租金条款的税收法律政策分析，出租房屋免收租金的房产税计算分析如下：

本案例中的容积率=1000÷10000=0.1（小于0.5）

土地单价=600÷10000=0.06（万元/平方米）

根据《财政部、国家税务总局关于安置残疾人就业单位城镇土地使用税

---

① 参见肖太寿：《合同控税理论及51个案例精解》，中国市场出版社2014年版。

等政策的通知》（财税〔2010〕121 号）的规定，E 公司计入房产计税原值的地价＝1000×2×0.06＝120（万元），E 公司在申报缴纳房产税时，计入房产计税原值的地价款应为 120 万元。因此，E 公司在申报缴纳房产税时，应当相应调增房产计税原值 120 万元。

基于以上免房产税的税收政策分析，建筑公司 E 在 2017 年免租期间应补报房产税（1000+120）×（1-30%）×1.2%＝9.408（万元）。

四、分析结论

如果 E 公司不对免租期间的房产税进行补报，以后被税务机关查到，一定面临补税、罚款和加收滞纳金的税收风险。因此，企业必须建立从税务角度加强企业各类合同涉税条款的自查自救制度，完善企业税务管理，防范税务稽查风险。

2. 重视企业日常账务的纳税自查

我国对企业发生的经济业务进行计量、核算时，采用的是财务会计，而不是税务会计。财务会计的做账依据是中华人民共和国财政部颁布的各项政策、会计准则和会计制度，而税务会计的做账依据是我国的税收法律和中华人民共和国家税务总局颁布和制定的各项税收政策。由于财务会计和税务会计的做账依据不同，两者对同一笔经济业务的计量、核算，有时是一致的，有时是不一致的，当出现不一致时，就会产生会计与税法的差异。在申报纳税时，对会计与税法的差异必须进行纳税调整，才可以避免纳税风险。有鉴于此，企业一定要加强对企业平常账务的纳税自查，主要自查企业的各项收入、成本计算正确与否，自查企业是否及时足额地履行税款的缴纳。

案例分析 6

某房地产公司自查发现收取会所租金挂往来的涉税风险

一、案情介绍

甲公司 A 项目的会所，2016 年 10 月起出租给其关联企业某餐饮娱乐公司，双方协议从 2017 年 1 月起计算租金，每月 20 万元，至 2018 年 12 月共 480 万元。甲公司财务人员进行以下账务处理：

每月确认租金收入时:

借:应收账款——某娱乐公司

　　贷:内部往来——某娱乐公司

在某餐饮娱乐公司发生消费时:

借:内部往来——某娱乐公司

　　贷:应收账款

二、涉税自查发现的问题

2018 年 12 月底,甲公司财务部在财务总监和税务总监的领导下,开展账务和税务大检查,发现甲公司财务人员在进行会计核算时,通过"内部往来"会计科目进行对冲,以租金收入抵销其在某餐饮娱乐公司的消费,致使甲公司隐匿了租金收入,餐饮公司隐匿了销售收入,这是一种漏税行为。

三、税务自查后的补救措施

当企业领导发现财务人员以租金收入抵顶其在某餐饮娱乐公司的消费的账务处理存在错误时,马上责令财务人员进行以下正确的账务处理:

每月确认租金收入时:

借:应收账款——某娱乐公司

　　贷:其他业务收入——会所租金收入

　　　　应交税费——应交增值税(销项税额)

甲公司在某餐饮娱乐公司发生消费时:

借:应付职工薪酬——职工福利费/管理费用——业务招待费

　　贷:应收账款——某娱乐公司

并且向某餐饮娱乐公司开具租赁业发票,申报了相关租赁业的税收和房产税,同时,向某餐饮娱乐公司索取餐饮服务业增值税普通发票。

通过以上补救措施,甲公司规避了未来被税务稽查机关稽查而导致的以下行政处罚:追缴甲公司取得出租收入的房产税、增值税及附加,出租收入补缴的企业所得税及其滞纳金并处以 0.5 倍罚款。

某园林公司采购苗木账务处理自查,实现多抵扣增值税进项税额

一、案情介绍

南昌某园林公司属于从事苗木种植的一般纳税人,2018 年 9 月从一家从事苗木批发、零售的小规模纳税人公司采购苗木一批并取得代开的 3% 的增值税专用发票,金额 100000 元,增值税 3000 元,该园林公司财务人员当期申报抵扣了税额 3000 元,账务处理如下:

借:库存商品——苗木 100000

应交税费——应交增值税(进项税额) 3000

贷:银行存款 103000

二、涉税自查发现的问题

园林公司在财务总监和税务总监的领导下,开展账务和税务大检查,发现购买苗木的进项税额不是抵扣 3%,应该按照增值税专用发票上注明的金额抵扣 10% 即 1 万元的增值税。

三、税务自查后的补救措施

根据《财政部、税务总局关于调整增值税税率的通知》(财税〔2018〕32 号)和《财政部、税务总局关于简并增值税税率有关政策的通知》(财税〔2017〕37 号)第二条第二款的规定,从按照简易计税方法依照 3% 征收率计算缴纳增值税的小规模纳税人取得增值税专用发票的,以增值税专用发票上注明的金额和 10% 的扣除率计算进项税额;取得(开具)农产品销售发票或收购发票的,以农产品销售发票或收购发票上注明的农产品买价和 10% 的扣除率计算进项税额。基于此规定,自 2017 年 7 月 1 日起,从小规模纳税人处取得的非自产农产品的普通发票,不再作为农产品采购扣税凭证,必须取得专票才可以抵扣;农产品采购纳税人,从小规模纳税人处取得的农产品销售增值税专用发票,计算可抵扣进项税额时,计税基数是不含税金额,不是买价。因此,当企业领导发现财务人员对购买苗木的账务处理存在错误时,马上责令财务人员进行以下正确的账务处理:

借：库存商品——苗木　　　　　　　　　　　　　　　93000

　　应交税费——应交增值税（进项税额）　　　　　　10000

贷：银行存款　　　　　　　　　　　　　　　　　　　　　103000

四、分析结论

通过以上补救措施后，园林公司多抵扣或少缴纳增值税 7000 元（10000-3000）。

（二）年度结账前账务自查，及时进行账务调整，规避纳税盲点

年度结账前稽核公司的税务可以在年度结账前针对稽核发现的问题进行账务调整。这一流程对公司所得税的影响较为深远，从实践来看，由于未执行年度结账前税务稽核程序，导致公司多缴税的案例在实务中屡见不鲜。一般来讲，企业在年度结账前，应对本企业本年度发生的各种费用，例如三项经费（工会经费、职工教育费、福利费）、折旧、无形资产摊销（含土地使用权问题）、业务招待费、业务宣传费、广告费、会议费、差旅费、社会保障支出、住房公积金、住房补贴、补充养老保险、医疗保险、特殊工种保险、劳动保护费、佣金、固定资产修理费与装修费、利息支出、租金支出、公益、救济性捐赠支出、坏账损失、坏账准备、财产损失及进项税额问题、开办费、其他杂费（绿化费、工伤事故支出、补税、行政性罚款、罚金、滞纳金、合同赔偿金、补缴税款、债务重组损失）进行重点检查，看有没有超过税法规定的范围和税前扣除指标，如果存在超过税法规定的扣除指标，可以另想办法进行规避。同时，还得自查税前扣除的发票规范性、真实性和企业各类收入的划分是否正确（哪些收入应归入免税收入；哪些收入应归入不征税收入；哪些收入应归入应税收入）。

特别要提醒企业的是，在每年度的年末结账前开展的账务自查中，如果发现本年度的账务错误，必须进行账务调整，否则有严重的涉税风险。一般而言，企业可以采取红字更正法、补充登记法等，直接调整本年度或本会计年度的有关会计分录，具体方法有以下三种：

1. 红字更正法（红字调整法）

红字更正法即先用红字编制一套与错账完全相同的记账凭证，予以冲

销，然后再用蓝字编制一套正确的会计分录。这种方法适用于会计科目用错或会计科目虽未用错，但实际记账金额大于应记金额的错误账款。

2. 补充调整法

补充调整法是指如果应调整的账目属于遗漏经济事项或错记金额，按会计核算程序用蓝字编制一套补充会计分录而进行调整的方法。

3. 综合调整法

综合调整法是补充调整法和红字调整法的综合运用。一般说来，税务稽查后，需要纠正的错误很多，如果一项一项地进行调整，显然很费精力和时间，因而需将各种错误通盘进行考虑，进行综合调整。运用综合调整法的要点是：用蓝字补充登记应记未记或虽已记但少记科目，同时，仍用蓝字反方向冲记不应记却已记的会计科目，从而构成一套完整的分录。总结出几句口诀：方向记反的，反方向再记；金额多记的，反方向冲记；金额少记的，正方向增记；不该记而记的，反方向减记；应记未记的，正方向补记。

第三节　企业税收安全应遵循的三大基本原理

企业在培育和提升税收安全时，必须遵循"三证统一""四流统一"和"三价统一"三大原理，所谓"三证统一"是指法律凭证、会计凭证和税务凭证相互统一；"四流统一"是指合同流、资金流、票流和物流（劳务流）相互统一；"三价统一"是指合同价、发票上的金额（简称发票价）和结算（决算）价相互统一。

一、"三证统一"原理：法律凭证、会计凭证和税务凭证相互统一

所谓的"三证统一"是指法律凭证、会计凭证和税务凭证的相互印证、相互联系和相互支持。在这"三证"当中，法律凭证是第一位的、首要的，在三证中，缺乏法律凭证支持和保障的会计凭证和税务凭证无论多么准确和完美，也是有法律和税收风险的。

（一）法律凭证：在提升企业税收安全中起根本性作用

法律凭证是用来明确和规范有关当事人权利和义务法律关系的重要书面凭证或证据。主要体现为合同、协议、法院判决或裁定书等法律文书和其他各种证书。如土地使用权证书、股权转让协议书、资产转让（收购）协议、股权转让（收购）协议、采购合同、建筑合同等都是法律凭证。法律凭证特别是经济合同的正确签订，在合法降低企业税收成本，提高企业税收安全中起根本性作用，有时需要给当地税务主管部门提供各种合同材料，有时必须通过正确而巧妙地签订合同以达到目的。

某公司购买商铺合同瑕疵多承担的税费

一、案情介绍

甲企业为销售建材而购买了一间临街旺铺，价值150万元，开发商承诺买商铺送契税和手续费。在签订合同时也约定，铺面的契税、印花税及买卖手续费均由开发商承担。按合同规定，企业付清了所有房款。但不久后，企业去办理房产证时，税务机关要求企业补缴契税6万元，印花税0.45万元，滞纳金5000多元。企业以合同中约定由开发商包税为由拒绝缴纳税款。但最后企业被从银行强行划缴了税款和滞纳金，并被税务机关罚款。请分析甲企业必须承担税费的原因。

二、涉税分析

税法与合同法是各自独立的法律，税务机关在征收税款时是按照税法来执行的。在我国境内转让土地、房屋权属，承受的单位和个人为契税的纳税人。在本案例中，甲企业就是契税和印花税的纳税人，是缴纳这些税款的法律主体，而甲企业与开发商所签订的包税合同并不能转移甲企业的法律责任。因为开发商承诺的契税等税费，意思只是由开发商代企业缴纳，在法律上是允许的。但当开发商没有帮企业缴纳税款的时候，税务机关要找的是买房的甲企业而不是开发商。所以在签订经济合同时，不要以为对方包了税款就同时也包了法律责任，对方不缴税，延期缴纳税款和漏税的责任要由买方甲企业承担。

三、规避多承担税费的合同签订技巧

要规避甲企业承担开发商没有支付在经济合同中承诺的铺面的契税、印花税及买卖手续费，必须在签订经济合同时，拿着该份经济买卖合同到铺面所在地的主管税务局去进行备案，同时要及时督促开发商把其在经济合同中承诺的铺面的契税、印花税及买卖手续费缴纳完毕后，才付清铺面的购买价款。或者在经济合同中修改条款"铺面的契税、印花税及买卖手续费均由开发商承担，但是由甲企业代收代缴"。这样签订的合同，甲企业在支付开发商的购买价款时就可以把由开发商承担的铺面契税、印花税及买卖手续费进行扣除，然后，甲企业自己去当地税务局缴纳铺面的契税、印花税及买卖手续费，凭有关的完税凭证到当地房管局去办理过户产权登记手续。

（二）会计凭证

会计凭证是记录经济业务、明确经济责任、按一定格式编制的据以登记会计账簿的书面证明，是用来记载经济业务的发生、明确经济责任、作为记账根据的书面证明。会计凭证有原始凭证和记账凭证。前者是在经济业务最初发生之时即行填制的原始书面证明，如销货发票、款项收据等。后者是以原始凭证为依据，记入账簿内各个分类账户的书面证明，如收款凭证、付款凭证、转账凭证等。

（三）税务凭证

税务凭证是一种在税法或税收政策性规章上明确相关经济责任的书面证据。税务凭证是法律凭证中的一种特殊性凭证，税务凭证一定是法律凭证，法律凭证不一定是税务凭证。如税务登记证书、税收行政处罚通知书等税务凭证就是法律凭证，而各种发票，如增值税专用发票、各种服务类发票等税务凭证就不是法律凭证。

（四）"三证统一"

法律凭证、会计凭证和税务凭证虽然在各自的内涵上存在一定的差异，但是相互间存在一定的联系。如税务凭证与会计凭证是有区别和联系的，联

系是两者都是明确相关经济责任的企业据以进行记账的书面证明；区别是两者的根据不同，会计凭证是依据中华人民共和国财政部颁发的各项会计政策、财经制度而进行财务核算的记账凭证，税务凭证是根据相关税法和中华人民共和国税务总局制定的各项税收政策而明确纳税义务的税收凭证。由于对同一项经济业务的核算和反映，会计准则或会计制度与税法上的规定是有一定的差异的，正因如此，在税法上，需要对这种差异进行纳税调整，否则将会受到税务主管部门的惩罚而遭受一定的罚款损失。

在降低企业成本的实践当中，一定要保证法律凭证、会计凭证和税务凭证的"三证统一"，特别是法律凭证在降低企业成本中起关键性的源头作用。同时，会计凭证和税务凭证上的数据必须与法律凭证中的数据始终保持一致，否则会有成本增加的可能。

（五）"三证统一"是提高企业税收安全的根本方法

"三证统一"在企业降低成本中起着非常重要的作用，在众多降低企业税收成本的方法当中，"三证统一"是根基，是根源。下面从两个方面来理解"三证统一"是企业降低企业成本、提高企业税收安全的根本方法。

1. 法律凭证是决定企业成本的根源

企业的成本涉及企业的设计、研发、生产、管理、销售、售后服务等各价值链环节，每一环节都与企业的成本相关。要控制好每一环节的成本，必须把着力点放在有关合同、协议的签订和管理环节上，因为价格是合同和协议中的重要条款，合同和协议中的价格是构成企业相关成本的重要部分。如果合同中的价格已经确定，要通过降低价格来降低成本是不可能的，也是不现实的，否则，要负一定的民事法律赔偿责任。因此，在商品或材料采购、物流运输、提供服务等环节过程中，成本降低的关键点是价格谈判，价格一旦谈定就得在有关合同或协议中进行明确规定，只要合同和协议中对价格进行了确定，再来谈降低采购成本和运输物流成本是毫无意义的。如，某公司是专门从事家具生产的企业，假设采购生产家具的木料成本在生产成本中的比例为40%，该企业在采购木料的过程中，往往通过集中采购制度来进行采购，所有采购价格包括运输成本都在采购合同中体现。如果要降低采购成本，最关键的是在采购环节与供应商进行价格谈判阶段，只有与相关的多个供应商进行价格谈判，才能选择到既能保证材料质量又能保证价格低廉的材料供应商。在采购合同中明确谈定好的低价格，生产成本才能够真正得以降低。

2. "三证统一"是促降税收成本、提升企业税收安全的根本之策

在明确法律凭证是降低企业成本的根源后，还要保证法律凭证、会计凭证和税务凭证的相互统一，成本降低才能落到实处。

某公司"三证不统一"的涉税风险

一、案情介绍

江苏省南京市某家私营企业为了解决办公问题，决定购买写字楼作为办公场所，但由于企业资金紧张，老板就以个人名义，在当地的建设银行以按揭的方式购买了 1000 万元的写字楼。写字楼免费给公司办公使用，财务部门将写字楼计入公司的固定资产，每月计提折旧 4.17 万元，还款全部由企业资金支付。

二、不符合"三证统一"的涉税风险分析

首先，从法律凭证来讲，分为两个方面：一方面是该公司购买写字楼作为办公楼的法律凭证是购买写字楼的合同；另一方面是该公司开户行归还银行按揭贷款的每月付款凭证。这两方面法律凭证提供以下信息：合同中的购买主体是公司的老板，即该公司老板是该写字楼的所有权物主，购买写字楼的资金是该公司提供的。也就是说，该公司出资金购买写字楼的产权归该公司的老板所有，真正出资金购买写字楼的不是写字楼的产权主体。

其次，从会计凭证来看，该公司的财务部将写字楼计入公司的固定资产，每月计提折旧 4.17 万元。其体现的会计凭证：自制原始会计凭证（每月固定资产折旧计算表）和记账凭证中记录的会计分录（借：固定资产——房屋，贷：应付账款——应付银行按揭款）。

最后，从税务凭证的角度来讲，主要体现为开发商开给以该公司老板为抬头的一张金额为 1000 万元的销售不动产发票。

从以上对该公司购买写字楼行为中的法律凭证、会计凭证和税务凭证的分析来看，该公司不符合"三证统一"原理：购买合同中的购买人、银行付

款凭证上的付款人、销售不动产发票上的付款人、记账凭证上载明的房屋所有权人都是同一个主体（该公司）。因为法律凭证上的产权人是老板的名字，会计凭证上的产权名字是公司的名字，付款凭证上的名字是公司的名字，税务凭证（发票）上的名字是老板的名字。所以该公司购买写字楼的涉税行为隐藏不少税收风险，如果以后被税务稽查部门查出，将面临以下税收风险：

第一，该公司财务部对该写字楼计提的折旧不可以在企业所得税前扣除，并将受到罚款和依法缴纳滞纳金。该房产是老板个人资产，不属于企业固定资产，因此不能计提折旧，已计提的折旧不能够在税前扣除，要在每年企业所得税汇算清缴时进行调增，补缴25%企业所得税。

第二，企业归还银行的按揭款将认定为公司给企业老板个人的分红所得，要依法扣缴个人所得税。企业所还的银行按揭款，由于不是企业所贷的款项，属于企业替老板个人还款，实质上是老板向企业借款购买写字楼，登记产权于老板个人名下。根据《财政部 国家税务总局关于规范个人投资者个人所得税征收管理的通知》（财税〔2003〕158号）和《财政部 国家税务总局关于企业为个人购买房屋或其他财产征收个人所得税问题的批复》（财税〔2008〕83号）的规定，**个人投资者向企业借款，只要个人投资者在该纳税年度终了后既不归还，又未用于企业生产经营的，对其所借非生产经营款项应比照投资者取得股息、红利所得征收个人所得税。**即按照1000万元×20% = 200万元补缴个人所得税。

三、分析结论

通过本案例可以发现，企业在进行税务管控时，如果期盼实现零税务风险，法律凭证、会计凭证、税务凭证必须相互统一。

（六）"三证统一"的核心思想

其一，合同与企业的账务处理相匹配，否则，要么做假账，要么做错账。

其二，合同与企业的税务处理（税务处理在实践中主要涉及企业交多少税和什么时候交税两方面）相匹配，否则，要么多交税，要么少交税。

其三，合同与企业发票开具相匹配，否则，要么开假票，要么虚开发票，要么开具不规范的发票。

总承包合同中的开工保证金和履约保证金条款的税务处理和账务处理

一、案情介绍

甲房地产企业与乙建筑总承包企业签订的建筑合同中约定开工保证金条款：甲在合同签订之后的 2 个工作日之内向建筑企业乙支付 100 万元开工保证金，该开工保证金将于以后冲减甲给乙的工程款。甲房地产企业与丙建筑总承包企业签订的建筑合同中约定履约保证金条款：丙在合同签订之后的 7 个工作日之内必须向甲支付 100 万元的履约保证金。假设该项目中，甲和乙都选择一般计税方法计征增值税，请问以上保证金条款应如何进行账务和税务处理。

二、涉税分析

根据合同保证金条款的约定来看，开工保证金是业主支付给建筑总承包方的预付款项，而履约保证金是建筑总承包企业支付给业主的保证金或押金。《财政部　税务总局关于建筑服务等营改增试点政策的通知》（财税〔2017〕58 号）第二条、《营业税改征增值税试点实施办法》第四十五条第（二）项修改为"**纳税人提供租赁服务采取预收款方式的，其纳税义务发生时间为收到预收款的当天**"。基于此规定，自 2017 年 7 月 1 日起，建筑企业收到业主或发包方的预收账款的增值税纳税义务发生时间不是收到预收账款的当天。即建筑企业收到业主或发包方预收账款时，没有发生增值税纳税义务，不向业主或发包方开具增值税发票。因此，本案例中保证金的账务和税务处理如下：

1. 开工保证金的账务和税务处理

甲在合同签订之后的 2 个工作日之内向建筑企业乙支付 100 万元开工保证金的账务和税务处理如下：

（1）发包方强行要求施工企业开具发票的情况下的账务处理。

甲的账务处理：

借：预付账款［预付施工企业开工保证金÷（1+10%）］

应交税费——应交增值税（进项税）［预付施工企业开工保证金÷

（1+10%）×10%］

　　贷：银行存款

乙的账务处理：

借：银行存款

　　贷：预收账款［收到业主开工保证金÷（1+10%）］

应交税费——应交增值税（销项税）［收到业主开工保证金÷

（1+10%）×10%］

（2）发包方不要求施工企业开具发票的情况下的账务处理。

甲的账务处理：

借：预付账款

　　贷：银行存款

乙的账务处理：

借：银行存款

　　贷：预收账款

根据《财政部、国家税务总局关于全面推开营业税改征增值税试点的通知》（财税〔2016〕36号）附件1《营业税改征增值税试点实施办法》第四十一条第（一）项的规定，**纳税人提供应税服务并收讫销售款项或者取得索取销售款项凭据的当天为纳税义务发生时间**。因此，建筑总承包方乙收到甲支付的开工保证金时，就是增值税纳税义务时间，必须向业主甲开具增值税专用发票，如果乙不开具发票，则要做无票收入进行增值税销项税的申报。

2. 履约保证金的账务和税务处理

甲房地产企业与丙建筑总承包企业签订的建筑合同中约定履约保证金条款——丙在合同签订之后的7个工作日之内必须向甲支付100万元的履约保证金的账务和税务处理。

甲的账务处理：

借：银行存款

　　贷：其他应付款——收到丙履约保证金

丙的账务处理：

借：其他应收款——支付甲履约保证金

    贷：银行存款

建筑企业向甲支付履约保证金没有发生纳税义务时间，甲应向丙开具收款收据。

二、"四流（三流）统一"原理：合同流、资金流、票流和物流（劳务流）相互统一

所谓的"四流（三流）统一"是指合同流、资金流（银行的收付款凭证）、票流（发票的开票人和收票人）和物流（劳务流）相互统一，具体而言是指不仅收款方、开票方和货物销售方或劳务提供方必须是同一个经济主体，而且付款方、货物采购方或劳务接受方必须是同一个经济主体。如果在经济交易过程中，不能保证合同流、资金流、票流和物流（劳务流）相互统一，则会出现票款不一致，涉嫌虚开发票，将被税务部门稽查判定为虚列支出，虚开发票，承担一定的受到行政处罚甚至刑事处罚的法律风险。为了解决票款不一致的涉税风险问题，笔者建议企业应注重审查符合以下条件的发票才可以入账：在有真实交易的情况下，必须保证资金流、物流和票流的三流统一，即银行收付凭证、交易合同和发票上的收款人、付款人和金额必须一致。具体论述如下：

（一）无真实交易下开票的法律风险：虚开发票

在没有真实交易情况下的票款不一致，一定面临着税收和法律风险，如果被税务稽查部门查出，轻则处以补税、罚款和缴纳滞纳金；重则相关的主要负责人员将会承担一定的刑事责任。企业在财税管控中必须杜绝和防范无真实交易情况下的开票行为。

《中华人民共和国发票管理办法》第二十二条规定：任何单位和个人不得有下列虚开发票行为：①为他人、为自己开具与实际经营业务情况不符的发票；②让他人为自己开具与实际经营业务情况不符的发票；③介绍他人开具与实际经营业务情况不符的发票。基于此规定，没有真实交易行为下而进

行的开票行为是虚开发票的行为。国家税务总局在税务稽查中一直非常重视发票的"三查"活动，即"查税必查票""查账必查票""查案必查票"。对检查发现的虚假发票，一律不得用于税前扣除、抵扣税款、办理出口退税（包括免、抵、退税）和财务报销、财务核算。

第十一届全国人大常委会第十九次会议于 2011 年 2 月 25 日通过的《中华人民共和国刑法修正案（八）》，对刑法做出了以下三项重要修改和补充：**一是取消了虚开增值税专用发票罪，用于骗取出口退税、抵扣税款发票罪，伪造、出售伪造的增值税专用发票罪的死刑。二是增加了虚开普通发票罪。**《刑法修正案（八）》第三十三条规定，在《刑法》第二百零五条后增加一条，作为二百零五条之一：**"虚开本法第二百零五条规定以外的其他发票，情节严重的，处二年以下有期徒刑、拘役或者管制，并处罚金。单位犯前款罪的，对单位判处罚金，并对其直接负责的主管人员和其他直接责任人员，依照前款的规定处罚。"** 这一规定增加的罪名为"虚开普通发票罪"。**三是增加了非法持有伪造的发票罪。**《刑法修正案（八）》第三十五条规定，在《刑法》第二百一十条后增加一条，作为第二百一十条之一：**"明知是伪造的发票而持有，数量较大的，处二年以下有期徒刑、拘役或者管制，并处罚金；数量巨大的，处二年以上七年以下有期徒刑，并处罚金。单位犯前款罪的，对单位判处罚金，并对其直接负责的主管人员和其他直接责任人员，依照前款的规定处罚。"** 这一规定增加的罪名为"非法持有伪造的发票罪"。非法持有伪造的发票罪，是指明知是伪造的发票，而非法持有且数量较大的行为。

《最高人民法院关于适用〈全国人民代表大会常务委员会关于惩治虚开、伪造和非法出售增值税专用发票犯罪的决定〉若干问题的解释》第一条规定：具有下列行为之一的，属于"虚开增值税专用发票"：①没有货物购销、没有提供或接受应税劳务而为他人、为自己、让他人为自己、介绍他人开具增值税专用发票；②有货物购销、提供或接受了应税劳务但为他人、为自己、让他人为自己、介绍他人开具数量或者金额不实的增值税专用发票；③进行了实际经营活动，但让他人为自己代开增值税专用发票。虚开税款数额 1 万元以上的或者虚开增值税专用发票致使国家税款被骗取 5000 元以上的，应当依法定罪处罚。虚开税款数额 10 万元以上的，属于"虚开的税款数额较大"。

根据以上法律依据，企业没有真实交易而开票是典型的虚开发票行为，不仅索取的虚开发票不可以在企业所得税前扣除和抵扣进项税额，而且具有受到刑事处罚的法律风险。因此，在"以票控税"的中国，发票进成本必须保证有真实交易行为的票款一致。

案例分析⑪

某公司让他人为自己代开增值税专用发票的涉税

一、案情介绍

一般纳税人 A 公司与 B 公司签订购买设备合同，B 公司不具有一般纳税人资格，但其分公司 C 具有一般纳税人资格，于是 B 公司让分公司 C 开具增值税专用发票给 A 公司，请分析三方存在的涉税风险。

二、涉税风险分析

根据《中华人民共和国发票管理办法》第十九条规定，销售商品、提供服务以及从事其他经营活动的单位和个人，对外发生经营业务收取款项，收款方应向付款方开具发票；特殊情况下由付款方向收款方开具发票。第二十二条第二款规定，任何单位和个人不得有下列虚开发票行为：（一）为他人、为自己开具与实际经营业务情况不符的发票；（二）让他人为自己开具与实际经营业务情况不符的发票；（三）介绍他人开具与实际经营业务情况不符的发票。《中华人民共和国发票管理办法》第三十七条第一款规定，违反本办法第二十二条第二款的规定虚开发票的，由税务机关没收违法所得；虚开金额在 1 万元以下的，可以并处 5 万元以下的罚款；虚开金额超过 1 万元的，并处 5 万元以上 50 万元以下的罚款；构成犯罪的，依法追究刑事责任。依据上述规定，分公司 C 没有销售货物，为他人开具与实际经营业务情况不符的发票，属于虚开发票行为，而销售方 B 公司让他人为自己开具与实际经营业务情况不符的发票，也属于虚开发票行为，都将受到处罚。对 A 公司来讲，根据《国家税务总局关于纳税人善意取得虚开的增值税专用发票处理问题的通知》（国税发〔2000〕187 号）的规定，购货方与销售方存在真实的交易，销售方使用的是其所在省（自治区、直辖市和计划单列市）的专用发票，专用发票注明的销售方名称、印章、货物数量、金额及税额等全部内容与实际相符，且没有证据表明购货方知道销售方提供的专用发票是以非法手段获得的，对购货方不以偷税或者骗取出口退税论处。但应按有关法规不予抵扣进项税款或者不予出口退税；购货方已经抵扣的进项税款或者取得的出口退税，应依法追缴。如果 C 公司以 B 公司的名义开具专用发票，A 公司与 B 公司的交易是真实的，但税务机关会以 A 公司应该知道 B 公司为小规模纳税人来证明 A 公司知道销售方提供的专用发票是以非法手段获得的，从而定性为偷税或者骗取出口退税。即使不这样定性，对 A 公司取得的专用发票也不予抵扣进项税款或者不予出口退税。

三、规避税收风险的策略

由销售方 B 公司开具发票。如果 A 公司需要开具专用发票，可根据《国家税务总局关于印发〈税务机关代开增值税专用发票管理办法（试行）〉的通知》（国税发〔2004〕153 号）第五条和第六条的规定开具专用发票。其中，第五条规定，本办法所称增值税纳税人是指已办理税务登记的小规模纳税人（包括个体经营者）以及国家税务总局确定的其他可予代开增值税专用发票的纳税人。第六条规定，增值税纳税人发生增值税应税行为、需要开具专用发票时，可向其主管税务机关申请代开。从 2009 年 1 月 1 日起，小规模纳税人无论工业还是商业，税率均调整为 3%，B 公司申请税务机关代开发票依然按小规模 3% 的税率征收增值税，但代开给增值税一般纳税人的发票可以按 3% 进行抵扣。因为只有具有一般纳税人资格的纳税人开具的发票才按 17% 的税率征税，取得方为一般纳税人企业方可按 17% 抵扣进项税，因此，一般纳税人与小规模纳税人的税负是不同的，A 公司要根据自己的实际经营情况以及 B 公司的定价是否合算来决定是否在 B 公司购买此设备，但不能以虚开发票三方受处罚作为代价取得专用发票。

（二）有真实交易下票款不一致的涉税风险：不可以企业所得税税前扣除和抵扣增值税进项税额

国家对企业取得的发票在企业所得税税前扣除有严格的规定。《国家税务总局关于开展打击制售假发票和非法代开发票专项整治行动有关问题的通知》（国税发〔2008〕40 号）规定：**对于不符合规定的发票和其他凭证，包括虚假发票和非法代开发票，均不得用以税前扣除、出口退税、抵扣税款。**《国家税务总局关于印发进一步加强税收征管若干具体措施的通知》（国税发〔2009〕114 号）规定：**未按规定取得的合法有效凭据不得在税前扣除。**《企业所得税税前扣除凭证管理办法》（国家税务总局公告 2018 年第 28 号）第四条规定：**"税前扣除凭证在管理中遵循真实性、合法性、关联性原则。"**真实性是指税前扣除凭证反映的经济业务真实，且支出已经实际发生；"实际发生"是指"实际支付"的意思，包括实际支付一部分款项和实际支付全部款项两层意思。支出实际发生的凭证主要如下：银行对账单、汇票、收付款收据、第三方支付记录。根据以上税收法律依据，企业在真实交易情况下票款不一致，所取得的发票入账进成本，因涉嫌发票虚开，是一种未按规定取得的合法有效凭据，不可以在企业所得税前进行扣除。

《国家税务总局关于加强增值税征收管理若干问题的通知》（国税〔1995〕192 号）第一条第（三）项规定：**"购进货物或应税劳务支付货款、劳务费用的对象。纳税人购进货物或应税劳务，支付运输费用，所支付款项的对象，必须与开具抵扣凭证的销货单位、提供劳务的单位一致，才能够申报抵扣进项税额，否则不予抵扣。"** 基于此规定，货物流、资金流、票流一致，在可控范围内可以安全抵扣，票面记载货物与实际入库货物必须相符，票面记载开票单位与实际收款单位必须一致，必须保证票款一致。

 案例分析 ⑫

某房地产企业指定分包方中票款不一致的涉税

一、案情介绍

某房地产企业甲与建筑企业乙签订总承包合同 1000 万元，同时甲指定建筑企业乙与属于同一法人代表的具有分包资质的建筑企业丙签订分包合同 300 万元，在工程款支付上，该房地产企业甲直接将分包工程款依次支付给丙公司，分包方将发票开具给总包乙公司，总包将发票开具给房地产公司甲，具体如图 1-2 所示。

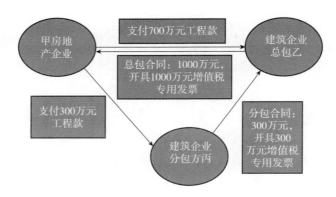

图 1-2　支付票款不一致示例

二、涉税分析

1. 法律依据

根据《企业所得税税前扣除凭证管理办法》（国家税务总局公告 2018 年第 28 号）第二条的规定，税前扣除凭证，是指企业在计算企业所得税应纳税所得额时，证明与取得收入有关的、合理的支出实际发生，并据以税前扣除的各类凭证。

《国家税务总局关于加强增值税征收管理若干问题的通知》（国税发〔1995〕192 号）第一条第（三）项规定："纳税人购进货物或应税劳务，支付运输费用，所支付款项的单位，必须与开具抵扣凭证的销货单位、提供劳务的单位一致，才能够申报抵扣进项税额，否则不予抵扣。"

该房地产企业甲收到建筑企业乙开具的 1000 万元增值发票，只支付 700 万元资金给建筑企业乙；房地产企业甲支付 300 万元资金给分包方丙，与建筑企业丙开具 300 万元增值税专用发票给总包方乙，出现了资金流、票流、劳物流不统一和票款不一致的问题。也出现了乙企业有丙开具的税前扣除凭证——发票，但是乙没有实际发生资金支付给丙。

2. 分析结论

因此，总包乙和房地产企业甲不可以抵扣增值税进项税，乙不可以企业所得额税前扣除 300 万元成本，甲不可以企业所得额税前扣除 300 万元成本，也不可以抵扣增值税进项税。

三、应对策略

总承包商与业主房地产公司签订总承包合同时，在工程款结算和支付条款中明确：业主代替总承包商支付分包商工程款；在发票开具条款中明确：总承包商开具增值税发票给业主时，在增值税发票的备注栏中打印"含业主代总承包商支付分包方×××工程款"字样。同时，承包商与分包商签订专业分包合同时，在工程款结算和支付条款中，注明：业主代替总承包商支付分包商工程款；在发票条款中，分包商在开具发票给总承包商时，在备注栏中打印"本工程款已经由业主代总承包商支付"字样。

三、"三价统一"原理：合同价、发票价和结算价相互统一

所谓的"三价统一"是指，符合民法规定具有法律效力的合同或协议上注明的价格、发票上填写的金额和结算价格都必须是相等的。实践中，发票上的金额是根据结算价而开具的。如果发票上的金额大于结算价，则一定是虚开发票；如果发票上的金额小于结算价，则企业有隐瞒收入之嫌疑。例如某公司工程造价约定为2.3亿元，最后的工程总结算金额只有1.3亿元，但开具发票总额为人民币2.3亿元，这样就虚增了1亿元成本。同样，合同价与结算价一般都会不一样。因为在经济交易活动中，存在各种客观因素，例如材料价格的市场波动、技术水平差异、企业管理水平的高低等，都会使结算价和合同价产生偏离。特别是在建筑工程领域，工程结算价超合同价的现象比较普遍，究其原因主要有五个方面：一是招标时人为降低招标控制价。如项目暂定价低于市场价计入招标控制价，结算时按签订价调整，导致结算价超出中标合同价。二是工程定位模糊或图纸设计深度不够，导致施工期间工程变更，为施工单位增加造价创造条件。三是目前建设市场竞争激烈，施工单位为了中标，多采用不平衡报价，中标后，为了利润的最大化，施工单位千方百计变更施工内容，达到提高结算价的目的。四是一些现场监理的素质不高，在造价控制方面不作为，甚至被有经验的施工单位蒙蔽或直接与施工单位联手弄虚作假。五是近年建设市场人工价格飞涨，材料价格波动大。

结算价超合同价现象也难以避免，为了保持合同价和结算价的统一，必

须以最后的结算价为准，通过结算书或结算报告，并通过一定的法律手续，调整合同价，使合同价与结算价保持一致，然后以结算价开具发票，实现合同价、发票价和结算价相互统一。

2

建筑房地产企业税收
安全策略一：法务、财务和
税务融合控税

所谓的法务、财务和税务融合控税是指企业经济业务的税务处理，首先要符合《中华人民共和国民法》《中华人民共和国合同法》《中华人民共和国劳动合同法》《中华人民共和国公司法》《中华人民共和国广告法》《中华人民共和国土地法》《中华人民共和国建筑法》等民事法规、行政法规相关的法律规定，然后在符合税法和《企业会计准则》的规定下，进行财务和税务处理。也就是说，企业在对某些特殊的经济业务进行税务处理时，由于税法没有明确的规定，更应该依照相关的民事和行政法律法规进行处理。即企业的涉税事项处理，必须在相关法律规定的框架下进行。例如，根据《中华人民共和国建筑法》的规定，挂靠一家建筑公司资质从事承接业务的行为（以下简称挂靠行为）是违法行为，而根据《财政部、国家税务总局关于全面推开营业税改征增值税试点的通知》（财税〔2016〕36号）文件的规定，建筑工程总分包行为中，总包可以扣除分包的销售额，实行差额征收增值税优惠政策。当分包方是被挂靠的建筑企业，与建筑总承包资质企业签订总分包合同时，总承包方要享受差额征收增值税政策，必须在法律上，与被挂靠方签订分包合同。在财务上，必须实行报账制度，即挂靠方在施工过程中发生的各类成本费用，应开成以被挂靠方为抬头的发票，统一交给被挂靠方进行账务核算，所有的资金都以被挂靠方的账户进行收支结算。在工程结算上，挂靠方必须以被挂靠方的名义与总包进行结算。通过以上方法处理，将违背《中华人民共和国建筑法》规定的挂靠行为，变成了形式上的合法行为，就可以依据税法规定进行差额征收增值税。因此，企业税收安全的提升必须遵循税务与法务处理相统一的原则。

本章主要介绍法务、财务和税务融合控税的三大实操要点：第一，税务处理需要参照有关法律的规定。即在应用税法条文的规定进行税务处理时，对税法条文中没有明确规定的地方，需要相关法律的规定进行佐证。第二，税法上没有规定的，必须依据民商法的相关规定进行税务处理。即当一笔经济业务的税务处理，在税法上没有规定的情况下，必须以相关法律、司法解释中的规定为主。第三，企业的财务处理有时仅依据《企业会计准则》规定还不够，还要结合税法和相关民商法的规定进行处理。即有的经济业务，在进行账务处理时，必须依据税法、《企业会计准则》和相关民商法律的规定进行。在这些实操要点的前提下，本章重点介绍建筑房地产企业八大法务、财务和税务融合控税的实操业务处理。

第一节　法务、财务和税务融合控税的实操要点

在实践操作当中，法务、财务和税务融合控税的操作要注意以下三点：

一、参照有关法律

税务处理需要参照有关法律的规定。即在应用税法条文的规定进行税务处理时，对税法条文中没有明确规定的地方，需要相关法律的规定进行佐证。

例如，《财政部、国家税务总局关于房产税、城镇土地使用税有关政策的通知》（财税〔2006〕186号）第二条规定："**以出让或转让方式有偿取得土地使用权的，应由受让方从合同约定交付土地时间的次月起缴纳城镇土地使用税；合同未约定交付土地时间的，由受让方从合同签订的次月起缴纳城镇土地使用税。**"《国家税务总局关于通过招拍挂方式取得土地缴纳城镇土地使用税问题的公告》（国家税务总局公告2014年第74号）规定："**通过招标、拍卖、挂牌方式取得的建设用地，不属于新征用的耕地，纳税人应按照《财政部、国家税务总局关于房地产税、城镇土地使用税有关政策的通知》（财税〔2006〕186号）第二条规定，从合同约定交付土地时间的次月起缴纳城镇土地使用税；合同未约定交付土地时间的，从合同签订的次月起缴纳城镇土地使用税。**"这里税法中的"土地"到底是"生地"还是"熟地"呢？该税法没有规定，因此，要找到相关土地规定的法律进行佐证。根据《国土资源部、住房和城乡建设部关于进一步加强房地产用地和建设管理调控的通知》（国土资发〔2010〕151号）第四条的规定，土地出让必须以宗地为单位提供规划条件、建设条件和土地使用标准，严格执行商品住房用地单宗出让面积规定，不得将两宗以上地块捆绑出让，不得"毛地"出让。基于以上法律和税法的规定，《财政部、国家税务总局关于房产税、城镇土地使用税有关政策的通知》（财税〔2006〕186号）第二条和《国家税务总

局关于通过招拍挂方式取得土地缴纳城镇土地使用税问题的公告》（国家税务总局公告 2014 年第 74 号）中的"土地出让"是"熟地"出让，而不是"生地"出让。

二、依据民商法的相关规定

税法上没有规定的，必须依据民商法的相关规定进行税务处理。即当一笔经济业务的税务处理，税法上没有规定的情况下，必须以相关法律、司法解释中的规定为主。

拥有土地使用权的工业企业与房地产公司合作建房分配利润的涉税

一、案情介绍

甲房地产置业有限公司成立于 2011 年 11 月，注册资金 1000 万元，股东及投资金额分别为：乙机械有限公司以现金 540 万元出资，丙房地产开发有限公司以现金 360 万元出资，自然人李明以现金 100 万元出资。该公司现正在开发的项目是位于新疆奎屯市的某家园小区，本项目占用的土地在乙机械有限公司名下，其中乙机械有限公司与甲房地产置业有限公司均为同一自然人法人代表。具体情况介绍如下：

1. 土地由来及土地变性情况

乙机械有限公司是于 2012 年因收购了原一国营老厂而成立的公司，其占有土地约 147 亩，土地性质为工业用地，使用年限为 50 年，乙机械有限公司以加工制造业为主，在 2015 年应城市规划要求，把此地块变性为住宅用地，2015 年 4 月经过招拍挂程序，乙机械有限公司补交了 1400 万元土地出让金，土地部门将补交土地出让金的发票开给乙机械有限公司，该宗土地从工业用地转换为住宅用地，使用期限 70 年，土地使用权证上的名字为乙机械有限公司。

2. 项目的立项报建情况

为尽早开发房地产项目，2017 年乙机械有限公司重新搬迁至另一处工业园区。乙机械有限公司出 147 亩土地，甲房地产置业有限公司出资金，不组建项目公司，进行联合立项和联合报建，合作建房，合作建房合同约定：出地一方和出资金一方将按照一定比例分配税后利润。其中乙机械有限公司土地上的建筑物和相关设施由被甲房地产置业有限公司请的拆迁公司进行拆除，甲房地产置业有限公司给予乙机械有限公司补偿。由于立项及办理预售许可证的需要，经过土地局同意，在乙机械有限公司的土地证上加上甲房地产置业有限公司的名字，即该 147 亩建设用地的土地使用证上的名字是乙机械有限公司和甲房地产置业有限公司，但 147 亩土地的土地成本（账面价值1700 万元）在乙机械有限公司账上，即甲房地产置业有限公司账上没有土地成本。

3. 建筑施工过程中的发票开具和合同流程情况

甲房地产置业有限公司与建筑公司签订包工包料合同，建筑公司与乙机械有限公司签订建筑材料采购合同，同时乙机械有限公司与建筑材料供应商签订建筑材料采购合同，建筑材料供应商开增值税专用发票给乙机械有限公司（乙机械有限公司为一般纳税人，经营范围为材料贸易），乙机械有限公司再销售建筑材料给建筑公司，并开增值税专用发票给建筑公司，建筑公司再开建筑业增值税专用发票给甲房地产置业有限公司。

请问：乙机械有限公司账上的土地成本怎样才能转到甲房地产置业有限公司的账上？乙机械有限公司与甲房地产置业有限公司之间合作建房应如何进行税务处理？

二、涉税分析及税务处理建议

1. 相关法律依据

《中华人民共和国城市房地产管理法》（中华人民共和国主席令第 72号）第二十八条规定："依法取得的土地使用权，可以依照本法和有关法律、行政法规的规定，作价入股，合资、合作开发经营房地产。"

最高人民法院《关于审理涉及国有土地使用权合同纠纷案件适用法律问题的解释》（法释〔2005〕5 号）规定，本解释所称的合作开发房地产合同，是指当事人订立的以提供出让土地使用权、资金等作为共同投资，共享利润、共担风险合作开发房地产为基本内容的协议。合作开发房地产合同的当事人一方具备房地产开发经营资质的，应当认定合同有效。按上述司法解释，合作建房需要符合以下几个条件：一是必须以合作双方名义办理合建审批手续；二是办理土地使用权变更登记；三是其中一方应该具有房地产开发经营资质。

《房地产开发经营业务企业所得税处理办法》（国税发〔2009〕31号）第三十一条第（一）项第一款规定："企业、单位以换取开发产品为目的，将土地使用权投资企业的，换取的开发产品如为该项土地开发、建造的，接受投资的企业在接受土地使用权时暂不确认其成本，待首次分出开发产品时，再按应分出开发产品（包括首次分出的和以后应分出的）的市场公允价值和土地使用权转移过程中应支付的相关税费计算确认该项土地使用权的成本。如涉及补价，土地使用权的取得成本还应加上应支付的补价款或减除应收到的补价款。"

《房地产开发经营业务企业所得税处理办法》（国税发〔2009〕31号）第三十六条第（二）项规定："企业以本企业为主体联合其他企业、单位、个人合作或合资开发房地产项目，且该项目未成立独立法人公司的，凡开发合同或协议中约定分配项目利润的，企业应将该项目形成的营业利润额并入当期应纳税所得额统一申报缴纳企业所得税，不得在税前分配该项目的利润，不能因接受投资方投资额而在成本中摊销或在税前扣除相关的利息支出。同时，投资方取得该项目的营业利润应视同股息、红利进行相关的税务处理。"

最高人民法院《关于审理涉及国有土地使用权合同纠纷案件适用法律问题的解释》（法释〔2005〕5号）第十四条规定："本解释所称的合作开发房地产合同，是指当事人订立的以提供出让土地使用权、资金等作为共同投资，共享利润、共担风险合作开发房地产为基本内容的协议。"第十五条规定："合作开发房地产合同的当事人一方具备房地产开发经营资质的，应当认定合同有效。"

最高人民法院《关于审理房地产管理法施行前房地产开发经营案件若干问题的解答》（法发〔1996〕2号）第五条对以国有土地使用权投资合作建房问题做出如下规定："享有土地使用权的一方以土地使用权作为投资与他人合作建房，签订的合建合同是土地使用权有偿转让的一种特殊形式，除办理合建审批手续外，还应依法办理土地使用权变更登记手续。当事人签订合建合同，依法办理了合建审批手续和土地使用权变更登记手续，不因合建一方没有房地产开发经营权而认定合同无效。名为合作建房，实为土地使用权转让的合同，可按合同实际性质处理。"

最高人民法院《关于审理涉及国有土地使用权合同纠纷案件适用法律问题的解释》（法释〔2005〕5号）第二十四条规定："合作开发房地产合同约定提供土地使用权的当事人不承担经营风险，只收取固定利益的，应当认定为土地使用权转让合同。"

2. 涉税处理分析

（1）乙机械有限公司账上147亩土地的土地成本（账面价值1700万元）能否转到甲房地产置业有限公司的账上？

本案例中的非房地产公司乙机械有限公司与具有房地产开发资质的甲房地产置业有限公司不组建项目公司，进行联合立项和联合报建，合作建房，并在合作建房合同约定：乙机械有限公司不承担经营风险，出地一方（乙机械有限公司）和出资金一方（甲房地产置业有限公司）将按照一定比例分配税后利润。根据最高人民法院《关于审理涉及国有土地使用权合同纠纷案件适用法律问题的解释》（法释〔2005〕5号）第二十四条的规定，"合作开发房地产合同约定提供土地使用权的当事人不承担经营风险，只收取固定利益的，应当认定为土地使用权转让合同。"基于此规定，从法律的角度分析，本案例中的非房地产公司乙机械有限公司实质上发生了转让土地使用权给甲房地产置业有限公司的行为，可是在立项前，经当地土管部门的同意，在乙机械有限公司名下的土地使用权证上增添了甲房地产置业有限公司的名字，这相当于该开发项目所占的土地147亩是乙机械有限公司和甲房地产置业有限公司共同购买的，不过甲房地产置业有限公司购买该土地的价款是拖欠的，其土地成本是今后开发完的产品销售完毕分配给乙机械有限公司的税后利润。因此，乙机械有限公司账上147亩土地的土地成本（账面价值1700万元）不能转到甲房地产置业有限公司的账上。但是，根据财税〔2016〕47号第三条第（三）项的规定，纳税人转让2016年4月30日前取得的土地使用权，可以选择适用简易计税方法，以取得的全部价款和价外费用减去取得该土地使用权的原价后的余额为销售额，按照5%的征收率计算缴纳增值税。因此，乙机械有限公司只能按照5%税率，以乙机械有限公司从甲房地产置业有限公司分配的税后利润减去乙机械有限公司账上147亩土地的土地成本（账面价值1700万元），实行差额征收增值税。乙机械有限公司按照其从甲房地产置业有限公司分配的税后利润金额，给甲房地产置业有限公司开具增值税专用发票，作为甲房地产置业有限公司的入账成本。

（2）乙机械有限公司与甲房地产置业有限公司之间合作建房应如何进行税务处理？

本案例的涉税处理如下：

第一，乙机械有限公司销售一部分土地使用权给甲房地产置业有限公司，按照销售无形资产——土地，缴纳增值税、土地增值税、企业所得税。增值税的计税依据是该项目开发完工销售完毕后，甲房地产置业有限公司分配给乙机械有限公司的税后利润。

第二，甲房地产置业有限公司作为开发项目的经营管理主体，销售开发产品依法缴纳增值税、土地增值税和企业所得税，其中土地成本为该项目开发完工销售完毕后，甲房地产置业有限公司分配给乙机械有限公司的税后利润。

三、依据税法、会计准则和相关民商法

企业的财务处理有时只依据《企业会计准则》规定还不够，还要结合税法和相关民商法的规定进行处理。即有的经济业务，在进行账务处理时，必须依据税法、《企业会计准则》和相关民商法律的规定进行。

案例分析14

某房地产企业收到政府土地返还款的法务、财务和税务处理

一、案情介绍

房地产开发企业乙通过招拍挂购入土地10000平方米，与国土部门签订的出让合同价格为10000万元，企业已缴纳10000万元。协议约定如下几种

情况：

其一，土地出让金入库后，以财政支持的方式给予房地产开发企业乙补助3000万元，在该项目土地上建设回迁房，回迁房建成后无偿移交给动迁户。受让建安置房土地支付土地出让金900万元。

其二，在土地出让金入库后，以财政支持的方式给予房地产开发企业乙补助3000万元，用于该项目10000平方米土地及地上建筑物的代理拆迁和补偿拆迁费用支出。国土部门委托房地产开发公司进行建筑物拆除、平整土地，并代委托方国土部门向原土地使用权人支付拆迁补偿费。在约定返还的3000万元中，用于拆迁费用1000万元，用于动迁户补偿2000万元。企业实际向动迁户支付补偿款1500万元。

其三，在土地出让金入库后，以财政支持的方式给予房地产开发企业乙方补助3000万元，用于该项目的拆迁补偿补助。

其四，在土地出让金入库后，以财政支持的方式给予房地产开发企业乙方补助3000万元，用于该项目外城市道路、供水、排水、燃气、热力、防洪等基础设施工程建设。

其五，在土地出让金入库后，以财政支持的方式给予房地产开发企业乙补助3000万元，用于企业在开发区内建造会所、物业管理场所、电站、热力站、水厂、文体场馆、幼儿园等配套设施。

其六，在土地出让金入库后，以财政支持的方式给予房地产开发企业乙补助3000万元，用于乙企业招商引资奖励和生产经营财政补贴。

请分析这3000万元的财务和税务处理。

二、账务处理和税务处理

在本案例中的房地产企业与国土部门签订的土地出让合同中，对政府给予的土地返还款的用途进行了不同的约定，根据"不同的合同约定决定不同的账务处理"的原理，房地产企业必须根据合同中的不同约定条款进行不同的账务处理，否则会有税收风险。有鉴于此，本案例中的账务处理如下：

1. 情况一

合同约定第一种情况：土地返还款就地建安置房的账务和税务处理（单位：万元）。

土地出让金返还用于建设购买安置回迁房的法律实质是房地产企业开发的回迁房销售给政府，政府通过土地出让金返还的形式支付给房地产企业销售回迁房的销售款，然后政府无偿把回迁房移交给拆迁户。

为此，土地返还款就地建安置房的账务处理如下：

收到返还款时：

借：银行存款　　　　　　　　　　　　　　　　　　　　3000

　　贷：预收账款　　　　　　　　　　　　　　　　　　　3000

另外，土地出让金返还用于建设购买安置回迁房的实质是政府出资购买回迁房，用于安置动迁户，对房地产开发企业来说，属于销售回迁房行为。土地返还款3000万元相当于回迁房组成计税价格确认收入，房地产开发企业应按取得售房收入3000万元（含增值税）计算缴纳增值税、土地增值税、企业所得税和契税。

根据《财政部、国家税务总局关于全面推开营业税改征增值税试点的通知》（财税〔2016〕36号）附件1《营业税改征增值税试点有关事项的规定》第一条第（三）项之第十款规定，"房地产开发企业中的一般纳税人销售其开发的房地产项目（选择简易计税方法的房地产老项目除外），以取得的全部价款和价外费用，扣除受让土地时向政府部门支付的土地价款后的余额为销售额。"《房地产开发企业销售自行开发的房地产项目增值税征收管理暂行办法》（国家税务总局公告2016年第18号）第四条规定："房地产开发企业中的一般纳税人（以下简称一般纳税人）销售自行开发的房地产项目，适用一般计税方法计税，按照取得的全部价款和价外费用，扣除当期销售房地产项目对应的土地价款后的余额计算销售额。销售额的计算公式如下：销售额＝（全部价款和价外费用－当期允许扣除的土地价款）÷（1＋10%）。"同时国家税务总局公告2016年第18号第十条和第十一条规定，一般纳税人采取预收款方式销售自行开发的房地产项目，应在收到预收款时按照3%的预征率预缴增值税。应预缴税款按以下公式计算：

应预缴税款＝预收款÷（1＋适用税率或征收率）×3%

适用一般计税方法计税的，按照10%的适用税率计算；适用简易计税方法计税的，按照5%的征收率计算。

基于以上税收政策规定，房地产企业在安置房所在地国家税务局预缴增值税时的账务处理如下：

借：应交税费——预交增值税　　　　81〔3000÷（1+10%）×3%〕

　　贷：银行存款　　　　　　　　　　　　　　　　　81

完工结转收入时：

借：预收账款　　　　　　　　　　　　　　　　　3000

　　贷：主营业务收入　　　　　　　　　　　　　2727.28

　　　应交税费——应交增值税（销项税）

　　　　　　　　272.72〔3000÷（1+10%）×10%〕

同时，房地产企业因扣除土地成本减少销售额的会计处理如下：

《关于增值税会计处理的规定》（财会〔2016〕22号）中"企业发生相关成本费用允许扣减销售额的账务处理"规定如下：按现行增值税制度规定企业发生相关成本费用允许扣减销售额的，发生成本费用时，按应付或实际支付的金额，借记"主营业务成本""存货""工程施工"等科目，贷记"应付账款""应付票据""银行存款"等科目。待取得合规增值税扣税凭证且纳税义务发生时，按照允许抵扣的税额，借记"应交税费——应交增值税（销项税额抵减）"或"应交税费——简易计税"科目（小规模纳税人应借记"应交税费——应交增值税"科目），贷记"主营业务成本""存货""工程施工"等科目。而该文件并没有对房地产开发企业销售自行开发房地产项目，按一般计税方法计税的，扣除土地成本的账务处理做特别说明。实践中房地产开发企业的账务处理主要有两种：

第一种会计处理：

借：应交税费——应交增值税（销项税额抵减）

　　　　　　　81.82〔900÷（1+10%）×10%〕

　　贷：主营业务成本（开发成本）　　　　　　81.82

第二种会计处理：

借：应交税费——应交增值税（销项税额抵减）　81.82

　　贷：营业外收入　　　　　　　　　　　　　81.82

以上两种会计处理，笔者认为第一种会计处理符合税法的规定。《关于营改增后契税、房产税、土地增值税、个人所得税计税依据问题的通知》（财税〔2016〕43号）第三条规定："**土地增值税纳税人转让房地产取得的收入为不含增值税收入。《中华人民共和国土地增值税暂行条例》等规定的土地增值税扣除项目涉及的增值税进项税额，允许在销项税额中计算抵扣的，不计入扣除项目，不允许在销项税额中计算抵扣的，可以计入扣除项目。**"基于此规定，"房地产开发企业中的一般纳税人（以下简称一般纳税人）销售自行开发的房地产项目，适用一般计税方法计税，按照取得的全部价款和价外费用，扣除当期销售房地产项目对应的土地价款后的余额计算销售额"的法律实质是"土地成本中的增值税进项税额允许在销项税额中计算抵扣"。如果选用第二种会计处理，则房地产企业少缴纳土地增值税；如果选用第一种会计处理，则房地产企业计算土地增值税时，实质上土地成本抵减的增值税销项税额没有计入土地增值税的扣除项目。

2. 情况二

合同约定第二种情况：土地返还款用于房地产企业代理拆迁和代理支付拆迁补偿费的账务处理和税务处理（单位：万元）。

目前，招拍挂制度要求土地以"熟地"出让，但现实工作中一些开发商先期介入拆迁，政府进行招拍挂，由开发商代为拆迁。在开发商交纳土地出让金后，政府部门对开发商进行部分返还，用于拆迁或安置补偿。土地返还款用于房地产企业代理拆迁和代理支付拆迁补偿费的税务处理如下：

（1）增值税的处理。按照代理业务征收增值税。根据《财政部、国家税务总局关于全面推开营业税改征增值税试点的通知》（财税〔2016〕36号）附件《销售服务、无形资产、不动产注释》第一条第（四）项建筑服务的规定，**拆除建筑物或者构筑物应依照"建筑服务"缴纳增值税。**另外，根据《财政部、国家税务总局关于全面推开营业税改征增值税试点的通知》（财税〔2016〕36号）附件2《营业税改征增值税试点有关事项的规定》第一条第（四）项第四款的规定：**经纪代理服务，以取得的全部价款和价外费用，扣除向委托方收取并代为支付的政府性基金或者行政事业性收费后的余额为销售额计算缴纳增值税。**因此，本案例土地返还款3000万元的增值税税务处理如下：

第一，由于拆迁建筑劳务是清包工劳务，《财政部、国家税务总局关于全面推开营业税改征增值税试点的通知》（财税〔2016〕36号）附件2《营业税改征增值税试点有关事项的规定》第一条第（七）项规定："**一般纳税人以清包工方式提供的建筑服务，可以选择适用简易计税方法计税。以清包工方式提供建筑服务，是指施工方不采购建筑工程所需的材料或只采购辅助材料，并收取人工费、管理费或者其他费用的建筑服务。**"基于此规定，房地产公司将拆迁建筑劳务外包给拆迁公司，拆迁公司提供建筑物拆除、平整土地劳务取得的收入1000万元，应按建筑服务业，选择简易计税方法缴纳增值税29.1万元〔1000万元÷（1+3%）×3%〕。并且拆迁公司向房地产公司开具3%的增值税专用发票。

第二，代理支付动迁补偿款不可以在计算增值税销售额时进行扣除，直接支付给被拆迁户的拆迁补偿款，由于被拆迁户收到的拆迁补偿款没有发生增值税义务，不需要向房地产公司开具发票，所以，房地产公司代国土部门向原土地使用权人支付拆迁补偿费不可以抵扣增值税。

基于以上分析，房地产公司缴纳增值税销项税169.8〔3000÷（1+6%）×6%〕万元。因此，房地产公司应缴纳增值税140.7万元（169.8万元-29.1万元）。

（2）企业所得税的处理。扣除支付被拆迁户补偿费用和拆迁公司拆迁劳务费用后的差额依法缴纳企业所得税。土地返还款3000万元的企业所得税处理如下：

第一，支付给拆迁公司提供建筑物拆除、平整土地劳务款970.9万元〔1000万元÷（1+3%）〕，应从企业所得税前扣除。

第二，代理支付动迁补偿款差额1500万元，应从企业所得税前扣除。

第三，房地产公司应计入企业所得税的应纳税所得额为359.3〔3000÷（1+6%）-970.9-1500〕万元。

（3）土地增值税的处理。由于没有发生土地转让行为而不缴纳土地增值税。根据《中华人民共和国土地增值税暂行条例》第二条的规定，**转让国有土地使用权、地上的建筑物及其附着物并取得收入的单位和个人，为土地增值税的纳税义务人**。《中华人民共和国土地增值税暂行条例实施细则》第二条规定："条例第二条所称的转让国有土地使用权、地上的建筑物及其附着物并取得收入，是指以出售或者其他方式有偿转让房地产的行为。"本案例，企业取得的土地返还款 3000 万元属于提供建筑物拆除、平整土地劳务取得的收入和代理服务取得的收入，不属于转让不动产收入，此收入不计入土地增值税清算收入。因此，企业取得的土地返还款 3000 万元不征收土地增值税。

（4）会计处理（单位：万元）。

收到土地返还款：

借：银行存款		3000
贷：其他业务收入		2830.2
应交税费——应交增值税（销项税）		169.8

代理支付动迁补偿款和拆迁工程款业务时：

借：其他业务成本——拆迁补偿款		1500
其他业务成本——支付拆迁公司拆迁支出		970.9
应交税费——应交增值税（进项税）		29.1
贷：现金或银行存款		2500

3. 情况三

合同约定第三种情况：土地返还款用于拆迁补偿补助的账务和税务处理（单位：万元）。

在会计处理上，《企业会计准则第 16 号——政府补助》（财会〔2017〕15 号）第四条规定："政府补助分为与资产相关的政府补助和与收益相关的政府补助。与资产相关的政府补助，是指企业取得的、用于购建或以其他方式形成长期资产的政府补助。与收益相关的政府补助，是指除与资产相关的政府补助之外的政府补助。"同时《企业会计准则第 16 号——政府补助》（财会〔2017〕15 号）第十一条规定："与企业日常活动相关的政府补助，应当按照经济业务实质，计入其他收益或冲减相关成本费用。与企业日常活动无关的政府补助，应当计入营业外收支。"根据此规定，本案例中的房地产企业收到政府的拆迁补偿补助是与房地产企业日常开发活动相关的政府补助。

在税法上，根据《中华人民共和国土地增值税暂行条例实施细则》（财法字〔1995〕6号）第七条的规定，在计算土地增值税增值额时，具体的扣除项目为：开发土地和新建房及配套设施的成本，是指纳税人房地产开发项目实际发生的成本，包括土地征用及拆迁补偿费、前期工程费、建筑安装工程费、基础设施费、公共配套设施费、开发间接费用。其中土地征用及拆迁补偿费的项目范围具体包括土地征用费，耕地占用税，劳动力安置费及有关地上、地下附着物拆迁补偿的净支出，安置动迁用房支出等。这里要特别注意的是，作为开发成本中的房地产企业拆迁补偿费用全部支出是"净支出"，也就是全部补偿支出减除拆迁过程中的各种收入后的实际净支出，因此，政府给予企业的拆迁补偿款应从企业实际发生的拆迁补偿支出中扣除，而且政府给予企业的拆迁补偿款不作为土地增值税征税收入，但是要冲减开发成本中的补偿支出，从而减少计算土地增值税时的扣除项目金额。

另外，由于被拆迁户获得的拆迁补偿款没有发生增值税纳税义务，不缴纳增值税，不给房地产公司开具发票，或有的地方国家税务局规定，支付被拆迁户的拆迁补偿款时，必须统一使用省国家税务局印制的收据，但不缴纳增值税。因此，支付给被拆迁户的拆迁补偿款不能够抵扣增值税进项税额。

因此，土地返还款用于拆迁补偿补助的账务处理如下：

借：银行存款   3000

  贷：开发成本——拆迁补偿费   3000

4. 情况四

合同约定第四种情况：土地返还款用于该项目外城市道路、供水、排水、燃气、热力、防洪等基础设施工程建设（即红线之外建基础设施）的账务和税务处理（单位：万元）。

在会计上，根据《企业会计准则第16号——政府补助》（财会〔2017〕15号）第三条的规定，政府补助具有两个特征：一是政府补助是来源于政府的经济资源。对于企业收到的来源于其他方的补助，有确凿证据表明政府是补助的实际拨付者，其他方只起到代收代付作用的，该项补助也属于来源于政府的经济资源。二是政府补助具有无偿性。即企业取得来源于政府的经济资源，不需要向政府交付商品或服务等对价。基于此规定，本案例中的房地产企业获得政府用于该项目外城市道路、供水、排水、燃气、热力、防洪等基础设施工程建设（即红线之外建基础设施）的土地返还款因不具有无偿性，不是政府补助，实质上是政府购买服务。同时，根据《企业会计准则第16号——政府补助》（财会〔2017〕15号）第五条第（一）项的规定，企业从政府取得的经济资源，如果与企业销售商品或提供服务等活动密切相关，且是企业商品或服务的对价或者是对价的组成部分，适用《企业会计准则第14号——收入》等相关会计准则。因此，基于此规定，土地返还款用于该项目外城市道路、供水、排水、燃气、热力、防洪等基础设施工程建设（即红线之外建基础设施），必须按照"销售建筑服务"税目的收入处理。

目前，招拍挂制度要求土地以"熟地"出让，但现实中，一些房地产开发企业先期介入或生地招拍挂，政府为减轻开发商的负担，对开发商进行的基础设施建设部分进行返还。一般情况下，由于实施了土地的储备制度，政府将生地转化为熟地后再进行"招拍挂"，动拆迁问题已得到妥善解决，土地的开发工作也已经基本完成，周边的市政建设将逐步完善，水、电、煤等市政都有计划地分配到位。即在招标、拍卖、挂牌活动开始前，国土部门已将拟出让的土地处置为净地，即权属明晰、界址清楚、地面平整、无地面附着物的宗地。但是在经营性用地招标、拍卖、挂牌的实际活动中，大量存在着"毛地"出让的情况，尤其是在企业改革、改制处置土地资产时，这种情况更是比比皆是。因此，很多政府部门在招拍挂出让土地后，都会以土地出让金返还的形式，用于开发项目相关城市道路、供水、排水、燃气、热力、防洪等工程建设的补偿。其中土地返还款用于该项目外城市道路、供水、排水、燃气、热力、防洪等基础设施工程建设（即红线之外建基础设施）的实质是政府购买基础设施工程建设服务（相当于PPP模式的业务）。因此，本案例中企业取得的土地返还款3000万元用于红线之外建基础设施，要按照传统的政府购买公共基础设施工程进行会计处理和税务处理，要缴纳增值税和企业所得税。

收到返还款时：

借：银行存款　　　　　　　　　　　　　　　　　3000

　　贷：主营业务收入　　　　　　　　　　　　　2727.28

　　　　应交税费——应交增值税（销项税额）　　 272.72

支付建筑企业工程款时：

借：开发成本　　　　　　　　　　　　　　　　　2727.28

　　应交税费——应交增值税（进项税额）　　　　272.72

　　贷：银行存款　　　　　　　　　　　　　　　　　　3000

5. 情况五

合同约定第五种情况：土地返还款用于企业在开发区内建造的会所、物业管理场所、电站、热力站、水厂、文体场馆、幼儿园等配套设施（即红线之内建基础设施）的账务和税务处理（单位：万元）。

公共配套设施是开发项目内发生的、独立的、非营利性的，且产权属于全体业主的，或无偿赠与地方政府、政府公用事业单位的公共配套设施。公共配套设施是企业立项时承诺建设的，其成本费用应由企业自行承担，而且开发商在制定房价时，已经包含了公共配套设施的内容。

在会计上，根据《企业会计准则第 16 号——政府补助》（财会〔2017〕15 号）第四条的规定，与资产相关的政府补助，是指企业取得的、用于购建或以其他方式形成长期资产的政府补助。第八条规定，与资产相关的政府补助，应当冲减相关资产的账面价值或确认为递延收益。与资产相关的政府补助确认为递延收益的，应当在相关资产使用寿命内按照合理、系统的方法分期计入损益。同时财会〔2017〕15 号第十一条规定："与企业日常活动相关的政府补助，应当按照经济业务实质，计入其他收益或冲减相关成本费用。"基于此规定，本案例中的房地产企业收到用于项目内建设会所、物业管理场所、电站、热力站、水厂、文体场馆、幼儿园等配套设施（即红线之内建基础设施）的土地返还款，应该冲减"开发成本——公共配套设施"。

在税法上，《财政部、国家税务总局关于全面推开营业税改征增值税试点的通知》（财税〔2016〕36 号）附件 1《营业税改征增值税试点实施办法》第十四条第（二）项规定，单位或者个人向其他单位或者个人无偿转让不动产视同销售不动产，但用于公益事业或者以社会公众为对象的除外。关于房地产企业在项目内建设的医院、学校、幼儿园、供水设施、变电站、市政道路等配套设施无偿赠送或移交给政府如何征收增值税问题，还要参照各省国税局的规定而定。例如，海南省和湖北省国税局规定，上述配套设施在可售面积之内，作为无偿赠送的服务用于公益事业不视同销售；如果上述配套设施不在可售面积之内，则应视同销售，征收增值税。福建省国税局规定，上述配套设施如果未单独作价进行核算，作为无偿赠送的服务用于公益事业不视同销售；如果上述配套设施单独作价进行核算，则应视同销售，征收增值税。

《房地产开发经营业务企业所得税处理办法》（国税发〔2009〕31号）第十八条规定："企业在开发区内建造的邮电通信、学校、医疗设施应单独核算成本，其中，由企业与国家有关业务管理部门、单位合资建设，完工后有偿移交的，国家有关业务管理部门、单位给予的经济补偿可直接抵扣该项目的建造成本，抵扣后的差额应调整当期应纳税所得额。"

在实践当中，房地产企业在项目内建设的会所、物业管理场所、电站、热力站、水厂、文体场馆和道路等配套设施，都不会单独作价核算，而是按公共配套设施核算，而且都不计算在可售面积之内，归全体业主所有。但是房地产企业在项目内建设学校、医院、幼儿园和公安派出所等设施都会单独作价核算，在可售面积之外。因此，房地产企业在项目内建设的物业管理场所、电站、热力站、水厂、文体场馆和道路等配套设施不视同销售，征收增值税；在项目内建设学校、医院、幼儿园和公安派出所等设施无偿赠送或移交给当地政府，也不视同销售缴纳增值税。

具体的账务处理分两种情况：

第一种，如果协议约定土地返还款用于项目内开发企业自行承担，且产权属于全体业主，或无偿赠与地方政府、政府公用事业单位的城市道路、供水、排水、燃气、热力、防洪、会所、物业管理场所等基础设施工程支出，则收到的财政返还的土地出让金冲减"开发成本——公共配套设施费"，其账务处理如下：

借：银行存款　　　　　　　　　　　　　　　　　　　3000

　　贷：开发成本——公共配套设施　　　　　　　　　3000

收到土地返还款冲减开发成本不进行增值税进项税额转出。理由有两点：一是增值税是价外税，成本中不含增值税；二是《财政部、国家税务总局关于全面推开营业税改征增值税试点的通知》（财税〔2016〕36号）和

《中华人民共和国增值税暂行条例》中规定的增值税进项税额转出采用的是列举法，土地返还款冲减开发成本没有在转出增值税进项税额的列举范围之中。

第二种，如果协议约定土地返还款用于项目内幼儿园、学校和公安派出所等配套设施，并要移交给政府和有关单位的，则该土地补偿款由于不具有无偿的特征，因而不是政府补助。根据《企业会计准则第 16 号——政府补助》（财会〔2017〕15 号）第五条第（一）项的规定，企业从政府取得的经济资源，如果与企业销售商品或提供服务等活动密切相关，且是企业商品或服务的对价或者是对价的组成部分，适用《企业会计准则第 14 号——收入》等相关会计准则。因此，土地返还款用于项目内幼儿园、学校和公安派出所等配套设施，并要移交给政府和有关单位的，必须按照"销售开发产品"收入处理。账务处理如下：

借：银行存款 3000

　　贷：主营业务收入 2727.28

　　　　应交税费——应交增值税（销项税额） 272.72

6. 情况六

合同约定第六种情况：土地返还款用于乙企业招商引资奖励和生产经营财政补贴或政府补助的账务处理（单位：万元）。

《企业会计准则第 16 号——政府补助》（财会〔2017〕15 号）第四条规定："政府补助分为与资产相关的政府补助和与收益相关的政府补助。与收益相关的政府补助，是指除与资产相关的政府补助之外的政府补助。"同时《企业会计准则第 16 号——政府补助》（财会〔2017〕15 号）第十一条规定："与企业日常活动相关的政府补助，应当按照经济业务实质，计入其他收益或冲减相关成本费用。与企业日常活动无关的政府补助，应当计入营业外收支。"基于以上规定，在土地招拍挂制运作过程中，出于招商引资等各种考虑，在开发商交纳土地出让金后，政府部门对开发商进行返还，用于企业经营奖励、财政补贴，应当认定为与收益相关的政府补助，且与企业日常活动不相关，应当计入营业外收入。会计处理为其账务处理如下：

借：银行存款 3000

贷：营业外收入　　　　　　　　　　　　　　　　　　　3000

根据《财政部、国家税务总局关于专项用途财政性资金企业所得税处理问题的通知》（财税〔2011〕70号）规定，企业从县级以上各级人民政府财政部门及其他部门取得的应计入收入总额的财政性资金，凡同时符合以下条件的，可以作为不征税收入，在计算应纳税所得额时从收入总额中减除：①企业能够提供规定资金专项用途的资金拨付文件；②财政部门或其他拨付资金的政府部门对该资金有专门的资金管理办法或具体管理要求；③企业对该资金以及以该资金发生的支出单独进行核算。

根据上述规定，本案例中的房地产企业取得的招商引资奖励款不满足不征税收入的条件，因此需要全额计算缴纳企业所得税750（3000×25%）万元。同时，本案例中的土地返还款3000万元不征增值税和土地增值税。

第二节　法务、财务和税务融合控税的实操业务

一、土地使用的相关法务与税务处理

在实践中，取得土地主要表现为四种形式：通过土地出让手续得到土地，通过土地使用权转让手续得到土地，通过土地划拨得到土地和通过租赁得到土地。土地使用人采用这四种取得土地的形式都面临着土地使用税和印花税的缴纳问题。下面主要就土地使用中涉及的土地使用税相关法务与税务处理问题进行详细介绍。

（一）土地使用权出让、转让和划拨的法律界定

1. 土地使用权出让

土地出让方式是土地使用权取得者取得用地的一种方式，同时也是土地资产处置的一种方式。出让的土地使用权是土地使用者向国家购买的一种财产权，土地使用者不仅可以占有、使用和取得土地收益，还可以独立支配和处置土地使用权。土地使用权出让方式有协议、招标和拍卖三种形式。

按照《招标拍卖挂牌出让国有土地使用权规定》（国土资源部令第 11号）的解释，土地公开出让方式包括招标、拍卖和挂牌。

（1）招标出让国有土地使用权是指市、县人民政府土地行政主管部门（或出让人）发布招标公告，邀请特定或者不特定的公民、法人和其他组织参加国有土地使用权投标，根据投标结果确定土地使用者的行为。

（2）拍卖出让国有土地使用权，是指出让人发布拍卖公告，由竞买人在指定时间、地点进行公开竞价，根据出价结果确定土地使用者的行为。

（3）挂牌出让国有土地使用权，是指出让人发布挂牌公告，按公告规定的期限将拟出让宗地的交易条件在指定的土地交易场所挂牌公布，接受竞买人的报价申请并更新挂牌价格，根据挂牌期限截止时的出价结果确定土地使用者的行为。

2. 土地使用权转让

土地使用权转让是指土地使用者将土地使用权再转移的行为，包括出售、交换和赠送。未按土地使用权出让合同规定的期限和条件投资开发、利用土地的，土地使用权不得转让。土地使用权转让应当签订转让合同。土地使用权转让时、土地使用权出让合同和登记文件中所载明的权利、义务随之转移，土地使用权转让时，其地上建筑物、其他附着物的所有权转让，应当依照规定办理过户登记。土地使用权和地上建筑物、其他附着物所有权分割转让的，应当经市、县人民政府土地管理部门和房产管理部门批准，并依法办理过户登记。土地使用权转让须符合上述规定，否则即为非法转让。

3. 土地使用权划拨

划拨土地使用权是土地使用者经县级以上人民政府依法批准，在缴纳补偿、安置等费用后所取得的或者无偿取得的没有使用期限限制的国有土地使用权。

1990 年 5 月 19 日国务院发布的《城镇国有土地使用权出让和转让暂行条例》第四十三条第一款：**划拨土地使用权是指土地使用者通过各种方式依法无偿取得的土地使用权**。前款土地使用者应当依照《中华人民共和国城镇土地使用税暂行条例》的规定缴纳土地使用税，划拨土地使用权没有使用年限的限制。

1992 年 3 月 8 日国家土地管理局《划拨土地使用权管理暂行办法》第二条：**划拨土地使用权，是指土地使用者通过除出让土地使用权以外的其他各种方式依法取得的国有土地使用权。**

1994 年 7 月 5 日《城市房地产管理法》第二十二条：**土地使用权划拨，是指县级以上人民政府依法批准，在土地使用者缴纳补偿、安置等费用后将该幅土地交付其使用，或者将土地使用权无偿交付给土地使用者使用的行为。**

《中华人民共和国土地管理法》第五十四条规定："建设单位使用国有土地，应当以出让等有偿使用方式取得；但是，下列建设用地，经县级以上人民政府依法批准，可以以划拨方式取得：（一）国家机关用地和军事用地；（二）城市基础设施用地和公益事业用地；（三）国家重点扶持的能源、交通、水利等基础设施用地；（四）法律、行政法规规定的其他用地。"

（二）土地使用中的税收风险

土地使用中的税收风险主要体现为两方面：一方面是企业拿到土地后土地使用税的缴纳时间，即土地使用税的纳税义务时间是以办理土地使用权证的时间为主，或是以土地交付用的时间为主，或是以土地投标合同、土地转让合同签订的时间为主。另一方面是土地使用税纳税主体的判断，即土地使用税的纳税主体或纳税义务人是土地的实际使用人还是土地的实际拥有人。这两方面的税收风险如何识别的关键是要根据税收法律，针对不同的客观情况明确土地使用税的纳税义务时间和纳税义务人。具体分述如下：

1. 税收风险一：土地合同中没有明确土地交付使用的具体时间而使企业增加土地使用税的风险

《财政部、国家税务总局关于房产税、城镇土地使用税有关政策的通知》（财税〔2006〕186 号）第二条规定："以出让或转让方式有偿取得土地使用权的，应由受让方从合同约定交付土地时间的次月起缴纳城镇土地使用税；合同未约定交付土地时间的，由受让方从合同签订的次月起缴纳城镇土地使用税。"《国家税务总局关于通过招拍挂方式取得土地缴纳城镇土地使用税问题的公告》（国家税务总局公告 2014 年第 74 号）规定：通过招标、拍卖、挂牌方式取得的建设用地，不属于新征用的耕地，纳税人应按照《财政部、国家税务总局关于房产税、城镇土地使用税有关政策的通知》（财税〔2006〕186号）第二条规定，从合同约定交付土地时间的次月起缴纳城镇土地使用税；合同未约定交付土地时间的，从合同签订的次月起缴纳城镇土地使用税。

基于以上税收政策规定，如果合同中没有写明土地交付使用时间，则有使企业多缴纳土地使用税的风险。因为合同约定交付土地的时间一定在合同签订的时间之后，如果在合同中未约定土地交付使用的时间，则企业缴纳土地使用税的时间是土地转让或出让合同签订的次月，其缴纳土地使用税的时间比在合同中约定土地交付使用的时间更早，使企业提前缴纳土地使用税，这必然会使企业提前增加税收负担。

案例分析15

某企业土地使用合同中未明确土地交付使用时间而多缴纳土地使用税的涉税

一、案情介绍

2016年11月，安徽阜阳市某一家房地产企业通过"招、挂、拍"程序，耗资2亿元与当地土地储备中心签订一份土地转让合同。由于当地土地储备中心2016年的土地储备指标全卖完了，为了实现2016年财政收入的目标，当地政府只好把2017年的土地指标预先放到2016年来销售，也就是说，当地政府即土地储备中心与该房地产公司签订的土地销售合同，卖的是2017年的土地指标，而不是真正的土地实物，结果在土地转让合同中没有写清楚，也不好写，只好不写土地交付使用的时间。

安徽阜阳某房地产公司从土地储备中心索取的一张2亿元的发票，在财务上的账务处理是："借：无形资产——土地；贷：银行存款。"由于没有具体的土地，无法办理土地使用权证书，直到2017年12月才把土地交给房地产企业使用，该房地产企业直到2018年3月才办理了土地使用权证书。2018年5月，当地的税务稽查局到该房地产公司进行检查，结果发现该房地产公司2016年11月买的该土地，没有缴纳土地使用税，要求该房地产企业补缴2016年12月以来的土地使用税，并要求罚款并缴纳滞纳金，该房地产公司的老板和财务经理百思不得其解。请问：当地税务稽查局的认定结论是否正确？

二、涉税风险分析

《财政部、国家税务总局关于房产税、城镇土地使用税有关政策的通知》（财税〔2006〕186号）第二条规定："以出让或转让方式有偿取得土地使用权的，应由受让方从合同约定交付土地时间的次月起缴纳城镇土地使用税；合同未约定交付土地时间的，由受让方从合同签订的次月起缴纳城镇土地使用税。"《国家税务总局关于通过招拍挂方式取得土地缴纳城镇土地使用税问题的公告》（国家税务总局公告2014年第74号）规定：通过招标、拍卖、挂牌方式取得的建设用地，不属于新征用的耕地，纳税人应按照《财政部、国家税务总局关于房产税、城镇土地使用税有关政策的通知》（财税〔2006〕186号）第二条规定，从合同约定交付土地时间的次月起缴纳城镇土地使用税；合同未约定交付土地时间的，从合同签订的次月起缴纳城镇土地使用税。基于此税收政策规定，如果合同中没有写明土地交付时间，则会引起多交土地使用税的风险。

至于本案例中的房地产企业在与当地土地储备中心签订的土地转让合同中，没有写明土地交付使用的时间，根据《财政部、国家税务总局关于房产税、城镇土地使用税有关政策的通知》（财税〔2006〕186号）第二条和《国家税务总局关于通过招拍挂方式取得土地缴纳城镇土地使用税问题的公告》（国家税务总局公告2014年第74号）的规定，本房地产企业必须从2016年签订合同的时间11月的次月12月开始申报缴纳土地使用税。

《中华人民共和国税收征收管理法》（中华人民共和国主席令第49号）第六十二条规定："纳税人未按照规定的期限办理纳税申报和报送纳税资料的，或者扣缴义务人未按照规定的期限向税务机关报送代扣代缴、代收代缴税款报告表和有关资料的，由税务机关责令限期改正，可以处二千元以下的罚款；情节严重的，可以处二千元以上一万元以下的罚款。"第六十四条第二款规定："纳税人不进行纳税申报，不缴或者少缴应纳税款的，由税务机关追缴其不缴或者少缴的税款、滞纳金，并处不缴或者少缴的税款百分之五十以上五倍以下的罚款。"

《财政部、国家税务总局关于印花税若干政策的通知》（财税〔2006〕162号）第二条规定："**对土地使用权出让合同、土地使用权转让合同按产权转移书据征收印花税。**"根据以上政策文件规定，该公司与政府签订的土地出让合同应该按价款的万分之五贴花。根据以上政策规定，本案例中的房地公司没有按规定的期限办理纳税申报，则必须补缴2016年12月以来的土地使用税、罚款并缴纳滞纳金。

三、税收风险控制策略

如果该房地产公司能提前做好税收筹划，在2016年11月与当地土地储备中心签订土地转让合同时，就能够考虑到当地土地储备中心无法交付土地的客观实际情况，在当时的土地转让合同中写清楚预计政府能够提供土地交付使用的时间，假设为2018年4月，则根据《财政部、国家税务总局关于房产税、城镇土地使用税有关政策的通知》（财税〔2006〕186号）第二条的规定，该房地产公司开始缴纳土地使用税的时间为2018年5月，就可以规避当地税务稽查局做出的以上补税、罚款和缴纳滞纳金的税收风险。因此，要税务筹划没风险，必须要从合同签订入手。

2. 税收风险二：对土地使用税的纳税主体不清晰而产生的税收风险

《中华人民共和国城镇土地使用税暂行条例》（中华人民共和国国务院令第483号）第二条第一款规定："**在城市、县城、建制镇、工矿区范围内使用土地的单位和个人，为城镇土地使用税的纳税义务人。**"第二款规定："**前款所称单位，包括国有企业、集体企业、私营企业、股份制企业、外商投资企业、外国企业以及其他企业和事业单位、社会团体、国家机关、军队以及其他单位；所称个人，包括个体工商户以及其他个人。**"如某总公司拥有一幢办公楼，其中将一层写字楼无偿给分公司使用。由于办公楼土地使用权明确为总公司，不存在土地权属人不明确或者共有的情况，所以应由总公司全部缴纳土地使用税，而非由总公司、分公司按照各自使用的面积分别缴纳土地使用税。

《国家税务局关于土地使用税若干具体问题的解释和暂行规定》（国税地字〔1988〕15号）第四条规定："**土地使用税由拥有土地使用权的单位或**

个人缴纳。拥有土地使用权的纳税人不在土地所在地的，由代管人或实际使用人纳税；土地使用权未确定或权属纠纷未解决的，由实际使用人纳税；土地使用权共有的，由共有各方分别纳税。"

基于以上政策规定，土地使用税的纳税义务人实质是土地使用权的拥有单位或个人，而不一定是土地使用权的使用人。

在法理学上，土地使用人有四种：通过土地出让而使用土地，通过土地转让使用土地，通过国家无偿划拨使用土地和通过土地出租使用土地。前三种情形的土地使用人一定是土地使用权拥有人，因为前三种情形的土地使用权人一定要依据国家相关法律办理土地使用权证，拥有土地使用权证的人或单位一定是拥有土地使用权的人或单位。最后一种情形的土地使用人有两个：出租人是第一土地使用权的土地使用人，承租人是第二土地使用权的土地使用人，根据《国家税务局关于检发〈关于土地使用税若干具体问题的解释和暂行规定〉的通知》（国税地字〔1988〕15号）的规定，出租人和承租人根本不存在土地使用权未确定或权属纠纷问题，基于此分析，出租土地的土地使用税纳税义务人是出租人而不是承租人。而在税收实践征管中，许多企业和税务机关执法人员在土地使用税的征管过程中，对土地使用税的纳税义务人判断不清晰而使企业要么多缴纳土地使用税，要么少缴纳土地使用税。

江苏某酒店集团土地使用税的涉税

一、案情介绍

江苏苏州某酒店集团2014年1月1日租用苏州市土地储备中心的一块土地建设高档高尔夫球馆，期限是20年，每年给苏州市土地储备中心缴纳一笔数目不小的租金，从2014年1月1日到2017年12月31日期间，该酒店没有申报从土地储备中心租用建设高档高尔夫球馆的土地使用税，2018年8月，苏州市税务局要求该企业缴纳从2014年以来的土地使用税，企业认为该土地是从市土地储备中心租来的，每年也缴纳不小数目的租金，不应该缴纳土地使用税，要缴纳也应该由土地储备中心去缴纳，而税务局认为，该酒店集团是该土地的实际使用人，是土地使用税的纳税义务人，应缴纳土地使用税。请问：税务局的观点正确吗？请进行涉税分析。

二、涉税分析

《中华人民共和国城镇土地使用税暂行条例》（中华人民共和国国务院令第 483 号）第二条第一款规定："在城市、县城、建制镇、工矿区范围内使用土地的单位和个人，为城镇土地使用税的纳税义务人。"《国家税务局关于检发〈关于土地使用税若干具体问题的解释和暂行规定〉的通知》（国税地字〔1988〕15 号）第四条的规定："土地使用税由拥有土地使用权的单位或个人缴纳。拥有土地使用权的纳税人不在土地所在地的，由代管人或实际使用人纳税；土地使用权未确定或权属纠纷未解决的，由实际使用人纳税；土地使用权共有的，由共有各方分别纳税。"

那么土地使用权出租时，土地使用权到底是归出租人还是承租人拥有呢？笔者认为：土地使用权仍应归出租人拥有。理由有以下几点：

第一，是否拥有该地的土地使用权，可以看其是否拥有该地的土地使用权证，土地使用权出让、转让和划拨时，都要办理土地使用权过户手续，接受方是土地使用权人，而土地使用权出租时，不办理土地使用权过户手续，仅到土管部门办理出租登记手续。

第二，土地使用权出租，双方签订的是租赁合同，承租人向出租人支付的是租金，根据会计制度和会计准则的规定，承租人支付的租金应计入有关费用，而不计入无形资产，而土地使用权是一项无形资产，该单位不拥有此项无形资产，即不拥有该地的土地使用权。

第三，根据《国家税务局关于检发〈关于土地使用税若干具体问题的解释和暂行规定〉的通知》（国税地字〔1988〕15 号）的规定，土地实际使用人与拥有土地使用权的单位或个人本来就是两个不同的概念，像这种土地使用权出租的情况，出租人很明显是拥有土地使用权的单位或个人（法律规定，拥有土地使用权的单位或个人才能出租土地使用权），而承租人是土地的实际使用人。

三、分析结论

根据以上分析，对租用土地储备中心的土地，土地储备中心是出租人，是土地的实际拥有人，是土地使用税的纳税义务人。因此，税务局的观点是错的。

3. 税收风险三：土地变性合同中漏契税，而且多缴纳印花税

实践中，总是存在有些土地使用用途的变更问题，如把工业用地变更为商业开发用地。在土地发生使用用途变更时，肯定要补交土地出让金。对补交土地出让金是否要缴纳契税？是否缴纳印花税？

《国家税务总局关于改变国有土地使用权出让方式征收契税的批复》（国税函〔2008〕662号）规定：**"根据现行契税政策规定，对纳税人因改变土地用途而签订土地使用权出让合同变更协议或者重新签订土地使用权出让合同的，应征收契税，计税依据为因改变土地用途应补缴的土地收益金及应补缴政府的其他费用。"**基于这一规定，由于土地用途变更而补缴的土地出让金需要补交契税，补交契税的计税依据并不包括变更前原合同已经作为契税计税依据的金额。也就是说，不论是签订土地使用权出让合同变更协议还是重新签订土地使用权出让合同（原土地使用权出让合同撤销），都只针对纳税人契税计税价值的增量计税，税法并不允许对纳税人按照全额计征契税（合同可以重签，但土地权属只承受一次）。但是《国家税务总局关于改变国有土地使用权出让方式征收契税的批复》（国税函〔2008〕662号）对改变土地用途应补缴的土地收益金及应补缴政府的其他费用，要不要缴纳印花税并没有明确规定。因此，企业在发生土地使用用途变更时，对补交的土地出让金和政府规定应补交的其他费用必须缴纳契税，而不缴纳印花税。

例如，甲房地产公司将一块投资而来的工业用地变性为商业用地，补交土地出让金10000万元，签订土地变性合同（土地用途变更合同）。甲房地产公司补交土地出让金10000万元，根据《国家税务总局关于改变国有土地使用权出让方式征收契税的批复》（国税函〔2008〕662号）的规定，缴纳契税，而不缴纳印花税。

（三）涉税风险控制策略

1. 纳税时间

关于土地使用税的纳税义务时间问题，一定要通过合同进行管控，从合同签订入手。

企业通过出让、转让和国家无偿划拨土地时，根据《财政部、国家税务总局关于房产税、城镇土地使用税有关政策的通知》（财税〔2006〕186

号）第二条和《国家税务总局关于通过招拍挂方式取得土地缴纳城镇土地使用税问题的公告》（国家税务总局公告 2014 年第 74 号）的规定，**必须在土地出让合同、转让合同中和国家无偿划拨土地合同中，明确写清楚土地交付使用的时间，可以使企业少缴纳土地使用税。**另外，在土地管理局与企业办理土地交付实践中，要特别注意两点：一是土地管理局与企业办理土地交付使用手续的时间滞后于合同中约定的交付使用时间，则城镇土地使用税应从合同约定交付土地时间的次月起缴纳；二是土地管理局与企业办理土地交付使用手续的时间早于合同中约定的交付使用时间，则城镇土地使用税从国土局与企业办理土地交接单上时间的次月起缴纳。根据以上分析，企业在签订土地转让和出让合同时，必须在土地出让或转让合同中，注明土地交付使用时间，以节省土地使用税。

2. 纳税义务人

有关土地使用税的纳税义务人问题，应分以下情况进行处理：

（1）通过土地转让、出让和国家无偿划拨而得到土地使用的单位或个人，由于拥有土地使用权证书，一定是土地使用人，当然是土地使用税的纳税义务人。

（2）通过承租国有土地而得到土地使用的单位或个人，出租人很明显是拥有土地使用权的单位或个人（法律规定，拥有土地使用权的单位或个人才能出租土地使用权），而承租人是土地的实际使用人。即通过承租国有土地而得到土地使用的单位或个人，出租人才是土地使用税的纳税义务人。

（3）通过承租集体土地而得到土地使用的单位或个人，土地使用税的纳税义务人视土地使用权流转手续是否办理而不同。

根据《财政部、国家税务总局关于集体土地、城镇土地使用税有关政策的通知》（财税〔2006〕56 号）的规定：**"在城镇土地使用税征税范围内，实际使用应税集体所有建设用地，但未办理土地使用权流转手续的，由实际使用集体土地的单位和个人按规定缴纳城镇土地使用税"**。《财政部、税务总局关于承租集体土地、城镇土地使用税有关政策的通知》（财税〔2017〕29 号）规定：**"在城镇土地使用税征税范围内，承租集体所有建设用地的，由直接从集体经济组织承租土地的单位和个人，缴纳城镇土地使用税。"**根据以上规定，在城镇土地使用税征税范围内实际使用应税集体所有建设用地的，由实际使用集体土地的单位和个人即承租方按规定缴纳城镇土地使用税。

（4）关于无偿使用土地的土地使用税的纳税义务人分为两种情况：《关于印发〈关于土地使用税若干具体问题的补充规定〉的通知》（国税地字〔1989〕140号）第一条规定："关于对免税单位与纳税单位之间无偿使用的土地应否征税问题，对免税单位无偿使用纳税单位的土地（如公安、海关等单位使用铁路、民航等单位的土地），免征土地使用税；对纳税单位无偿使用免税单位的土地，纳税单位应照章缴纳土地使用税。"

（5）企业如果发生土地使用用途的变更，必须对补交的土地出让金和政府规定的其他规费，依法补交契税，但不要缴纳印花税。

二、企业注册资本认缴制后的法务、财务和税务处理

自2014年3月1日起，《中华人民共和国公司法》（2015年版）将注册资本实缴登记制改为认缴登记制。注册资本认缴登记制是我国工商登记制度的一项改革措施，注册资本实缴登记制改为认缴登记制涉及企业如何进行账务处理、税务处理和股权转让的涉税处理。

（一）注册资本改为认缴制后的相关法律规定

根据《中华人民共和国公司法》（2015年版）和《国务院关于印发注册资本登记制度改革方案的通知》（国发〔2014〕7号）的规定，注册资本的修改主要涉及五方面：

一是将注册资本实缴登记制改为认缴登记制。

二是取消了一人有限责任公司股东应一次足额缴纳出资的规定，转而采取公司股东自主约定认缴出资额、出资期限。

三是放宽注册资本登记条件。除法律、行政法规以及国务院决定对特定行业注册资本最低限额另有规定的外，取消有限责任公司最低注册资本3万元、一人有限责任公司最低注册资本10万元、股份有限公司最低注册资本500万元的限制。不再限制公司设立时全体股东（发起人）的首次出资比例，不再限制公司全体股东（发起人）的货币出资金额占注册资本30%的比例。

四是取消公司股东（发起人）未缴足的出资必须在工商登记后的两年内

缴足的期限。

五是注册资本由实缴登记制改为认缴登记制，工商部门不再收取验资报告。

《注册资本登记制度改革方案》第二条规定：注册资本是公司在设立时，在公司工商登记机关登记的由公司股东认缴的出资总额或者发起人认购的股本总额。

《中华人民共和国公司法》（2015 年版）第二十六条规定："有限责任公司的注册资本为在公司登记机关登记的全体股东认缴的出资额。"第八十条规定："股份有限公司采取发起设立方式设立的，注册资本为在公司登记机关登记的全体发起人认购的股本总额。在发起人认购的股份缴足前，不得向他人募集股份。股份有限公司采取募集方式设立的，注册资本为在公司登记机关登记的实收股本总额。"

（二）注册资本改为认缴制后的账务处理

《企业会计准则——应用指南》的附录《会计科目和主要账务处理》规定，"实收资本"科目核算企业接受投资者投入的实收资本。注册资本和实收资本有一定的区别和联系。两者的区别：注册资本是公司在设立时筹集的、由章程载明的、经公司登记机关登记注册的资本，是股东认缴或认购的出资额。实收资本是公司成立时实际收到的股东的出资总额，是公司现实拥有的资本。实收资本在某段时间内可能小于注册资本，但以后可能会大于注册资本。两者的联系是：注册资本实缴制的情况下，注册资本与实收资本一般是一致的，而在注册资本认缴制的情况下，注册资本与实收资本不一致，一般体现为注册资本大于实收资本。在注册资本缴足前，实收资本低于注册资本；一旦对认缴的全部出资缴足，则实收资本与注册资本相等。

实收资本问题应如何进行账务处理？基于以上实收资本和注册资本的区别和联系，在注册资本从实缴制改为认缴制的情况下，公司对于未收到的股东出资额不进行账务处理，只针对公司收到的股东出资部分进行账务处理。

（三）注册资本改为认缴制后的税务处理

1. 印花税的处理

《中华人民共和国印花税暂行条例施行细则》第七条规定，税目税率表中记载资金的账簿，指载有固定资产原值和自有流动资金的总分类账簿，或者专门设置的记载固定资产原值和自有流动资金的账簿。其他账簿，指除上述账簿以外的账簿，包括日记账簿和各明细分类账簿。

《国家税务总局关于资金账簿印花税问题的通知》（国税发〔1994〕25号）规定，生产经营单位执行《企业财务通则》和《企业会计准则》后，其"记载资金的账簿"的印花税计税依据改为"实收资本"与"资本公积"两项的合计金额。其"实收资本"和"资本公积"两项的合计金额大于原已贴花资金的，就增加的部分补贴印花。

基于以上税收法律政策规定，将注册资本实缴制改为认缴制后，公司只能按股东实缴的实收资本申报缴纳印花税，而未缴足的实收资本部分不缴纳印花税。

2. 个人所得税的处理

《财政部、国家税务总局关于规范个人投资者个人所得税征收管理的通知》（财税〔2003〕158号）规定：**纳税年度内个人投资者从其投资企业（个人独资企业、合伙企业除外）借款，在该纳税年度终了后既不归还，又未用于企业生产经营的，其未归还的借款可视为企业对个人投资者的红利分配，依照"利息、股息、红利所得"项目计征个人所得税。**

《国家税务总局关于印发〈个人所得税管理办法〉的通知》（国税发〔2005〕120号）规定：**关于强化对个体工商户、个人独资企业和合伙企业投资者以及独立从事劳务活动的个人的个人所得税征管规定：加强个人投资者从其投资企业借款的管理，对期限超过一年又未用于企业生产经营的借款，严格按照有关规定征税。**

基于以上税收法律政策规定，如果公司对未收到股东的注册资本在会计上进行"借：其他应收款；贷：实收资本"账务处理，不仅要按照实收资本金额提前缴纳印花税，还要将挂在"其他应收款"科目的股东未缴足注册资本视为自然人股东向公司借款，超过一年期限的，要依法按照20%的税率缴纳个人所得税。因此，注册资本实缴制改为认缴制后，对于自然人股东未缴足的注册资本部分绝对不能进行账务处理，在"其他应收款"会计科目核算，根据前面的分析，不要进行账务处理。

3. 股权转让的所得税处理

在注册资本从实缴制改为认缴制的情况下，当股东转让股权时，在计算股权转让所得时，股权转让的原始计税基础是减实收资本还是减注册资本呢？分析如下：

股权转让所得是股权转让价格减去转让股权的原来投资价值（计税基础），股权转让价格中包括了实收资本，因为在不适合采用市场评估法评估公司净资产时，股权转让价格是按照净资产法进行定价的，而净资产是实收资本、资本公积和未分配利润的总和，因此，实收资本包括在股权转让价格中。基于此分析，得出以下结论：

（1）在注册资本实施实缴制的情况下，注册资本等于实收资本，也等于投资的计税基础，股权转让所得是股权转让价格减去注册资本。

（2）在注册资本改为认缴制的情况下，注册资本不等于实收资本，股东未缴足的注册资本根据前面的账务分析应不进行账务处理，股权转让所得是股权转让价格减去实收资本（股东向公司实际缴纳的部分注册资本）。

（3）在注册资本改为认缴制的情况下，在股权转让之际，如果股权转让合同生效之前，未缴足的部分注册资本已经缴足，则该补缴足的部分注册资本一定含在股权转让价格中，股权转让所得是股权转让价格减去注册资本；如果股权转让合同生效之前，股东未缴足的部分注册资本仍然未缴足，根据《中华人民共和国公司法》的规定，未缴足部分的注册资本必须由股权受让方在接受股权后继续补足，则该补缴足的部分注册资本一定不含在股权转让价格中，股权转让所得是股权转让价格减去实收资本（股东向公司实际缴纳的部分注册资本）。

4. 企业投资者投资未到位而发生的利息支出的企业所得税处理

《中华人民共和国企业所得税法》第四十六条规定："**企业从其关联方接受的债权性投资与权益性投资的比例超过规定标准而发生的利息支出，不得在计算应纳税所得额时扣除。**"

《财政部、国家税务总局关于企业关联方利息支出税前扣除标准有关税收政策问题的通知》（财税〔2008〕121号）规定，为规范企业利息支出税前扣除，加强企业所得税管理，根据《中华人民共和国企业所得税法》第四十六条和《中华人民共和国企业所得税法实施条例》第一百一十九条的规定，**在计算应纳税所得额时，企业实际支付给关联方的利息支出，不超过规定比例和税法及其实施条例有关规定计算的部分，准予扣除，超过的部分不得在发生当期和以后年度扣除。企业接受关联方债权性投资与其权益性投资的比例，金融企业为 5∶1，其他企业为 2∶1。**

《国家税务总局关于企业投资者投资未到位而发生的利息支出企业所得税前扣除问题的批复》（国税函〔2009〕312 号）规定："**凡企业投资者在规定期限内未缴足其应缴资本额的，该企业对外借款所发生的利息，相当于投资者实缴资本额与在规定期限内应缴资本额的差额应计付的利息，其不属于企业合理的支出，应由企业投资者负担，不得在计算企业应纳税所得额时扣除。**"在这里要特别注意的是，"企业投资者在规定期限内未缴足其应缴资本额"有两层含义：一是如果公司章程有约定未缴足资本的缴足期限的，则公司章程约定的期限是"规定期限"。二是如果公司章程没有约定未缴足资本的缴足期限的，则在注册资本实施实缴制的情况下，非投资公司"规定期限"是公司在工商部门登记设立后的两年内，投资公司是在工商部门登记设立后的五年内；在注册资本认缴制的情况下，"规定期限"是公司在工商部门登记设立至公司注销清算前。

例如，2018 年 1 月 1 日某有限责任公司向银行借款 2800 万元，期限 1 年。同时公司接受张某投资，公司章程约定：张某于 2018 年 4 月 1 日和 7 月 1 日各投入 400 万元，但张某仅于 2018 年 10 月 1 日投入 600 万元。同时银行贷款年利率为 7%。该公司 2018 年企业所得税前可以扣除的利息费用计算如下：

2018 年所得税前可以扣除的利息 = 2800×7% − [2800×7%×（3/12）×（400/2800）+ 2800×7%×（3/12）×（800/2800）+ 2800×7%×（3/12）×（200/2800）] = 196−24.5 = 171.5（万元）

如果本案例在公司章程中未约定股东未缴足注册资本的期限或未约定股东注册资本缴足的期限，则在注册资本认缴制的今天看来，171.5 万元利息可以在 2018 年的企业所得税扣除。

因此，在注册资本认缴制下，根据税法规定，对企业来说，如果企业设立时认缴的注册资本过大，逾期未缴足资本金将面临对应数额借款利息无法在企业所得税前进行扣除。

某企业在注册资本从实缴制改为认缴制后的财税处理

一、案情介绍

某贸易有限公司于2016年3月登记成立，注册资本为500万元，由甲和乙两人发起认缴，在公司章程中约定，甲出资300万元，乙出资200万元。企业章程规定甲出资300万元于2017年5月1日投入公司，甲到期实际投资300万元，乙出资200万元于2020年1月1日投入公司。其中2018年1月1日到2018年2月28日期间，该公司向当地银行申请流动资金贷款1000万元，发生的年利息为100万元。2019年3月1日，自然人股东甲转让其在该贸易公司的全部股权给丙，转让价格为400万元，请分析该贸易公司登记成立到转让股权的财务和税务处理。

二、财务处理

（1）2016年3月公司登记成立，不需要做任何账务处理，实收资本为0，不需要缴纳个人所得税。

（2）2017年5月1日甲出资300万元并于2017年5月1日投入公司，甲到期实际投资350万元的账务处理：

借：银行存款   3000000

 贷：实收资本——甲股东   3000000

（3）乙出资200万元并于2020年1月1日投入公司的账务处理：

借：银行存款   2000000

 贷：实收资本——乙股东   2000000

三、税务处理

1. 缴纳印花税

2017年5月缴纳印花税时：

借：管理费用——印花税   1500 （3000000×0.5‰）

 贷：银行存款   1500

2020年1月缴纳印花税时：

借：管理费用——印花税　　　　　　　　1000 （2000000×0.5‰）

　　贷：银行存款　　　　　　　　　　　　　　　　　　1000

2. 企业投资者投资未到位而发生的利息支出的企业所得税处理

本案例中公司章程约定了股东乙的注册资本缴足期限是 2020 年 1 月 1 日，则该贸易公司 2018 年度发生的 100 万元利息可以在企业所得税前扣除；如果本案例公司章程约定股东乙的注册资本投入时间为 2017 年 12 月 31 日，则该贸易公司 2018 年在企业所得税前不可以扣除的利息：

100×200÷1000＝20 （万元）

3. 股权转让的个人所得税处理

2019 年 3 月 1 日，甲股东转让股权给丙，根据《股权转让所得个人所得税管理办法（试行）》（国家税务总局公告 2014 年第 67 号）的规定，甲股东应申报缴纳股权转让的个人所得税：（400-300）×20%＝20 （万元）。

三、房地产企业项目内配建保障性住房的法务、财务和税务处理

为了加快政府廉租房、公租房的供应，不少地方政府在拍卖熟地时，往往在土地规划和出让条件中明确规定：要求房地产企业在中标的土地上按照项目总建筑面积的一定比例配备建设廉租房、公租房等保障性住房。当政府要求房企在项目内配建的保障性住房建成后，政府财政部门会按照一定的标准向房地产开发企业支付建安成本。在税收征管实践中，对于房企在项目内因配建保障性住房而从财政部门获得的保障性住房的建安成本，是否要征收增值税、企业所得税和土地增值税，意见不一致，有的观点认为不征税，有的观点认为要征税。笔者认为：征税必须贯彻落实"税收法定"原则，具体分析如下：

（一）廉租房、公租房等保障性住房产权的法律属性分析

为了解决城市低收入家庭住房困难，逐步改善城市中等偏下收入住房困难家庭等群体的住房条件，促进"住有所居"目标的实现，政府保障性住房管理中心（一般是房产管理局）与房地产开发有限公司签订了保障性住房配

建合同。在开发商确认保障性租赁住房没有产权纠纷和债权债务纠纷且全部竣工验收合格的条件下，开发商将保障性住房建安成本费用报保障性住房管理中心，保障性住房管理中心按照经认定的建筑安装成本价格回购或财政部门向房地产开发企业支付建安成本。

当保障性住房办理产权初始登记时，房地产企业将配建的保障性住房与本项目的其他商品住房分开登记，将保障性住房的不动产权证直接办理到房产管理局或其指定的单位名下。从直接登记在房产管理局名下来看，保障性住房性质为国有直管房产。因此，政府要求房企在项目内配建保障性住房的产权属性是国有资产，产权属于房产管理局。

（二）政府要求房企在项目内配建保障性住房的法务处理

1. 配建保障性住房的土地供应：在经济适用住房或者普通商品住房项目的土地上配建

《廉租住房保障办法》（建设部等 9 部委令第 162 号）第十二条："**廉租住房来源主要包括：（一）政府新建、收购的住房；（二）腾退的公有住房；（三）社会捐赠的住房；（四）其他渠道筹集的住房。**"第十四条：新建廉租住房，应当采取配套建设与相对集中建设相结合的方式，主要在经济适用住房、普通商品住房项目中配套建设。配套建设廉租住房的经济适用住房或者普通商品住房项目，应当在用地规划、国有土地划拨决定书或者国有土地使用权出让合同中，明确配套建设的廉租住房总建筑面积、套数、布局、套型以及建成后的移交或回购等事项。

2. 配建保障性住房的资金来源：土地出让金的一部分（属于财政资金）

根据《国务院办公厅关于规范国有土地使用权出让收支管理的通知》（国办发〔2006〕100 号）第三条的规定，"**土地出让收入使用范围：（一）征地和拆迁补偿支出。包括土地补偿费、安置补助费、地上附着物和青苗补偿费、拆迁补偿费。（二）土地开发支出。包括前期土地开发性支出以及按照财政部门规定与前期土地开发相关的费用等。（三）支农支出。包括计提农业土地开发资金、补助被征地农民社会保障支出、保持被征地农民原有生活水平补贴支出以及农村基础设施建设支出。（四）城市建设支出。包括完善国有土地使用功能的配套设施建设支出以及城市基础设施建设支出。**

（五）其他支出。包括土地出让业务费、缴纳新增建设用地土地有偿使用费、计提国有土地收益基金、城镇廉租住房保障支出、支付破产或改制国有企业职工安置费支出等。"基于以上土地出让金的支出范围，配建保障性住房的资金来源于土地出让金的一部分。

（三）配建保障性住房的财务处理

在会计上，根据《企业会计准则第16号——政府补助》（财会〔2017〕15号）第三条的规定，政府补助具有两个特征：一是政府补助是来源于政府的经济资源。对于企业收到的来源于其他方的补助，有确凿证据表明政府是补助的实际拨付者，其他方只起到代收代付作用的，该项补助也属于来源于政府的经济资源。二是政府补助具有无偿性。即企业取得来源于政府的经济资源，不需要向政府交付商品或服务等对价。基于此规定，房地产企业在项目内配建的保障性住房，从财政部门获得保障性住房建设成本资金，是保障性住房的对价，不具有无偿性，从而不是政府补助，实质上是政府购买服务。

根据《企业会计准则第16号——政府补助》（财会〔2017〕15号）第五条第（一）项的规定，企业从政府取得的经济资源，如果与企业销售商品或提供服务等活动密切相关，且是企业商品或服务的对价或者是对价的组成部分，适用《企业会计准则第14号——收入》等相关会计准则。因此，基于此规定，房地产企业在项目内配建的保障性住房，从财政部门获得保障性住房建设成本资金必须按照"销售不动产"税目的收入处理。

账务处理如下：

借：银行存款

　　贷：主营业务收入

　　　　应交税费——应交增值税（销项税额）

（四）配建保障性住房的税务处理：依法缴纳增值税、企业所得税和土地增值税

根据《中华人民共和国增值税暂行条例》（中华人民共和国国务院令第691号）第一条的规定，在中华人民共和国境内销售货物或者加工、修理修配劳务（以下简称劳务），销售服务、无形资产、不动产以及进口货物的单位和个人，为增值税的纳税人，应当依照本条例缴纳增值税。基于此规定，政府要求房企在项目内配建保障性住房，建成后将产权登记于政府保障房管理中心，并从财政部门获得保障性住房的建设成本资金（政府回购款），根据《企业会计准则第 16 号——政府补助》（财会〔2017〕15 号）第五条第（一）项的规定，**实质上是房地产企业获得销售保障性住房的价格，构成增值税纳税义务，必须依法缴纳增值税、企业所得税和土地增值税。同时房地产企业开发的政府要求在项目内配建的保障性住房所发生的增值税进项税额必须在本项目内的开发产品中的增值税销项税额中抵扣。**

四、善意取得虚开增值税专用发票的法务、财务和税务处理

善意取得虚开增值税专用发票是民法中的善意取得制度在我国税法中的增值税发票管理中的具体应用。善意取得虚开增值税专用发票必须符合四个条件：①购货方与销售方存在真实的交易；②销售方使用的是其所在省（自治区、直辖市和计划单列市）的专用发票；③专用发票注明的销售方名称、印章、货物数量、金额及税额等全部内容与实际相符；④没有证据表明购货方知道销售方提供的专用发票是以非法手段获得的。纳税人善意取得的虚开增值税专用发票不可以抵扣增值税和企业所得税，基于是善意取得的缘由，纳税人善意取得虚开的增值税专用发票被依法追缴已抵扣税款的，不再按日加收滞纳税款万分之五的滞纳金。

（一）善意取得虚开增值税专用发票的理论渊源：民法中的善意取得制度

1. 善意取得制度的内涵

善意取得制度，是近代大陆法系与英美法系民法中的一项重要法律制度。它是均衡所有权人和善意受让人利益的一项制度，首先它在一定程度上维护所有权人的利益，保证所有权安全。其次它侧重维护善意受让人的利益，促进交易安全。当所有权人与善意受让人发生权利冲突时，应当侧重保护善意受让人。这样有利于维护交易的安全，还有利于鼓励交易。在商机瞬息万变的信息时代，一般情况下，要求当事人对每一个交易对象的权利是否属实加以查证，不太现实。如果受让人不知道或不应当知道转让人无权转让

该财产，而在交易完成后因出让人的无权处分而使交易无效，使其善意第三人退还所得的财产，这不仅要推翻已形成的财产关系，还使当事人在交易中心存疑虑，从而造成当事人交易的不安全，法律为了避免这些不安全因素的干扰规定了善意取得制度。

2. 我国善意取得制度的确立

我国现行的民事基本法——《民法通则》虽然尚未确认善意取得制度，但是在我国司法实践中，却承认善意购买者可以取得对其购买的、依法可以转让的财产的所有权。最高人民法院《关于贯彻执行〈中华人民共和国民法通则〉若干问题的意见（试行）》第八十九条指出："**第三人善意、有偿取得该财产的，应当维护第三人的合法权益。**"

《中华人民共和国物权法》（中华人民共和国主席令第 62 号）第一百零六条：**无处分权人将不动产或者动产转让给受让人的，所有权人有权追回；除法律另有规定外，符合下列情形的，受让人取得该不动产或者动产的所有权：**

（一）受让人受让该不动产或者动产时是善意的；

（二）以合理的价格转让；

（三）转让的不动产或者动产依照法律规定应当登记的已经登记，不需要登记的已经交付给受让人。

受让人依照前款规定取得不动产或者动产的所有权的，原所有权人有权向无处分权人请求赔偿损失。

当事人善意取得其他物权的，参照前两款规定。

3. 善意取得应该符合的条件

其一，出让人无权处分。

其二，受让人受让该不动产或者动产时是善意的；第三人必须是善意的。善意一词是"不知情的意思"，指第三人不知道占有人系非法转让。善意取得，是第三人不知并不应知转让人是非法转让，一般是误信其为所有人或其他有处分权的人。第三人受让该不动产或者动产是善意的。物权法对这种善意的保护，是公信原则的体现。与之相对应的就是恶意第三人。恶意就是第三人依当时的情况知道或应当知道转让人无让与的权利。即根据当时的环境，依交易的一般情况，可以得出让与人无权让与的结论，则第三人应视为恶意。例如第三人以不正常的低价购买物品，如无相反的证据，应认为是恶意。

其三，以合理的价格转让。

其四，转让的不动产或者动产依照法律规定应当登记的已经登记，不需要登记的已经交付给受让人。

4. 善意取得的法律后果

基于《中华人民共和国物权法》（中华人民共和国主席令第 62 号）第一百零六条的规定，正式确立了善意取得制度。善意取得的法律后果体现为两方面：一方面，受让人取得转让财产的所有权，该财产上的原有权利消灭，但善意受让人在受让时知道或者应当知道该权利的除外；另一方面，受让人善意取得不动产或者动产的所有权的，原所有权人有权向无处分权人请求赔偿损失。但是法律对于财产所有权的取得有特殊规定者，则不依上述规则来处理当事人之间的法律关系。

（二）善意取得虚开增值税专用发票的税务处理

1. 税收法律依据

我国现行法律法规以规范性法律文件的方式确认了善意取得虚开的增值税专用发票制度。国家税务总局颁布以下 4 个有关纳税人取得虚开的增值税专用发票的规范性文件：《国家税务总局关于纳税人善意取得虚开增值税专用发票已抵扣税款加收滞纳金问题的批复》（国税函〔2007〕1240 号）、《国家税务总局关于〈国家税务总局关于纳税人取得虚开的增值税专用发票处理问题的通知〉的补充通知》（国税发〔2000〕182 号）、《国家税务总局关于纳税人善意取得虚开的增值税专用发票处理问题的通知》（国税发〔2000〕187 号）及《国家税务总局关于纳税人虚开增值税专用发票征补税款问题的公告》（国家税务总局公告 2012 年第 33 号）。这 4 个规范性文件规定了善意取得虚开的增值税专用发票以及非善意取得虚开的增值税专用发票的认定、法律后果等。

2. 构成"善意取得虚开增值税专用发票"的法律要件

根据《国家税务总局关于纳税人善意取得虚开的增值税专用发票处理问

题的通知》（国税发〔2000〕187 号）的规定，构成"善意取得虚开增值税专用发票"必须满足以下法律要件：①购货方与销售方存在真实的交易；②销售方使用的是其所在省（自治区、直辖市和计划单列市）的专用发票；③专用发票注明的销售方名称、印章、货物数量、金额及税额等全部内容与实际相符；④没有证据表明购货方知道销售方提供的专用发票是以非法手段获得的。

3. "善意取得虚开增值税专用发票"的增值税处理

根据《国家税务总局关于纳税人善意取得虚开增值税专用发票已抵扣税款加收滞纳金问题的批复》（国税函〔2007〕1240 号）、《国家税务总局关于〈国家税务总局关于纳税人取得虚开的增值税专用发票处理问题的通知〉的补充通知》（国税发〔2000〕182 号）和《国家税务总局关于纳税人虚开增值税专用发票征补税款问题的公告》（国家税务总局公告 2012 年第 33 号）的规定，纳税人"善意取得虚开增值税专用发票"的增值税处理总结如下：

（1）纳税人无论善意还是恶意取得虚开的增值税专用发票，都不得作为增值税合法有效的扣税凭证抵扣其进项税额。

（2）纳税人在"善意取得虚开增值税专用发票"的情况下，如果购货方能够重新从销售方取得防伪税控系统开出的合法、有效专用发票的，或者取得手工开出的合法、有效专用发票且销售方所在地税务机关已经或者正在依法对销售方虚开专用发票行为进行查处的，购货方所在地税务机关应依法准予抵扣进项税款或者出口退税；如不能重新取得合法、有效的专用发票，不准其抵扣进项税款或追缴其已抵扣的进项税款。在实践中，虚开方往往已经被控制或因其他原因无法开具合法有效的增值税发票，导致善意取得方难以重新取得合法有效的专用发票。因此，纳税人善意取得虚开的增值税专用发票往往不能抵扣进项税额。

（3）根据《国家税务总局关于〈国家税务总局关于纳税人取得虚开的增值税专用发票处理问题的通知〉的补充通知》（国税发〔2000〕182 号）的规定，纳税人善意取得虚开的增值税专用发票被依法追缴已抵扣税款的，不再按日加收滞纳税款万分之五的滞纳金。

（4）纳税人虚开增值税专用发票，未就其虚开金额申报并缴纳增值税的，应按照其虚开金额补缴增值税；已就其虚开金额申报并缴纳增值税的，不再按照其虚开金额补缴增值税。税务机关对纳税人虚开增值税专用发票的行为，应按《中华人民共和国税收征收管理法》及《中华人民共和国发票管理办法》的有关规定给予处罚。

4. "善意取得虚开增值税专用发票"的企业所得税处理：可以在企业所得税前扣除

《国家税务总局关于印发〈进一步加强税收征管若干具体措施〉的通知》（国税发〔2009〕114号）规定："未按规定取得的合法有效凭据不得在税前扣除。"《国家税务总局关于加强企业所得税管理的意见》（国税发〔2008〕88号）规定："不符合规定的发票不得作为税前扣除凭据。"《国家税务总局关于开展打击制售假发票和非法代开发票专项整治行动有关问题的通知》（国税发〔2008〕40号）规定："对于不符合规定的发票和其他凭证，包括虚假发票和非法代开发票，均不得用以税前扣除、出口退税、抵扣税款。"因此，税务机关都认为，不符合规定的发票是不合法的凭证，不可以在企业所得税前进行扣除。具体分析如下：

（1）不能仅凭发票作为企业所得税税前扣除的唯一合法凭证。《国家税务总局关于加强企业所得税管理的意见》（国税发〔2008〕88号）、《税收征管法》第二十一条及《发票管理办法》第二十二条，只是否定了违规发票作为合法凭据的效力，并没有排除用其他合法有效的证据来证明"可税前扣除"的事实，将发票视作税前扣除的"唯一凭证"显然不妥。《关于纳税人善意取得虚开增值税专用发票已抵扣税款加收滞纳金问题的批复》（国税函〔2007〕1240号）规定："纳税人善意取得虚开的增值税专用发票指购货方与销售方存在真实交易，且购货方不知取得的增值税专用发票是以非法手段获得的。"该规定只是对不得抵扣增值税进行了明确，并未规定纳税人购进货物成本不能在企业所得税税前扣除。只要符合企业所得税法第八条"准予在计算应纳税所得额时扣除"情形，就可以在企业所得税前扣除。《中华人民共和国企业所得税法》（中华人民共和国主席令第63号）第八条规定："企业实际发生的与取得收入有关的、合理的支出，包括成本、费用、税金、损失和其他支出，准予在计算应纳税所得额时扣除。"基于此税法规定，企业发生的支出作为成本、费用扣除的关键条件是支出必须真实、合法，并没有任何条文明确规定，将发票作为税前扣除的唯一凭证，仅根据《国家税务总局关于印发〈进一步加强税收征管若干具体措施〉的通知》（国税发〔2009〕114号）、《国家税务总局关于加强企业所得税管理的意见》（国税发〔2008〕88号），对善意取得发票在计算企业所得税时不允许扣除，显然有悖于《企业所得税法》中关于"合理支出""符合生产经营活动常规"规定。对此，税务部门应当正确树立"以票管税"理念，严格依法确认企业税前扣除项目。

《最高人民法院关于裁判文书引用法律、法规等规范性法律文件的规定》（法释〔2009〕14号）第二条规定："并列引用多个规范性法律文件的，引用顺序如下：法律及法律解释、行政法规、地方性法规、自治条例或者单行条例、司法解释。"可见，内部规范性文件及相关规定，不能与相关法律及法律解释、行政法规相冲突。基于此规定，《国家税务总局关于印发〈进一步加强税收征管若干具体措施〉的通知》（国税发〔2009〕114号）、《国家税务总局关于加强企业所得税管理的意见》（国税发〔2008〕88号）是国家税务总局发布的内部规范性文件，在引用时不能跟《中华人民共和国企业所得税法》相冲突。

（2）属于因开票方注销、撤销、依法被吊销营业执照、被税务机关认定为非正常户等特殊原因无法补开、换开发票、其他外部凭证的，凭证实支出真实性的一些资料，其支出允许税前扣除。

根据《企业所得税税前扣除凭证管理办法》（国家税务总局公告2018年第28号）第十四条的规定，企业已经发生的成本支出，很难取得的发票属于因开票方注销、撤销、依法被吊销营业执照、被税务机关认定为非正常户等特殊原因无法补开、换开发票、其他外部凭证的，企业凭以下资料证实支出真实性后，其支出允许税前扣除：①无法补开、换开发票、其他外部凭证原因的证明资料（包括工商注销、机构撤销、列入非正常经营户、破产公告等证明资料）；②相关业务活动的合同或者协议；③采用非现金方式支付的付款凭证；④货物运输的证明资料；⑤货物入库、出库内部凭证；⑥企业会计核算记录以及其他资料。

以上资料中第①②③项为必备资料。

因此，企业善意取得虚开的增值税发票，或者是取得开票方已经在开票系统作废而获得发票方又未知的增值税发票，首先找到开票方补开、换开发票、其他外部凭证，无法补开、换开发票、其他外部凭证的，只要能证实"购货方与销售方存在真实交易"，依据以上六条证据证明符合《企业所得税法》第八条"准予在计算应纳税所得额时扣除"情形，就可以在企业所得税前扣除。

（三）善意取得虚开增值税发票的财务处理

根据以上善意取得虚开增值税发票的法务和税务处理分析，企业善意取得虚开增值税发票不可以抵扣增值税进项税额，如果抵扣了则必须进行进项税额转出。因此，转出增值税进项税额的账务处理如下：

借：主营业务成本

　　贷：应交税费——应交增值税（进项税额转出）

案例分析 18

某企业善意取得虚开增值税发票的企业所得税前扣除的诉讼法律

一、案情介绍

A 公司向外地企业购进一批建筑材料，与供货商签订供货合同后，通过银行转账支付货款共计 208 万元（含税），先后取得供货商提供的增值税专用发票 22 份，并通过国税系统认证申报抵扣增值税 30.2 万元。而后，供货商所在地国税部门发出的《已证实虚开通知单》证实，上述 22 份发票均属虚开。

税务机关认为，根据《关于纳税人善意取得虚开增值税专用发票处理问题的通知》（国税发〔2000〕187 号）第二条第一款和《关于纳税人善意取得虚开增值税专用发票已抵扣税款加收滞纳金问题的批复》（国税函〔2007〕1240 号）规定，上述 22 份发票为善意取得虚开发票。《国家税务总局关于加强企业所得税管理的意见》（国税发〔2008〕88 号）第二条第二款第（三）项规定：**加强发票核实工作，不符合规定的发票不得作为税前扣除**

凭据；《税收征收管理法》第二十一条规定，纳税人购买商品必须取得合法有效的发票。因此，税务机关认定上述22份发票属不符合规定的发票，是不合法的凭证，于是做出A公司进项税额30.2万元不予抵扣，税款予以追缴的决定，并依法下达《税务处理决定书》；已在税前扣除的177.8万元成本，调增应纳税所得额，追缴企业所得税44.5万元（适用税率25%）并加收税款滞纳金。

A公司认为，发票是证明支出的重要凭证，但不是唯一凭证；公司虽善意取得虚开发票，但发票已通过税务部门论证属真票，购进建筑材料业务真实，购货合同、转账凭证和建筑材料出入库手续齐全，且成本结转无误，税务机关要求企业补缴企业所得税44.5万元的处理决定，有悖于《企业所得税法》第八条的规定，即企业实际发生的与取得收入有关的合理的支出，包括成本、费用、税金、损失和其他支出，准予在计算应纳税所得额时扣除。A公司在提请税务行政复议无果后，遂向所在地法院提起行政诉讼。

二、法院裁定

该法院审理后认为，《国家税务总局关于加强企业所得税管理的意见》（国税发〔2008〕88号文件）、《税收征管法》第二十一条及《发票管理办法》第二十二条，只是否定了违规发票作为合法凭据的效力，并没有排除用其他合法有效的证据来证明"可税前扣除"的事实，被告将发票视作税前扣除的"唯一凭证"显然不妥。《关于纳税人善意取得虚开增值税专用发票已抵扣税款加收滞纳金问题的批复》（国税函〔2007〕1240号）规定，"**纳税人善意取得虚开的增值税专用发票指购货方与销售方存在真实交易，且购货方不知取得的增值税专用发票是以非法手段获得的。**"被告人对原告认定为善意取得发票，已证实"购货方与销售方存在真实交易"，而且该规定只是对不得抵扣增值税进行了明确，并未规定纳税人购进货物成本不能在企业所得税税前扣除。

三、税务机关败诉原因

本案税务机关败诉原因可归集为三方面：一是将发票视为企业所得税前扣除的唯一凭证；二是在查处取得虚开发票案件时，对当事人购进货物是否用于本企业产品生产没有充分举证；三是片面理解，引用规范性文件不当。

四、对税收征管机关的启示

第一，企业所得税税前扣除不能仅凭发票。根据现行税收法律法规，发生的支出作为成本、费用扣除的关键条件是支出必须真实、合法，并没有任何条文明确规定，将发票作为税前扣除的唯一凭证，仅根据《国家税务总局关于加强企业所得税管理的意见》（国税发〔2008〕88号），对善意取得发票在计算企业所得税时不允许扣除，显然有悖于《企业所得税法》中关于"合理支出""符合生产经营活动常规"的规定。对此，税务部门应当正确树立"以票管税"理念，严格依法确认企业税前扣除项目。

第二，要高度重视查补企业所得税取证工作。本案在稽查取证过程中，稽查人员仅根据《已证实虚开通知单》和确认"票货款"的一致等，来认定当事人善意取得虚开发票，而对购进货物是否用于企业产品生产等查补企业所得税相关内容没有充分举证，造成查补企业所得税事实不清、证据不足。事实上，本案若能够充分举证，完全可证实纳税人购进货物，属于当期"准予在计算应纳税所得额时扣除"的事实。

第三，引用规范性文件及相关规定应当慎重。《最高人民法院关于裁判文书引用法律、法规等规范性法律文件的规定》（法释〔2009〕14号）第二条规定："并列引用多个规范性法律文件的，引用顺序如下：法律及法律解释、行政法规、地方性法规、自治条例或者单行条例、司法解释。"可见，内部规范性文件及相关规定，不能与相关法律及法律解释、行政法规相冲突，否则法院不会采纳，也不予支持。

五、取得走逃（失联）企业开具增值税发票的法务、税务、财务处理

在全面营改增后，存在不少企业取得走逃（失联）企业开具的增值税专用发票的现象。在以票控税的情况下，企业取得走逃（失联）企业开具的增值税发票，应该如何进行增值税和企业所得税的处理，涉及取得发票方的税收成本问题。

（一）走逃（失联）企业的认定标准

根据《国家税务总局关于走逃（失联）企业开具增值税专用发票认定处理有关问题的公告》（国家税务总局公告 2016 年第 76 号）第一条的规定，所谓的走逃（失联）企业，是指不履行税收义务并脱离税务机关监管的企业。根据税务登记管理有关规定，税务机关通过实地调查、电话查询、涉税事项办理核查以及其他征管手段，仍对企业和企业相关人员查无下落的，或虽然可以联系到企业代理记账、报税人员等，但其并不知情也不能联系到企业实际控制人的，可以判定该企业为走逃（失联）企业。基于此税收政策规定，走逃（失联）企业的认定标准为如下两个条件：①税人不履行其税收义务；②税务机关经实地调查、电话查询、涉税事项办理核查以及其他征管手段仍对企业和企业相关人员查无下落，或虽然可以联系到企业代理记账、报税人员等，但其并不知情也不能联系到企业实际控制人。

（二）受票方取得走逃（失联）企业开具增值税发票的涉税处理

1. 走逃（失联）企业开具的增值税专用发票将被列为异常凭证

根据《国家税务总局关于走逃（失联）企业开具增值税专用发票认定处理有关问题的公告》（国家税务总局公告 2016 年第 76 号）第二条第（一）款的规定，走逃（失联）企业在存续经营期间发生下列情形之一的，所对应属期开具的增值税专用发票将会被列入异常增值税扣税凭证（即异常凭证）的范围：①商贸企业购进、销售货物名称严重背离；②生产企业无实际生产加工能力且无委托加工；③生产企业的生产能耗与销售情况严重不符；④生产企业的购进货物并不能直接生产其销售的货物且无委托加工；⑤生产企业或商贸企业直接走逃失踪不纳税申报；⑥生产企业或商贸企业虽然申报，但通过填列增值税纳税申报表相关栏次，规避税务机关审核比对，进行虚假申报。

根据上述规定，走逃（失联）企业开具增值税专用发票列入异常发票需满足以下两个条件：一是存续经营期间发生以上六种规定的情形之一。单纯的故意走逃欠缴税款行为不在以上六种规定情形之内。二是发票开具时间在上述六种行为发生的对应属期内。也就是说，出逃企业未发生上述六种行为所属期内开具的增值税专用发票，不应列为异常发票。发生上述六种行为的所属期内开具的任何增值税专用发票，均需直接列入异常发票范围，包括税务机关为小规模纳税人代开的增值税专用发票。

2. 增值税抵扣的处理：先作进项税额转出，然后根据情况核实符合抵扣规定的，可继续申报抵扣

根据《国家税务总局关于走逃（失联）企业开具增值税专用发票认定处理有关问题的公告》（国家税务总局公告 2016 年第 76 号）第二条第（二）款的规定，**增值税一般纳税人取得异常凭证，尚未申报抵扣或申报出口退税的，暂不允许抵扣或办理退税；已经申报抵扣的，一律先作进项税额转出；已经办理出口退税的，税务机关可按照异常凭证所涉及的退税额对该企业其他已审核通过的应退税款暂缓办理出口退税，无其他应退税款或应退税款小于涉及退税额的，可由出口企业提供差额部分的担保。** 经核实，符合现行增值税进项税额抵扣或出口退税相关规定的，企业可继续申报抵扣，或解除担保并继续办理出口退税。

《国家税务总局关于走逃（失联）企业开具增值税专用发票认定处理有关问题的公告》（国家税务总局公告 2016 年第 76 号）仅仅是对异常发票管理的程序性规定，并未直接消灭增值税专用发票受票人抵扣进项税额的实体权利。受票人能否抵扣进项税额，则需由税务机关根据《国家税务总局关于纳税人取得虚开的增值税专用发票处理问题的通知》（国税发〔1997〕134 号）、《国家税务总局关于〈国家税务总局关于纳税人取得虚开的增值税专用发票处理问题的通知〉的补充通知》（国税发〔2000〕182 号）、《国家税务总局关于纳税人善意取得虚开的增值税专用发票处理问题的通知》（国税发〔2000〕187 号）、《国家税务总局关于纳税人对外开具增值税专用发票有关问题的公告》（国家税务总局公告 2014 年第 39 号）等规定进行核定。若因核定事由导致受票人未能在 360 日内认证不能抵扣进项税额的，则该情形应属于《国家税务总局关于逾期增值税扣税凭证抵扣问题的公告》（国家税务总局公告 2011 年第 50 号）第二条第三款规定的客观原因，受票人可按该文件规定申请逾期抵扣。

3. 企业所得税的处理：可以在企业所得税前扣除

《国家税务总局关于印发〈进一步加强税收征管若干具体措施〉的通

知》（国税发〔2009〕114号）规定："未按规定取得的合法有效凭据不得在税前扣除。"《国家税务总局关于加强企业所得税管理的意见》（国税发〔2008〕88号）规定："不符合规定的发票不得作为税前扣除凭据。"《国家税务总局关于开展打击制售假发票和非法代开发票专项整治行动有关问题的通知》（国税发〔2008〕40号）规定："对于不符合规定的发票和其他凭证，**包括虚假发票和非法代开发票，均不得用以税前扣除、出口退税、抵扣税款。**"因此，不少税务机关执法人员都会认为不符合规定的发票，是不合法的凭证，不可以在企业所得税前进行扣除。其实，这种观点是不正确的，分析如下：

（1）不能将发票作为企业所得税税前扣除的唯一合法凭证。《国家税务总局关于印发〈进一步加强税收征管若干具体措施〉的通知》（国税发〔2009〕114号）、《国家税务总局关于加强企业所得税管理的意见》（国税发〔2008〕88号）、《国家税务总局关于开展打击制售假发票和非法代开发票专项整治行动有关问题的通知》（国税发〔2008〕40号）、《税收征管法》第二十一条及《发票管理办法》第二十二条，只是否定了违规发票作为合法凭据的效力，并没有排除用其他合法有效的证据来证明"可税前扣除"的事实，将发票视作税前扣除的"唯一凭证"显然不妥。《中华人民共和国企业所得税法》（中华人民共和国主席令第63号）第八条规定："**企业实际发生的与取得收入有关的、合理的支出，包括成本、费用、税金、损失和其他支出，准予在计算应纳税所得额时扣除。**"基于此税法规定，企业发生的支出作为成本、费用扣除的关键条件是支出必须真实、合法，并没有任何条文明确规定，将发票作为税前扣除的唯一凭证，仅根据《国家税务总局关于印发〈进一步加强税收征管若干具体措施〉的通知》（国税发〔2009〕114号）、《国家税务总局关于加强企业所得税管理的意见》（国税发〔2008〕88号）和《国家税务总局关于开展打击制售假发票和非法代开发票专项整治行动有关问题的通知》（国税发〔2008〕40号），对善意取得走逃（失联）企业的增值税发票在计算企业所得税时不允许扣除，显然有悖于《企业所得税法》中关于"合理支出""符合生产经营活动常规"规定。对此，税务部门应当正确认识"以票管税"理念，严格依法确认企业税前扣除项目。

《最高人民法院关于裁判文书引用法律、法规等规范性法律文件的规定》（法释〔2009〕14 号）第二条规定："**并列引用多个规范性法律文件的，引用顺序如下：法律及法律解释、行政法规、地方性法规、自治条例或者单行条例、司法解释。**"可见，内部规范性文件及相关规定，不能与相关法律及法律解释、行政法规相冲突。基于此规定，《国家税务总局关于印发〈进一步加强税收征管若干具体措施〉的通知》（国税发〔2009〕114 号）、《国家税务总局关于加强企业所得税管理的意见》（国税发〔2008〕88 号）和《国家税务总局关于开展打击制售假发票和非法代开发票专项整治行动有关问题的通知》（国税发〔2008〕40 号）是国家税务总局发的内部规范性文件，在引用时不能跟《中华人民共和国企业所得税法》相冲突。

（2）属于因开票方注销、撤销、依法被吊销营业执照、被税务机关认定为非正常户等特殊原因无法补开、换开发票、其他外部凭证的，凭证实支出真实性的一些资料，其支出允许税前扣除。

根据《企业所得税税前扣除凭证管理办法》（国家税务总局公告 2018 年第 28 号）第十四条的规定，企业已经发生的成本支出，很难取得的发票属于因开票方注销、撤销、依法被吊销营业执照、被税务机关认定为非正常户等特殊原因无法补开、换开发票、其他外部凭证的，企业凭以下资料证实支出真实性后，其支出允许税前扣除：①无法补开、换开发票、其他外部凭证原因的证明资料（包括工商注销、机构撤销、列入非正常经营户、破产公告等证明资料）；②相关业务活动的合同或者协议；③采用非现金方式支付的付款凭证；④货物运输的证明资料；⑤货物入库、出库内部凭证；⑥企业会计核算记录以及其他资料。

以上资料中第①②③项为必备资料。

因此，企业受票方取得走逃（失联）企业已开具的增值税发票，由于无法补开、换开发票、其他外部凭证，只要能证实"购货方与销售方存在真实交易"，依据以上六条证据证明符合《企业所得税法》第八条"准予在计算应纳税所得额时扣除"情形，就可以在企业所得税前扣除。

收到走逃（失联）企业开具发票的涉税处理

一、案情介绍

A 企业（一般纳税人）于 2017 年 3 月 20 日向 B 企业（一般纳税人）购进建筑材料 600 吨，B 企业开具一张增值税专用发票给 A 企业，发票金额 1000 万元，税额 170 万元，A 企业在 3 月末对该发票做了勾选，于 4 月 10 日申报抵扣，5 月 20 日，A 企业主管税务部门接到 B 企业主管税务部门推送通知，该发票被列入异常凭证，A 企业主管税务部门于当日通知 A 企业先做进项转出 170 万元，待查。货物在 A 企业的建筑工地上。请分析如何进行税务处理。

二、涉税处理分析

（1）按规定 A 企业于接到主管税务部门《税务事项通知书》的当月做进项转出 170 万元，并于 6 月 15 日前完成纳税申报。

（2）A 企业接到主管税务部门《税务事项通知书》后，若对认定的异常凭证存有异议，应立即准备该笔业务的相关合同、发票、支付凭证、运输单据、入库单、货物存放地和情况说明等资料，自收到《税务事项通知书》之日起 20 个工作日内，向主管税务部门提出核查申请。

（3）经主管税务部门核实，符合增值税进项税额抵扣规定的，A 企业在接到《税务事项通知书》后可继续申报抵扣。

（4）A 企业准备该笔业务的相关合同、发票、支付凭证、运输单据、入库单、货物存放地和情况说明等资料备查，在企业所得税前扣除成本。

三、取得走逃（失联）企业增值税发票的财务处理

根据以上取得走逃（失联）企业增值税发票的法务和税务处理分析，企业取得走逃（失联）企业增值税发票，实践中很难要求开票方重新开具增值税专用发票，因此，不可以抵扣增值税进项税额，如果抵扣了则必须进行进项税额转出，转出增值税进项税额的账务处理如下：

借：主营业务成本

　　贷：应交税费——应交增值税（进项税额转出）

四、走逃（失联）企业发票的涉税风险管控策略

（1）要深度了解上游企业的法定代表人、主要经营人员、经营情况、经营期限、经营规模、财务状况和信用等级等情况，分析后做合理选择。

（2）建立科学规范的票证管理制度，确保与业务相对应的票证真实、齐全、完整（如合同、发票、记账凭证、资金往来凭证、出入库单、运输单据、认证清单、申报表等），核对发票票面填开的项目内容及交易企业名称与企业实际业务和交易方是否一致。

（3）熟悉发票抵扣规定和抵扣期限。根据《国家税务总局关于进一步明确营改增有关征管问题的公告》（国家税务总局公告2017年第11号）的规定，自2017年7月1日起，增值税一般纳税人取得的2017年7月1日及以后开具的增值税专用发票和机动车销售统一发票，应自开具之日起360日内认证或登录增值税发票选择确认平台进行确认，并在规定的纳税申报期内，向主管国税机关申报抵扣进项税额。

（4）了解异常凭证的处理，被税务部门告知认定为异常凭证后，立即备齐相关资料及时向主管税务部门申请核查，尽早通过核查，减少经济损失。

六、房地产企业两种"红线外支出"的法务、财务和税务处理

"红线外支出"是指在房地产开发企业项目建设用地边界外，即国家有关部门审批的项目规划外承建道路、桥梁、公园、学校、医院、绿化等设施发生支出。实践中的"红线外支出"主要体现为两种情况：第一种是土地置换政府项目模式：政府强行要求房地产企业在红线外为政府建设公共设施或其他工程作为招拍挂拿地时的附带条件，在这种情况下，政府往往以低于市场招拍挂的价格出让土地给房地产企业，低于市场招拍挂的价款部分置换政府项目。第二种是为促进销售而建基础设施无偿移交政府模式：开发商为了提升红线内楼盘的品质，提升销售价格，在红线外自行建造公园、道路、桥梁等建筑物或基础设施无偿移交给当地政府而发生的支出。这两种"红线外支出"在房地产企业的税务上、财务上如何处理，必须从法律逻辑起点开始分析。具体分析如下：

（一）第一种"红外线支出"（土地置换政府项目模式）的法务、财务和税务处理

1. 法务处理

《节约集约利用土地规定》（中华人民共和国国土资源部令第 61 号）第二十二条规定："经营性用地应当以招标拍卖挂牌的方式确定土地使用者和土地价格。各类有偿使用的土地供应不得低于国家规定的用地最低价标准。禁止以土地换项目、先征后返、补贴、奖励等形式变相地减免土地出让价款。"《国有土地使用权出让收支管理办法》（财综〔2006〕68 号）第十条规定：任何地区、部门和单位都不得以"招商引资""旧城改造""国有企业改制"等各种名义减免土地出让收入，实行"零地价"，甚至"负地价"，或者以土地换项目、先征后返、补贴等形式变相减免土地出让收入。《国有土地使用权出让收支管理办法》（财综〔2006〕68 号）第七条规定："对违反本通知规定，擅自减免、截留、挤占、挪用应缴国库的土地出让收入，不执行国家统一规定的会计、政府采购等制度的，要严格按照土地管理法、会计法、审计法、政府采购法、《财政违法行为处罚处分条例》（国务院令第427 号）和《金融违法行为处罚办法》（国务院令第 260 号）等有关法律法规进行处理，并依法追究有关责任人的责任；触犯刑法的，依法追究有关人员的刑事责任。"

基于以上规定，第一种"红线外支出"（土地置换政府项目模式）中的政府行为是违反《国有土地使用权出让收支管理办法》和《节约集约利用土地规定》规定的行为，根据《中华人民共和国审计法》和《财政违法行为处罚处分条例》的规定，对涉及以土地置换政府项目的相关政府责任人和主管负责人将处以警告、撤职等行政处罚，严重者将被移交司法机关，处以刑事处罚。

2. 财务处理

虽然第一种"红线外支出"模式对政府部门的相关负责人而言是违法行为，但不影响房地产企业的财务核算和税务机关对其进行税收征管的权利。由于第一种"红线外支出"（土地置换政府项目模式）的项目以政府（一般是城投公司）作为立项、规划审批主体，房地产公司出的建设资金（土地招

拍挂出让金的减免）实质是政府出的建筑资金，是土地出让金成本的一部分。因此，房地产企业发生的第一种"红线外支出"，财务处理如下：

（1）房地产企业签订土地出让合同并支付土地出让金时的账务处理：

借：开发成本——土地成本

　　贷：银行存款

（2）房地产企业支付建筑企业工程款，并收到建筑企业开具的10%的增值税专用发票的账务处理：

借：开发成本——土地成本（低于市场招拍挂价格的部分价格：土地置换政府项目成本）

　　应交税费——应交增值税（进项税额）

　　贷：银行存款

3. 税务处理

（1）增值税的处理。可以抵扣房地产红线之内建设项目的增值税销项税额。《中华人民共和国增值税暂行条例》（2017年版，国务院令第691号）第十条："下列项目的进项税额不得从销项税额中抵扣：（一）用于简易计税方法计税项目、免征增值税项目、集体福利或者个人消费的购进货物、劳务、服务、无形资产和不动产；（二）非正常损失的购进货物以及相关的劳务和交通运输服务；（三）非正常损失的在产品、产成品所耗用的购进货物（不包括固定资产）、劳务和交通运输服务；（四）国务院规定的其他项目。"

基于此税法规定，我国税法规定的不可以抵扣增值税进项税额的规定是采用列举法，即税法中没有规定不可以抵扣增值税进项税额的情形是可以抵扣的。因此，第一种"红线外支出"的政府项目是房地产企业与建筑企业签订的包工包料合同，建筑企业开给房地企业的增值税进项发票不在税法中不可抵扣增值税进项税额的列举中，房地产企业进行增值税进项税额抵扣相当于土地置换政府项目的土地成本抵减房地产企业销售额差额征收增值税。

（2）土地增值税的处理：不可以扣除。《土地增值税暂行条例实施细则》第七条规定："条例第六条所列的计算增值额的扣除项目，具体为：……（二）开发土地和新建房及配套设施（以下简称房地产开发）的成本，是指纳税人房地产开发项目实际发生的成本（以下简称房地产开发成本），包括土地征用及拆迁补偿费、前期工程费、建筑安装工程费、基础设施费、公共配套设施费、开发间接费用。其中公共配套设施费，包括不能有偿转让的开发小区内公共配套设施发生的支出。基础设施费，包括开发小区内道路、供水、供电、供气、排污、排洪、通信、照明、环卫、绿化等工程发生的支出。"

根据《房地产开发经营业务企业所得税处理办法》（国税发〔2009〕31号）第十七条第（一）项规定，公共配套设施费是指开发项目内发生的、独立的、非营利性的，且产权属于全体业主的或无偿赠与地方政府、政府公用事业单位的公共配套设施支出。

基于以上国家层面的税收政策规定，第一种"红线外支出（不含增值税）"不可以在土地增值税前进行扣除。但是要关注以下地方政府的具体税收政策规定：

其一，湖北省的规定：能提供与项目存在关联的证据则可以扣除，否则不扣除。

《湖北省地方税务局关于进一步规范土地增值税征管工作的若干意见》（鄂地税发〔2013〕44号）第七条规定：**关于审批项目规划外所建设施发生支出的扣除问题：房地产开发企业在项目建设用地边界外（国家有关部门审批的项目规划外，即"红线"外）承诺为政府或其他单位建设公共设施或其他工程所发生的支出，能提供与本项目存在关联关系的直接依据的，可以计入本项目扣除项目金额；不能提供或所提供依据不足的（如与建设项目开发无直接关联，仅为开发产品销售提升环境品质的支出），不得计入本项目扣除金额。**

其二，广州市的规定：能提供与项目存在关联的证据则可以扣除，否则不扣除。

《广州市地方税务局关于印发2014年土地增值税清算工作有关问题的处理指引的通知》（穗地税函〔2014〕175号）文件第三条规定：**关于项目建设用地红线外支出的扣除总问题：纳税人为取得土地使用权，在项目建设用地红线外为政府建设公共设施或其他工程发生的支出，根据《国家税务总局关于房地产开发企业土地增值税清算管理的有关问题的通知》（国税发**

〔2006〕187号）第四条第（一）项确定的相关性原则，纳税人如果能提供国土房管部门的协议、补充协议，或者相关政府主管部门出具的证明文件的，允许作为取得土地使用权所支付的金额予以扣除。

其三，海南省的规定：能提供与项目存在关联的证据则可以扣除，否则不扣除。

海南省地方税务局《土地增值税清算有关业务问答》第八条规定：如何确认审批项目规划外所建设施发生支出的扣除问题？房地产开发企业在项目建设用地边界外（国家有关部门审批的项目规划外，即"红线"外）为政府建设公共设施或其他工程所发生的支出，凡能提供政府有关部门出具的证明文件确认该项支出与建造本清算项目有直接关联的（含项目的土地使用权取得相关联的）支出，可以计入本项目扣除金额。

其四，桂林市的规定：能提供与项目存在关联的证据则可以扣除，否则不扣除。

《桂林市土地增值税清算工作指南（试行）》"十三，关于审批项目规划外政府要求房地产企业额外承担的部分市政建设费用（支出）的扣除问题"中，对于房地产开发企业发生的、满足下列条件之一的项目建设用地边界外（即"红线"外，下同）的市政建设费用（支出），可以凭建安工程发票或财政部门开具的收据计入本项目取得土地使用权所支付的金额予以扣除：①房地产企业在与国土资源管理部门签订的《国有土地使用权出让合同》中约定或国土资源管理部门在《国有土地使用权招拍挂出让公告》中注明有房地产开发企业在项目建设用地边界外应政府要求建设公共设施或其他工程等内容的；②房地产企业在项目建设用地边界外应政府要求建设公共设施或其他工程所发生的支出，能提供与本项目存在关联关系的直接依据（如新建、扩建出入小区的市政道路、桥梁等）和县级以上（包括县级、市辖城区）人民政府的正式文件的。对于不满足上述条件的项目建设用地边界外的市政建设费用（支出）（包括房地产开发企业为提升项目周围环境品质、促进开发产品的销售而自行对项目周边绿化、道路进行整治发生的成本费用），不得计入本项目扣除金额。

其五，广西壮族自治区的规定：与开发项目立项有关则可以扣除，否则不扣除。

《广西壮族自治区地方税务局关于明确土地增值税清算若干政策问题的通知》（桂地税发〔2008〕44号）规定，**房地产开发商按照当地政府要求建设的道路、桥梁等公共设施所产生的成本费用，凡属于房地产开发项目立项时所确定的各类设施投资，可据实扣除；与开发项目立项无关的，则不予扣除。**

其六，江苏省的规定：不得扣除。

江苏省地方税务局《关于土地增值税有关业务问题的公告》（苏地税规〔2012〕1号）就"公共配套设施成本费用的扣除"作如下规定：**房地产开发企业建造的各项公共配套设施，建成后移交给全体业主或无偿移交给政府、公共事业单位用于非营利性社会公共事业的，准予扣除相关成本、费用；未移交的，不得扣除相关成本、费用。项目规划范围之外的，其开发成本、费用一律不予扣除。**

其七，山东省的规定：不得扣除。

《山东省济南市地方税务局土地增值税清算工作指南》（2014年发布，具体文件号不详）第十一条就"关于审批项目规划外政府要求房地产企业额外承担的部分市政建设费用（支出）的扣除问题"规定：对于**房地产开发企业发生的项目建设用地边界外（即规划用地"红线"外）的建设项目支出，一律不得在本项目清算时计算扣除。**

其八，山西省的规定：不得扣除。

《〈房地产开发企业土地增值税清算管理办法〉的公告》（山西省地方税务局公告2014年第3号）第十九条规定，"**土地红线外的绿化、修路、配套等支出，不得扣除**"。

根据以上国家和地方税收政策规定，全面营改增后，特别是在贯彻落实党的十九大精神和反腐倡廉高压态势下，地方政府不可能出现以土地换项目、先征后返、补贴、奖励等形式变相地减免土地出让价款的出让土地行为。因此，以上地方税收政策将作废，第一种"红线外支出"在项目内开发的产品的土地增值税前不可以扣除。

4. 企业所得税的处理：可以在企业所得税前进行扣除

《中华人民共和国企业所得税法》第八条规定，**企业实际发生的与取得**

收入有关的、合理的支出，包括成本、费用、税金、损失和其他支出，准予在计算应纳税所得额时扣除。如果房地产企业在与国土资源管理部门签订的《国有土地使用权出让合同》中约定或国土资源管理部门在《国有土地使用权招拍挂出让公告》中注明有房地产开发企业在项目建设用地边界外应政府要求建设公共设施或其他工程等内容的，或房地产企业能够提供政府的文件或会议纪要，文件或会议纪要中明确注明建设用地边界外应政府要求建设公共设施或其他工程等内容的，则第一种"红线外支出"是土地置换政府项目的支出，显然与开发红线之内的项目有关，可以在房地产企业的企业所得税前进行扣除，否则不可以在企业所得税前进行扣除。

（二）第二种"红线外支出"的法务、财务和税务处理

1. 法务处理

《中华人民共和国公益事业捐赠法》（中华人民共和国主席令第 19 号）**第十三条：捐赠人捐赠财产兴建公益事业工程项目，应当与受赠人订立捐赠协议，对工程项目的资金、建设、管理和使用作出约定。捐赠的公益事业工程项目由受赠单位按照国家有关规定办理项目审批手续，并组织施工或者由受赠人和捐赠人共同组织施工。工程质量应当符合国家质量标准。第十四条：捐赠人对于捐赠的公益事业工程项目可以留名纪念；捐赠人单独捐赠的工程项目或者主要由捐赠人出资兴建的工程项目，可以由捐赠人提出工程项目的名称，报县级以上人民政府批准。**

基于以上法律规定，在第二种"红线外支出"中，房地产企业是为了提升红线内楼盘的品质，促进销售而在红线之外建设学校、幼儿园、公园、绿化带、道路、桥梁、公交站等基础设施，其无偿移交给政府的法务处理如下：

第一种法务处理：房地产企业向政府相关执行机构（交通局、教育局、文化局等）捐资兴建公益事业工程项目。具体操作要点：以政府指定执行部门作为立项、报建主体的，房地产企业将"红线外"项目的建设资金捐赠给政府相关部门，由政府部门组织项目的施工建设，建筑企业开具增值税普通发票给政府相关执行机构（交通局、教育局、文化局等）。

第二种法务处理：房地产企业向政府捐赠"红线外"公益性工程项目。

具体的操作要点：以政府指定执行部门作为立项、报建主体，然后房地产公司跟建筑企业签订施工总承包合同，根据工程进度向施工企业支付工程进度款，施工企业开具增值税专用发票给房地产企业。工程完工验收后移交给政府相关执行机构（交通局、教育局、文化局等）。

2. 财务处理

基于以上两种法务处理方式，其会计处理分以下两种情况：

第一种法务处理的会计处理：

借：营业外支出——捐赠公益性工程项目建设资金

　　贷：银行存款

第二种法务处理的会计处理：

（1）建设过程中支付工程款时的会计核算如下：

借：开发成本

　　应交税费——应交增值税（进项税额）

　　　　贷：银行存款

（2）建设完工验收移交给政府部门的会计核算如下：

借：营业外支出——红线外公益性工程项目

　　贷：开发成本

3. 税务处理

（1）增值税的处理。

第一种法务处理下的增值税处理：不涉及增值税抵扣。

由于第一种法务处理下的"红线外支出"的建设立项、报建主体是政府部门，建设过程中的施工企业收取工程款向政府部门开具增值税普通发票，所以房地产企业发生第二种"红线外支出"没有涉及增值税抵扣的问题。

第二种法务处理的增值税处理：可以抵扣增值税。

根据《财政部、国家税务总局关于全面推开营业税改征增值税试点的通知》（财税〔2016〕36号）附件1《营业税改征增值税试点实施办法》第十四条第（二）项的规定，**单位或者个人向其他单位或者个人无偿转让不动产，视同销售处理，但用于公益事业或者以社会公众为对象的除外。基于此规定，房地产企业出资金在红线之外建设公益性工程项目捐赠给政府是用于**

公益事业或者以社会公众为服务对象，不视同销售，即属于不征增值税项目。

根据《财政部、国家税务总局关于全面推开营业税改征增值税试点的通知》（财税〔2016〕36号）附件1《营业税改征增值税试点实施办法》第二十七条的规定，用于免征增值税项目的购进货物、加工修理修配劳务、服务、无形资产和不动产（其中涉及的固定资产、无形资产、不动产仅限于专为上述项目所用），进项税额不得抵扣。而用于公益性捐赠的无偿行为，属于"不征增值税项目"而非"免征增值税项目"。根据税法的规定，属于"免征增值税项目"的增值税进项税额不可以享受抵扣的税收政策，属于"不征增值税项目"的增值税进项税额可以抵扣增值税进项税额。因此，第二种法务处理属于"不征增值税项目"，其所发生的增值税进项税额可以抵扣。

（2）企业所得税的处理。

首先，公益性事业的范围。根据《财政部、国家税务总局、民政部关于公益性捐赠税前扣除有关问题的通知》（财税〔2008〕160号）的规定，"用于公益事业的捐赠支出，是指《中华人民共和国公益事业捐赠法》规定的向公益事业的捐赠支出，具体范围包括：（一）救助灾害、救济贫困、扶助残疾人等困难的社会群体和个人的活动；（二）教育、科学、文化、卫生、体育事业；（三）环境保护、社会公共设施建设；（四）促进社会发展和进步的其他社会公共和福利事业。"

其次，公益性捐赠的方式。《中华人民共和国企业所得税法实施条例》（中华人民共和国国务院令第512号）第五十一条规定，《企业所得税法》第九条所称公益性捐赠，是指企业通过公益性社会团体或者县级以上人民政府及其部门，用于《中华人民共和国公益事业捐赠法》规定的公益事业的捐赠。

最后，企业所得税前扣除的处理。根据《全国人民代表大会常务委员会关于修改〈中华人民共和国企业所得税法〉的决定》（中华人民共和国主席令第64号）第九条的规定，企业发生的公益性捐赠支出，在年度利润总额12%以内的部分，准予在计算应纳税所得额时扣除；超过年度利润总额12%

的部分，准予结转以后三年内在计算应纳税所得额时扣除。

（3）土地增值税的处理：不可以扣除。关于土地增值税的处理问题同本部分"（一）第一种'红外线支出'（土地置换政府项目模式）的法务、财务和税务处理"中的"土地增值税的处理"分析一样，不可以在土地增值税前进行扣除。

七、建筑企业"四种"农民工用工形式下的法务、财务和税务处理

全面营改增后，建筑企业的农民工存在"四种"不同的用工形式：一是建筑企业与劳务公司签订劳务分包合同的用工形式；二是建筑企业项目部直接雇用农民工的用工形式；三是建筑企业与劳务派遣公司签订劳务派遣合同，农民工为劳务派遣人员的用工形式；四是建筑企业与个人包工头签订建筑劳务承包合同，农民工为个人包工头队伍的用工形式。在以上四种农民工用工形式下的建筑企业，如何对农民工的成本进行会计核算？对农民工的个人所得税应如何处理？这些是当前许多建筑企业面临的难点问题，下面对以上问题进行具体分析。

（一）建筑企业与劳务公司签订劳务分包合同的用工形式的法务、财务和税务处理

1. 建筑企业与劳务公司签订劳务分包合同的用工形式的法务处理

（1）农民工的雇佣法律关系。在建筑企业与劳务公司签订劳务分包合同的情况下，在劳动法律关系上，农民工与劳务公司构成雇佣和被雇佣的劳动关系，与建筑企业没有构成雇佣和被雇佣的法律关系。

（2）建筑企业与劳务公司签订劳务分包合同的合法性。

《财政部、国家税务总局关于全面推开营业税改征增值税试点的通知》（财税〔2016〕36号）附件2《营业税改征增值税试点有关事项的规定》第一条第（七）项"建筑服务"第一款规定：**以清包工方式提供建筑服务，是指施工方不采购建筑工程所需的材料或只采购辅助材料，并收取人工费、管理费或者其他费用的建筑服务。**基于此条规定，清包工方式包括两种：一是分包人不采购建筑工程所需的材料（含主材和辅料），只采购全部人工费

用；二是分包人只采购建筑工程所需的辅料和全部人工费用。《建筑工程施工转包违法分包等违法行为认定查处管理办法（试行）》（建市〔2014〕118号）第九条第（五）项规定：专业分包人将其承包的专业工程中非劳务作业部分再分包的，为违法分包行为。基于此规定，建筑企业总包和专业分包人可以将其纯劳务部分分包给劳务公司。

2. 农民工成本的财务处理

在建筑企业与劳务公司签订劳务分包合同的情况下，劳务公司根据《财政部、国家税务总局关于全面推开营业税改征增值税试点的通知》（财税〔2016〕36号）的规定，选择简易计税方法，直接向建筑企业开具3%的增值税专用（普通）发票，建筑企业直接凭劳务公司开具的增值税发票进成本，在"工程施工——分包成本——人工费用"科目进行成本核算。

3. 农民工的个人所得税处理

在建筑企业与劳务公司签劳务分包合同的情况下，在劳动法律关系上，农民工与劳务公司构成雇用和被雇佣的劳动关系，与建筑企业没有构成雇用和被雇佣的法律关系。因此，农民工的个人所得税由劳务公司代扣代缴。

（二）建筑企业项目部直接雇用农民工用工形式的法务、财务和税务处理

1. 建筑企业项目部直接雇用农民工用工形式的法务处理

（1）农民工的雇佣法律关系。在建筑企业项目部直接雇用农民工用工形式下，在劳动法律关系上，农民工与建筑企业构成雇佣和被雇佣的法律关系。建筑企业必须与农民工签订劳动合同，依法承担给农民工缴纳社会保险的义务。

（2）建筑企业与每一位农民工签订劳动合同时，为了解决社会保险费用的负担，分三种情况签订合同，从而进行社保费用的处理。

第一，有些工种，如建筑企业工程项目部的钢筋工、模板工、砼工、砌筑工、抹灰工、架子工、防水工、水电暖安装工、油漆工、外墙保温工等都是按照小时计算劳动报酬的。如果以上工种在一星期工作时间不超过24小时，则建筑企业可以与以上劳动者签订非全日制用工协议书，协议中约定每小时的劳动报酬、每周工作时间不超过24小时。根据《中华人民共和国社会保险法》（中华人民共和国主席令第 35 号）第十条第二款和第二十三条第二款的规定，无雇工的个体工商户、未在用人单位参加职工基本医疗保险和基本养老保险的非全日制从业人员可以参加职工基本医疗保险和基本养老保险，由个人按照国家规定缴纳基本养老保险费用和基本医疗保险费。即非全日制用工既可以订立口头协议，也可以签订非全日制的劳动合同。对于非全日制用工形式，用工单位必须依法缴纳工伤保险，不缴纳基本养老和基本医疗保险费用，由非全日制用工劳动者本人直接向社会保险费征收机构缴纳社会保险费。

第二，建筑企业和短期（三个月、六个月、不超过一年）用工且不满足非全日制用工的农民工签订劳务协议，协议中必须约定劳务承包范围、验收标准、劳务工作期限、劳务款总价款、每月末结算本月劳务款、接受用工单位的工作监督和指导，提供劳务的一方不受用人单位内部各项规章制度的约束，与用人单位是平等的。由于用工主体与提供劳务人员签订劳务协议而不是劳动合同，两者之间构成劳务关系而不是劳动关系，根据《中华人民共和国社会保险法》的规定，用工主体和劳务人员都不缴纳社保费用。

第三，建筑企业和长期与其合作的农民工签订劳动合同，建筑企业和农民工必须依法缴纳社会保险费用，农民工的社保费用由建筑企业代扣代缴。

2. 建筑企业项目部直接雇用农民工用工形式的财务处理

（1）会计核算。签订三种不同的合同，会计核算不同。

第一，如果建筑企业与农民工签订非全日制用工的劳动合同，则根据《中华人民共和国劳动合同法》的规定，非全日制农民工与建筑企业是劳动关系而不是劳务关系。因此，非全日制农民工的工资在建筑企业的"应付职工薪酬"会计科目中进行成本核算。核算依据是项目的农民工考勤记录表、农民工工资表清单。农民工工资以现金的形式进行发放。在会计核算凭证后面附上有关主管负责人签字的"农民工考勤记录""农民工工资表清单"和领取工资的农民工本人签字的身份证复印件。

第二，如果建筑企业与短期（三个月、六个月、不超过一年）用工且不满足非全日制用工的农民工签订劳务协议，则建筑企业与农民工约定的劳务报酬（按天、小时、工作量计算后的劳务报酬）必须保证每月在 20000 元以下。建筑企业财务部每月给农民工发劳务报酬时，在会计核算上，应在"工程施工——劳务费用"科目核算，而不在"应付职工薪酬——职工工资"科目核算。在会计核算凭证的后面附上有关主管负责人签字的"劳务款结算单""劳务款支付凭证"和领取劳务款劳务人员的身份证复印件。

第三，如果建筑企业与长期合作的农民工签订劳动合同，则建筑企业与农民工构成雇佣与被雇佣的劳动关系，农民工的工资在建筑企业的"应付职工薪酬——农民工工资"会计科目中进行成本核算。核算依据是项目部的农民工考勤记录表、农民工工资表清单。

（2）具体的农民工管理的内控流程。在建筑企业与长期合作的农民工签订劳动合同的情况下，建筑企业必须按照以下流程加强对农民工的管理：

第一，施工企业必须在工程项目部配备一名劳资专管员，加强农民工的进场、出场管理，编制农民工考勤记录表。

第二，建筑企业财务部必须给每一位农民工在当地银行开办银行工资卡并将工资卡发放到农民工手中。

第三，劳资专管员必须收集每一位农民工的身份证复印件，并要求农民工本人务必在其身份证复印件上签字确认。

第四，施工企业财务部每个月要编制农民工工资支付清单或工作表，要求农民工在工资清单上签字并按手印，作为成本核算的依据。

第五，施工企业财务部每个月要审核工资支付清单，并与劳资专管员提交回来的工时考勤记录表、劳务公司与农民工签订的劳务合同名单核对无误后依法将工资打入农民工本人工资卡。

3. 建筑企业项目部直接雇用农民工的用工形式的税务处理

建筑企业项目部直接雇用农民工的用工形式税务处理要从以下三方面进行：

第一，建筑企业与农民工签订非全日制用工合同的农民工工资的税务处理。根据《国家税务总局关于企业所得税应纳税所得额若干税务处理问题的公告》（国家税务总局公告2012年第15号）第一条的规定，**企业因雇用季节工、临时工、实习生、返聘离退休人员所实际发生的费用，应区分为工资薪金支出和职工福利费支出，并按《企业所得税法》规定在企业所得税前扣**

除。其中属于工资薪金支出的，准予计入企业工资薪金总额的基数，作为计算其他各项相关费用扣除的依据。因此，建筑企业与农民工签订非全日制用工合同的用工形式，则非全日制用工的"农民工"为建筑公司员工，建筑企业支付给非全日制农民工的工资薪金列支成本费用，在建筑企业的企业所得税前扣除。同时，建筑企业按照新修订的《中华人民共和国个人所得税法》（中华人民共和国主席令第9号）的"综合所得"规定代扣代缴个人所得税，即每月减去5000元扣除费用预代扣代缴个人所得。

第二，建筑企业与短期（三个月、六个月、不超过一年）用工且不满足非全日制用工的农民工签订劳务协议的税务处理。《中华人民共和国企业所得税法》和《中华人民共和国个人所得税法》（中华人民共和国主席令第9号）规定，建筑企业与短期（三个月、六个月、不超过一年）用工且不满足非全日制用工的农民工签订劳务协议的情况下，建筑企业支付给农民工的劳务报酬（按天、小时、工作量计算后的劳务报酬）必须保证每月在20000元以下。农民工个人所得税由建筑企业代扣代缴。建筑企业的财务部每月发放农民工劳务款时，必须制作内部付款凭证或劳务款支付凭证，支付凭证上必须载明农民工的姓名、手机号码、身份证号码、劳务款金额、劳务人员本人的签字。并依法履行申报代扣农民工的劳务报酬个人所得税。

第三，建筑企业与长期合作的农民工签订劳动合同的税务处理。建筑企业与长期合作的农民工签订劳动合同的情况下，建筑企业与农民工之间构成雇佣与被雇佣的劳动关系，建筑企业支付给农民工的工资在建筑企业的企业所得税前进行扣除，建筑企业按照新修订的《中华人民共和国个人所得税法》的"综合所得"规定代扣代缴个人所得税，即每月减去5000元扣除费用预代扣代缴个人所得。同时建筑企业和农民工要依法缴纳社保费用，缴纳社保基数是农民工的工资总额。

4. 农民工的个人所得税处理

（1）个人所得税申报缴纳地点：工程作业所在地的地税局。《国家税务总局关于建筑安装业跨省异地工程作业人员个人所得税征收管理问题的公告》（国家税务总局公告2015年第52号）第一条规定："总承包企业、分承包企业派驻跨省异地工程项目的管理人员、技术人员和其他工作人员在异地工作期间的工资、薪金所得个人所得税，由总承包企业、分承包企业依法代扣代缴并向工程作业所在地税务机关申报缴纳。总承包企业和分承包企业通过劳务派遣公司聘用劳务人员跨省异地工作期间的工资、薪金所得个人所得税，由劳务派遣公司依法代扣代缴并向工程作业所在地税务机关申报缴纳。"同时国家税务总局公告 2015 年第 52 号第四条规定："建筑安装业省内异地施工作业人员个人所得税征收管理参照本公告执行。"基于此规定，建筑安装业跨省或省内异地工程作业人员的个人所得税的申报缴纳地点是工程作业所在地的税务局。

（2）个人所得税征收方式的选择：全额全员申报和核定征收方式中任选其一。为了解决重复征税的问题，根据《国家税务总局关于建筑安装业跨省异地工程作业人员个人所得税征收管理问题的公告》（国家税务总局公告 2015 年第 52 号）第二条和第三条的规定，**跨省异地施工单位应就其所支付的工程作业人员工资、薪金所得，向工程作业所在地税务机关办理全员全额扣缴明细申报。凡实行全员全额扣缴明细申报的，工程作业所在地税务机关不得核定征收个人所得税。总承包企业、分承包企业和劳务派遣公司机构所在地税务机关需要掌握异地工程作业人员工资、薪金所得个人所得税缴纳情况的，工程作业所在地税务机关应及时提供。总承包企业、分承包企业和劳务派遣公司机构所在地税务机关不得对异地工程作业人员已纳税工资、薪金所得重复征税。两地税务机关应加强沟通协调，切实维护纳税人权益。**

（3）各省跨省或省内异地工程作业人员的个人所得税征收政策规定。综合各省的税收政策，对于异地施工的建筑企业项目部作业人员的个人所得税处理的政策总结如下：

第一，项目部的管理人员、技术人员和其他作业人员的个人所得税由总承包企业、分承包企业依法代扣代缴并向工程作业所在地税务机关申报缴纳。

第二，跨省异地施工单位应就其所支付的工程作业人员工资、薪金所得，向工程作业所在地税务机关办理全员全额扣缴明细申报。

第三，施工企业承揽工程项目有以下情形之一：企业未依照国家有关规定设置账簿的；企业虽设置账簿，但账目混乱或者成本资料、收入凭证、费用凭证残缺不全，难以查账的；企业未按照规定的期限办理扣缴纳税申报（全员全额明细申报），经地方税务机关责令限期申报，逾期仍不申报的。则工程作业所在地的主管地税机关实行核定征收个人所得税，具体征收比例各省规定不一（例如，江西省规定按照项目经营收入的1%预征个人所得税；广东省按工程造价的4‰核定征收；江苏省按照工程价款的4‰核定征收）。

第四，在项目施工所在地的税务局对施工企业实行核定征收个人所得税的情况下，建筑企业不再向建筑企业注册地的税务主管部门对施工企业的作业人员进行全额全员申报个人所得税。

第五，各省对施工企业项目的作业人员按照工程造价或经营收入的一定比例核定征收个人所得税后，建筑企业或劳务公司对农民工工资成本直接按照实际支付给农民工本人的月工资金额制作工资支付清单表，作为成本核算凭证。

（三）建筑企业与劳务派遣公司签订劳务派遣合同，农民工为劳务派遣人员用工形式的法务、财务和税务处理

1. 农民工的法务处理

在建筑企业与劳务派遣公司签订劳务派遣合同的情况下，在劳动法律关系上，根据《劳务派遣暂行规定》和《中华人民共和国劳动法》的相关规定，农民工与劳务派遣公司构成雇佣和被雇佣的劳动关系，与建筑企业没有构成雇佣和被雇佣的法律关系。

《中华人民共和国劳动合同法》（中华人民共和国主席令第73号）第六十三条规定：被派遣劳动者享有与用工单位的劳动者同工同酬的权利。用工单位应当按照同工同酬原则，对被派遣劳动者与本单位同类岗位的劳动者实行相同的劳动报酬分配办法。用工单位无同类岗位劳动者的，参照用工单位所在地相同或者相近岗位劳动者的劳动报酬确定。基于此规定，劳务派遣工享有社会保险待遇，建筑企业必须承担被派遣农民工的工资、福利和社会保险费用。建筑企业必须将承担被派遣农民工的工资、福利和社会保险费用支付给劳务派遣公司，由劳务派遣公司为农民工缴纳社会保险费用。

但是建筑企业通过劳务派遣形式使用农民工具有一定的法律风险：采用

劳务派遣多处受限。

（1）按照劳动合同法规定，使用的被派遣劳动者数量不得超过企业用工总量的10%。《劳务派遣暂行规定》（人力资源和社会保障部令第22号）第四条规定："用工单位应当严格控制劳务派遣用工数量，使用的被派遣劳动者数量不得超过其用工总量的10%。"前款所称用工总量是指用工单位订立劳动合同人数与使用的被派遣劳动者人数之和。计算劳务派遣用工比例的用工单位是指依照《劳动合同法》和《劳动合同法实施条例》可以与劳动者订立劳动合同的用人单位。

（2）依照《劳动合同法》的规定，劳务派遣员工只能在"临时性、辅助性、替代性"岗位任职。根据《劳务派遣暂行规定》（人力资源和社会保障部令第22号）第三条和《中华人民共和国劳动合同法》（中华人民共和国主席令第73号）第六十六条的规定，用工单位只能在临时性、辅助性或者替代性的工作岗位上使用被派遣劳动者（只有"三性"岗位才能使用劳务派遣工）。前款规定的临时性工作岗位是指存续时间不超过6个月的岗位；辅助性工作岗位是指为主营业务岗位提供服务的非主营业务岗位；替代性工作岗位是指用工单位的劳动者因脱产学习、休假等原因无法工作的一定期间内，可以由其他劳动者替代工作的岗位。

因此，建筑企业只有在满足以下条件的情况下，才能使用劳务派遣工：第一，使用的被派遣劳动者数量不得超过建筑企业用工总量的10%；第二，使用被派遣劳动者工作存续时间不超过6个月。

2. 农民工成本的财务处理

（1）劳务派遣合同用工费用的两种签订方式。《国家税务总局关于企业工资薪金和职工福利费等支出税前扣除问题的公告》（国家税务总局公告2015年第34号）第三条规定："企业接受外部劳务派遣用工所实际发生的费用，应分两种情况按规定在税前扣除：按照协议（合同）约定直接支付给劳务派遣公司的费用，应作为劳务费支出；直接支付给员工个人的费用，应作为工资薪金支出和职工福利费支出。其中属于工资薪金支出的费用，准予计入企业工资薪金总额的基数，作为计算其他各项相关费用扣除的依据。"基于此规定，劳务派遣合同中的用工费用有两种不同的合同约定，或者更准确地说，关于用工费用的合同约定劳务派遣合同有以下两种不同的签订技巧：

其一，在劳务派遣合同中只约定给劳务派遣公司总的劳务派遣费费用（包括劳务派遣公司支付给被派遣者的工资、福利和社保费用）。

其二，在劳务派遣合同中分别约定用工单位支付劳务派遣公司的劳务派遣费用，被派遣劳动者的工资、福利和社保费用。

（2）财务核算。《企业会计准则第 9 号——职工薪酬》（财会〔2014〕8 号）第三条规定：职工，是指与企业订立劳动合同的所有人员，含全职、兼职和临时职工，也包括虽未与企业订立劳动合同但由企业正式任命的人员。未与企业订立劳动合同或未由其正式任命，但向企业所提供服务与职工所提供服务类似的人员，也属于职工的范畴，包括通过企业与劳务中介公司签订用工合同而向企业提供服务的人员。

基于《企业会计准则第 9 号——职工薪酬》（财会〔2014〕8 号）第三条和《国家税务总局关于企业工资薪金和职工福利费等支出税前扣除问题的公告》（国家税务总局公告 2015 年第 34 号）第三条的规定，与劳务派遣公司签订劳务派遣合同，农民工为劳务派遣人员用工形式的会计核算如下：

第一，如果建筑企业与劳务派遣公司签订的劳务派遣合同中只约定给劳务派遣公司总的劳务派遣费用（包括劳务派遣公司支付给被派遣者的工资、福利和社保费用），则建筑企业直接支付给劳务派遣公司总的费用（不含劳务派遣公司收取劳务派遣费用中的增值税进项税额）在"管理费用——劳务费"会计科目核算，劳务派遣公司收取劳务派遣费用中的增值税进项税额在"应交税费——应交增值税（销项税额）"科目核算。

第二，如果建筑企业与劳务派遣公司签订的劳务派遣合同在劳务派遣合同中约定，建筑企业只支付劳务派遣公司的劳务派遣费用，农民工的工资、福利和社保费用直接由建筑企业进行支付，则建筑企业直接支付给农民工的工资、福利和社保费用在"应付职工薪酬——工资"会计科目核算，支付给劳务派遣公司的劳务派遣费用在"管理费用——劳务派遣费用"科目核算。

3. 农民工成本的税务处理

（1）企业所得税的处理。《国家税务总局关于企业工资薪金和职工福利费等支出税前扣除问题的公告》（国家税务总局公告2015年第34号）第三条规定："企业接受外部劳务派遣用工所实际发生的费用，应分两种情况按规定在税前扣除：**按照协议（合同）约定直接支付给劳务派遣公司的费用，应作为劳务费支出；直接支付给员工个人的费用，应作为工资薪金支出和职工福利费支出。其中属于工资薪金支出的费用，准予计入企业工资薪金总额的基数，作为计算其他各项相关费用扣除的依据。**"注意该条中的"各项相关费用"是指工会经费、教育经费和职工福利费用。"直接支付给员工个人的费用"是指用人单位将工资、社会保险和福利费用直接支付给农民工，而不是支付给劳务派遣公司，由劳务派遣公司支付给农民工。

（2）增值税的处理。根据《财政部、国家税务总局关于进一步明确全面推开营改增试点有关劳务派遣服务、收费公路通行费抵扣等政策的通知》（财税〔2016〕47号）第一条的规定，劳务派遣公司的增值税处理可以分两种情况：

其一，劳务派遣公司可以选择一般计税方法计算缴纳增值税，即一般纳税人的劳务派遣公司从用人单位取得的全部价款和价外费用用销售额÷（1+6%）×6%计算增值税销项税。

其二，可以选择差额纳税，一般纳税人或小规模纳税人的劳务派遣公司以取得的全部价款和价外费用，扣除代用工单位支付给劳务派遣员工的工资、福利和为其办理社会保险及住房公积金后的余额为销售额，按照简易计税方法依5%的征收率计算缴纳增值税。

（3）劳务派遣业务的发票开具方法。《国家税务总局关于全面推开营业税改征增值税试点有关税收征收管理事项的公告》（国家税务总局公告2016年第23号）第四条第（二）项规定："**按照现行政策规定适用差额征税办法缴纳增值税，且不得全额开具增值税发票的（财政部、国家税务总局另有规定的除外），纳税人自行开具或者税务机关代开增值税发票时，通过新系统中差额征税开票功能，录入含税销售额（或含税评估额）和扣除额，系统自动计算税额和不含税金额，备注栏自动打印'差额征税'字样，发票开具不应与其他应税行为混开。**"同时根据《财政部、国家税务总局关于进一步明确全面推开营改增试点有关劳务派遣服务、收费公路通行费抵扣等政策的通知》（财税〔2016〕47号）的规定，选择差额纳税的纳税人，向用工单位收取用于支付给劳务派遣员工工资、福利和为其办理社会保险及住房公积金的费用，不得开具增值税专用发票，可以开具普通发票。基于此规定，劳务派遣公司的发票开具方法如下：

第一，一般纳税人选择简易计税方法差额征税的两种发票开具方法。

方法一：通过增值税发票管理新系统中正常开票功能，以取得的全部价款和价外费用，扣除代用工单位支付给劳务派遣员工的工资、福利和为其办理社会保险及住房公积金后的余额依5%的征收率开具增值税专用发票；代用工单位支付给劳务派遣员工的工资、福利和为其办理社会保险及住房公积金依5%的征收率开具增值税普通发票。

方法二：通过新系统中差额征税开票功能，录入含税销售额（取得的全部价款和价外费用）和扣除额（代用工单位支付给劳务派遣员工的工资、福利和为其办理社会保险及住房公积金），系统自动计算税额和不含税金额，备注栏自动打印"差额征税"字样，发票开具不应与其他应税行为混开。

第二，一般纳税人选择一般计税方法征税的发票开具方法。

通过增值税发票管理新系统中正常开票功能，以取得的全部价款和价外费用依6%的税率全额开具增值税专用发票。

基于以上税收政策规定，建筑企业的增值税处理分两种情况：

其一，如果劳务派遣公司选择一般计税方法计算缴纳增值税，则建筑企业凭劳务派遣公司开的增值税专用发票抵扣6%的增值税进项税额。

其二，如果劳务派遣公司选择差额纳税计算缴纳增值税，则建筑企业凭劳务派遣公司通过新系统中差额征税开票功能，开具备注栏自动打印"差额征税"字样的增值税发票，抵扣劳务派遣费用中的5%的增值税进项税额。

某劳务派遣合同中不同用工费用条款约定的财税处理

一、案情介绍

甲企业与某劳务派遣公司签订两份劳务派遣协议，协议都要求劳务派遣公司给甲企业派遣劳动者，甲企业给劳务派遣公司支付劳务派遣费用和被派遣者的工资、社会保险费用。其中第一份劳务派遣协议用工费用约定：甲企业支付劳务派遣公司总费用200万元（其中含劳务派遣公司支付给被派遣劳动者工资100万元，支付给被派遣者社会保险费用50万元）；第二份劳务派遣协议中约定：甲企业直接支付劳务派遣公司劳务派遣费用50万元，直接支付被派遣劳动者工资100万元，直接支付被派遣者社会保险费用50万元。基于该两份劳务派遣协议中用工费用的约定，甲企业的账务和税务处理为何（假设劳务派遣公司选择差额纳税计算增值税）？

二、财税分析

根据《财政部、国家税务总局关于进一步明确全面推开营业税改征增值税试点的通知》（财税〔2016〕47号）第二条的规定，选择差额纳税的纳税人，向用工单位收取用于支付给劳务派遣员工工资、福利和为其办理社会保险及住房公积金的费用，不得开具增值税专用发票，可以开具普通发票。同时，肖太寿博士提出合同控税理论：合同与企业的账务处理相匹配；合同与企业的税务处理相匹配。据此，本案例中的甲企业，基于劳务派遣协议用工费用约定的财税处理分析如下：

（1）劳务派遣协议用工费用的账务处理（单位：元）。

第一份劳务派遣协议中用工费用约定的账务处理如下：

借：管理费用——劳务派遣费用　　　　　　　　　　1976190

　　应交税费——应交增值税（进项税额）

　　　　　　　　　　23810〔500000÷（1+5%）×5%〕

　　　贷：银行存款　　　　　　　　　　　　　　　2000000

第二份劳务派遣协议中用工费用的账务处理如下：

借：管理费用——劳务派遣费用　　　　　　　　　　476190

应交税费——应交增值税（进项税额）

23810 ［500000÷（1+5%）×5%］

应付职工薪酬——工资　　　　　　　　　　　1000000

应付职工薪酬——社会保险费用　　　　　　　　500000

贷：银行存款　　　　　　　　　　　　　　　2000000

其中劳务派遣公司向用人单位甲开具 500000 元的增值税专用发票和 1500000 元的增值税普通发票。

（2）劳务派遣协议用工费用的税务处理。

第一份劳务派遣协议中 200 万元劳务派遣费用直接作为"管理费用——劳务费"在甲企业的企业所得税前扣除。

第二份劳务派遣协议中用工费用的税务处理如下：

50 万元劳务派遣费用直接作为"管理费用——劳务费"，在甲企业的企业所得税前扣除；100 万元作为工资费用在甲企业的企业所得税前扣除，同时作为甲企业的工资薪金总额基数，计算工会经费、职工福利费和教育经费在企业所得税前扣除。

（3）农民工作为劳务派遣人员的个人所得税处理。根据《国家税务总局关于建筑安装业跨省异地工程作业人员个人所得税征收管理问题的公告》（国家税务总局公告 2015 年第 52 号）的规定，**总承包企业和分承包企业通过劳务派遣公司聘用劳务人员跨省异地工作期间的工资、薪金所得个人所得税，由劳务派遣公司依法代扣代缴并向工程作业所在地税务机关申报缴纳。**

（四）建筑企业与个人包工头签订建筑劳务承包经营合同，农民工为个人包工头队伍的用工形式的法务、财务和税务处理

1. 建筑企业与个人包工头签订建筑劳务承包经营合同的法务处理

（1）建筑企业将建筑劳务承包给包工头的合法性分析。

《财政部、国家税务总局关于全面推开营业税改征增值税试点的通知》（财税〔2016〕36 号）附件 2《营业税改征增值税试点有关事项的规定》第一条第（七）项"建筑服务"第一款规定：**以清包工方式提供建筑服务，是指施工方不采购建筑工程所需的材料或只采购辅助材料，并收取人工费、**

管理费或者其他费用的建筑服务。基于此条规定，清包工包括两种方式：一是分包人不采购建筑工程所需的材料（含主材和辅料），只采购全部人工费用；二是分包人只采购筑工程所需的辅料和全部人工费用。《建筑工程施工转包违法分包等违法行为认定查处管理办法（试行）》（建市〔2014〕118号）第九条第（五）项规定："**专业分包人将其承包的专业工程中非劳务作业部分再分包的，为违法分包行为。**"同时，《建筑工程施工转包违法分包等违法行为认定查处管理办法（试行）》（建市〔2014〕118号）第九条第（六）项规定："**劳务分包单位将其承包的劳务再分包是违法分包行为。**"基于此规定，专业分包人（即分包人包工包料）可以将专业工程中的劳务作业部分再进行分包，劳务分包人再进行劳务分包是违法行为。

根据以上税收政策分析，在税收法律视角下，劳务分包合同是纯劳务分包的业务合同，即分包人只包人工费用，不采购建筑工程所需的材料，并收取人工费、管理费或者其他费用的建筑服务。实践中的劳务分包合同的分包主体有两种：一种是自然人，或称为包工头或班组组长；另一种是劳务公司。因此，建筑企业的总包和专业分包人可以将其纯劳务部分再分包给自然人包工头。

（2）总包方或专业分包方直接将劳务作业部分承包给班组负责人（包工头）的经营承包合同的重要约定条款。总包方或专业分包方与班组负责人（包工头）签订劳务内部承包协议。协议中约定以下重要条款：

第一，在"材料供应"条款中约定：所有的建筑工程所需要的材料、动力全部由总包方或专业分包方自行采购。

第二，在"承包方式"条款中约定：班组负责人（包工头）以总包方或专业分包方的名义对外经营，并由总包方或专业分包方承担相关法律责任。

第三，在"经营所得"条款中约定：班组负责人（包工头）向总包方或专业分包方上交一定的管理费用，经营所得归班组负责人（包工头）所有。

2. 农民工成本的财务处理

由于个人包工头与建筑企业签订建筑劳务承包经营合同，如果包工头到税务部门代开发票给建筑企业，则将农民工视为包工头队伍的人员而不是建筑企业的雇佣员工；如果包工头不到工程所在地税务部门代开发票给建筑企业，则农民工和包工头都被视为建筑企业的雇佣员工。农民工成本的财务处理分为两种情况：

（1）如果包工头到工程所在地国税局代开劳务发票，则建筑企业凭包工头在国税局代开的增值税普通发票计算成本，在会计科目"工程施工——劳务成本——人工费用"核算。

（2）如果包工头不到工程所在地国税局代开劳务发票，则建筑企业必须将包工头及其所带的农民工看作建筑企业自身的施工队伍，以农民工的工资表和工时考勤记录表作为成本核算的依据，在"应付职工薪酬——农民工工资"科目核算。

3. 包工头和农民工的个人所得税处理

（1）法律依据。

新修订的《中华人民共和国个人所得税法》（中华人民共和国主席令第9号）第六条第（三）项规定："经营所得，以每一纳税年度的收入总额减除成本、费用以及损失后的余额，为应纳税所得额。"第九条规定："个人所得税以所得人为纳税人，以支付所得的单位或者个人为扣缴义务人。"同时第十二条规定："纳税人取得经营所得，按年计算个人所得税，由纳税人在月度或者季度终了后十五日内向税务机关报送纳税申报表，并预缴税款；在取得所得的次年3月31日前办理汇算清缴。"

（2）个人所得税处理。基于这些税法规定，包工头和农民工的个人所得税处理如下：

第一，如果包工头到工程所在地国税局代开劳务发票，则建筑企业凭包工头在税务局代开的增值税普通发票计算成本，农民工的工资由包工头负责发放，农民工和包工头的个人所得税往往由代开发票的税务部门按照当地的规定，按照开发票金额的一定比例实行核定征收，由包工头承担，依法向工程所在地税务局代扣代缴。

第二，如果包工头不到工程所在地国税局代开劳务发票，则农民工和包工头都是建筑企业的雇佣员工，建筑企业必须依法向工程所在地国税局全员全额申报个人所得税，或者按照当地政府的规定核定征收个人所得税。

八、农民工工资专用账户管理的法务、财务和税务处理

农民工工资专用账户管理，是指在房屋建筑和市政基础设施工程建设过程中，实行人工费（工资款）与其他工程款分账管理，施工总承包企业（包括直接承包建设单位发包工程的专业承包企业）设立农民工工资专用账户（以下简称"工资专用账户"）并为农民工办理实名制工资支付银行卡（以下简称"工资卡"），建设单位（包括项目业主、项目代建管理单位）按照合同约定将应付工程款中的人工费（工资款）拨付至工资专用账户，施工总承包企业委托工资专用账户开户银行（以下简称"开户银行"）直接将农民工工资发放至工资卡的一系列监督管理活动。在这种农民工工资专用账户管理中，涉及如何签订建筑合同、财务核算和税务处理等一系列问题。

（一）实施农民工工资专用账户管理的法律缘由：规避建筑施工企业拖欠农民工工资的法律风险

1. 拖欠建筑劳务农民工工资将被列入黑名单

拖欠建筑劳务农民工工资的施工企业将被列入黑名单，面临降低建筑资质的法律风险。

《国务院办公厅关于促进建筑业持续健康发展的若干意见》（国办发〔2017〕19号）第六条第（十三）项规定："**健全工资支付保障制度，按照谁用工谁负责和总承包负总责的原则，落实企业工资支付责任，依法按月足额发放工人工资。将存在拖欠工资行为的企业列入黑名单，对其采取限制市场准入等惩戒措施，情节严重的降低资质等级。**"《国务院办公厅关于全面治理拖欠农民工工资问题的意见》（国办发〔2016〕1号）第四条第（十）项规定："建立拖欠工资企业'黑名单'制度，定期向社会公开有关信息。"《拖欠农民工工资"黑名单"管理暂行办法》（人社部规〔2017〕16号）第五条规定：用人单位存在下列情形之一的，人力资源社会保障行政部门应当自查处违法行为并作出行政处理或处罚决定之日起20个工作日内，按照管辖权限将其列入拖欠工资"黑名单"：

"（一）克扣、无故拖欠农民工工资报酬，数额达到认定'拒不支付劳动报酬罪'数额标准的。"

"（二）因拖欠农民工工资违法行为引发群体性事件、极端事件造成严重不良社会影响的。"

将劳务违法分包、转包给不具备用工主体资格的组织和个人造成拖欠农民工工资且符合前款规定情形的，应将违法分包、转包单位及不具备用工主体资格的组织和个人一并列入拖欠工资"黑名单"。

基于以上法律规定，建筑施工企业今后发生拖欠民工工资的现象，将被政府管理部门列入黑名单，面临降低建筑资质的风险。

2. 拖欠农民工工资的施工企业将被列为失信企业

拖欠农民工工资的施工企业将被列为失信企业，严重影响施工企业的社会信誉，以后在建筑市场上很难生存发展。《国务院办公厅关于全面治理拖欠农民工工资问题的意见》（国办发〔2016〕1号）第四条第（十）项规定："将查处的企业拖欠工资情况纳入人民银行企业征信系统、工商部门企业信用信息公示系统、住房城乡建设等行业主管部门诚信信息平台或政府公共信用信息服务平台。"同时第四条第（十一）项规定："对拖欠工资的失信企业，由有关部门在政府资金支持、政府采购、招投标、生产许可、履约担保、资质审核、融资贷款、市场准入、评优评先等方面依法依规予以限制，使失信企业在全国范围内'一处违法、处处受限'，提高企业失信违法成本。"《拖欠农民工工资"黑名单"管理暂行办法》（人社部规〔2017〕16号）第八条："人力资源社会保障行政部门应当按照有关规定，将拖欠工资'黑名单'信息纳入当地和全国信用信息共享平台，由相关部门在各自职责范围内依法依规实施联合惩戒，在政府资金支持、政府采购、招投标、生产许可、资质审核、融资贷款、市场准入、税收优惠、评优评先等方面予以限制。"

基于以上规定，拖欠农民工工资的施工企业没有信誉，将被列为失信企业，很难从银行获得贷款，很难在建筑市场上作为参与中标的入选单位。

3. 拖欠民工工资的现象发生，建筑单位和建筑总承包单位承担主要责任

《国务院办公厅关于全面治理拖欠农民工工资问题的意见》（国办发

〔2016〕1号）第二条第（三）项规定："在工程建设领域，施工总承包企业（包括直接承包建设单位发包工程的专业承包企业，下同）对所承包工程项目的农民工工资支付负总责，分包企业（包括承包施工总承包企业发包工程的专业企业，下同）对所招用农民工的工资支付负直接责任，不得以工程款未到位等为由克扣或拖欠农民工工资，不得将合同应收工程款等经营风险转嫁给农民工。"同时，第三条第（九）项规定："在工程建设领域，建设单位或施工总承包企业未按合同约定及时划拨工程款，致使分包企业拖欠农民工工资的，由建设单位或施工总承包企业以未结清的工程款为限先行垫付农民工工资。建设单位或施工总承包企业将工程违法发包、转包或违法分包致使拖欠农民工工资的，由建设单位或施工总承包企业依法承担清偿责任。"基于以上法律政策规定，如果工程建筑领域存在拖欠农民工工资的现象，建筑单位和总承包企业负主要责任。

（二）实施农民工工资专用账户管理的相关法务处理

1. 实行农民工用工实名制管理

《国务院办公厅关于促进建筑业持续健康发展的若干意见》（国办发〔2017〕19号）第六条第（十二）项规定："**建立全国建筑工人管理服务信息平台，开展建筑工人实名制管理，记录建筑工人的身份信息、培训情况、职业技能、从业记录等信息，逐步实现全覆盖。**"《国务院办公厅关于全面治理拖欠农民工工资问题的意见》（国办发〔2016〕1号）第二条第（四）项规定："**施工总承包企业和工程项目部应配备劳资专管员，留存每名农民工身份证、劳动合同书等复印件；健全农民工进退场、考勤计量、工资支付等管理台账，逐步实现信息化实名制管理。**"

2. 建立健全农民工工资（劳务费）专用账户管理制度

根据《国务院办公厅关于全面治理拖欠农民工工资问题的意见》（国办发〔2016〕1号）第三条第（八）项的规定，在工程建设领域，实行人工费用与其他工程款分账管理制度，推动农民工工资与工程材料款等相分离。施工总承包企业应分解工程价款中的人工费用，在工程项目所在地银行开设农民工工资（劳务费）专用账户，专项用于支付农民工工资。建设单位应按照工程承包合同约定的比例或施工总承包企业提供的人工费用数额，将应付工程款中的人工费单独拨付到施工总承包企业开设的农民工工资（劳务费）专用账户。农民工工资（劳务费）专用账户应向人力资源社会保障部门和交通、水利等工程建设项目主管部门备案，并委托开户银行负责日常监管，确保专款专用。开户银行发现账户资金不足、被挪用等情况，应及时向人力资源社会保障部门和交通、水利等工程建设项目主管部门报告。

3. 实行农民工工资由总承包方代发的制度

根据《国务院办公厅关于全面治理拖欠农民工工资问题的意见》（国办发〔2016〕1号）的规定，**在工程建设领域，鼓励实行分包企业农民工工资委托施工总承包企业直接代发的办法。分包企业负责为招用的农民工申办银行个人工资账户并办理实名制工资支付银行卡，按月考核农民工工作量并编制工资支付表，经农民工本人签字确认后，交施工总承包企业委托银行通过其设立的农民工工资（劳务费）专用账户直接将工资划入农民工个人工资账户。**

基于以上政策规定，在政府工程建设领域，必须要求实施农民工工资专用账户管理，建设单位或业主按照工程进度将工程进度款拨入总承包建筑企业在工程所在地设立的农民工工资专用账户，然后由总承包企业委托农民工工资专用账户的开户行代发农民工工资。

（三）农民工工资专用账户管理的财务处理

在农民工工资专用账户管理及银行代发制度下的会计核算将面临一定的难度。下面以一般计税方法计征增值税为例进行具体的财务处理。

1. 建筑总承包方与建设单位或业主之间的会计核算

当建设单位与建筑总承包方结算工程进度款，按照工程进度款的一定比例拨付农民工工资到农民工工资专用账户，并且收到一部分工程进度款时，建筑总承包方的会计核算：

借：银行存款——总承包方基本户

银行存款——农民工工资专用账户

应收账款——建设单位拖欠的部分工程结算进度款（建筑合同中约定拖欠的部分工程款到工程最后验收合格后再进行支付）

  贷：工程结算 ［总承包方与建设单位结算的进度款÷（1+10%）］

    应交税费——待转销项税额 ［建设单位拖欠的部分工程结算进

      度款÷（1+10%）］

    应交税费——应交增值税（销项税额）［总承包方收到的部分

      工程结算进度款（含拨付农民工工资专用账户的

      农民工工资）÷（1+10%）×10%］

  以后工程竣工验收合格后，建设单位支付总承包方拖欠的工程进度款时，建筑总承包方的会计核算：

  借：应交税费——待转销项税额 ［建设单位拖欠的部分工程结算进度

    款÷（1+10%）］

  贷：应交税费——应交增值税（销项税额）

  2. 建筑企业总承包方与建筑劳务公司或建筑专业分包方之间的会计核算

  当建筑总承包方与建筑劳务公司或建筑专业分包方之间结算工程进度款，并按照工程进度款的一定比例通过农民工工资专用账户代发农民工工资，同时支付建筑劳务公司或建筑专业分包方一部分劳务款或工程进度款时，拖欠另一部分劳务款或工程进度款时的会计核算：

  （1）建筑企业总承包方的会计核算（劳务公司和专业分包方都开增值税专用发票）。

  借：工程施工——分包合同成本

    应交税费——应交增值税（待认证抵扣进项税额）［（支付分包方

      部分劳务款或工程进度款+通过农民工工资专户代发

      农民工工资）÷（1+10%）×10%］

  贷：应付账款（建筑分包合同中约定拖欠的部分劳务款或工程进度

    款到工程最后验收合格后再进行支付）

    银行存款——通过农民工工资专用账户代发农民工工资

    银行存款——支付分包方部分劳务款或工程进度款

  当建筑企业总承包方认证抵扣增值税专用发票时的会计核算：

  借：应交税费——应交增值税（进项税额）

  贷：应交税费——应交增值税（待认证抵扣进项税额）［（支付分

包方部分劳务款或工程进度款+通过农民工工资
专用账户代发农民工工资）÷（1+10%）×10%］

（2）劳务公司或建筑专业分包方的会计核算。

借：银行存款——收到总承包方支付的部分劳务款或工程进度款

　　应付账款——通过总包代付农民工工资

　　贷：工程结算［（收到总承包方支付的部分劳务款或工程进度款+
　　　　　通过总包代付农民工工资）÷（1+10%）］

　　　　应交税费——应交增值税（销项税额）［（收到总承包方支付
　　　　　　　的部分劳务款或工程进度款+通过总包代付农民
　　　　　　　工工资）÷（1+10%）×10%］

　　　　应交税费——待转销项税额［总承包方拖欠的部分工程进行款÷
　　　　　　　（1+10%）×10%］

（3）劳务公司或建筑专业分包方与农民工的劳务结算的会计核算。

借：工程施工——分包合同成本（农民工工资）

　　贷：应付账款——通过总包代付农民工工资

（四）农民工工资专用账户管理存在的税务风险

根据《企业所得税税前扣除凭证管理办法》（国家税务总局公告 2018 年第 28 号）第二条的规定，**税前扣除凭证，是指企业在计算企业所得税应纳税所得额时，证明与取得收入有关的、合理的支出实际发生，并据以税前扣除的各类凭证。**

《国家税务总局关于加强增值税征收管理若干问题的通知》（国税发〔1995〕192 号）第一条第（三）项规定：**"纳税人购进货物或应税劳务，支付运输费用，所支付款项的单位，必须与开具抵扣凭证的销货单位、提供劳务的单位一致，才能够申报抵扣进项税额，否则不予抵扣。"**

基于以上税收政策分析，在农民工工资专用账户管理及银行代发制度下的涉税风险主要体现在两方面：

第一，建筑企业总承包方与建设单位或业主之间的合同与发票开具不匹配，票款不一致，不可以抵扣增值税进项税和企业所得税。

第二，建筑企业总承包方与用工主体（专用分包方或劳务公司）之间的合同与发票开具不匹配，票款不一致，不可以抵扣增值税进项税和企业所得税。

（五）农民工工资专用账户管理税务风险的规避策略一：合同控税策略

1. 与建筑单位或业主签订合同

建筑企业总承包方与建筑单位或业主签订总承包合同时，必须在总承包合同中约定以下两条涉税风险规避条款：

（1）在总承包合同中约定"农民工工资支付管理"条款，该条款约定以下内容：

第一，设立工资专用账户。施工总承包企业在项目所在地选择一家银行设立农民工工资专用账户。

第二，办理工资卡。施工总承包企业负责为该项目所用农民工（含分包企业农民工）免费办理工资卡，开通短信通知业务，交由农民工本人保管和使用。

第三，拨付人工费（工资款）及责任。建设单位应按照合同约定及时确认施工总承包企业已完工产值，以不低于当月已完工产值的一定比例，例如25%，作为当月人工费（工资款），单独拨付至施工总承包企业的工资专用账户对应项目中（若人工费数额大于当月已完工产值的一定比例，按实际人工费数额拨付；若人工费数额小于当月已完工产值的一定比例，按当月已完工产值的一定比例拨付）。同时合同约定建设方未按期拨付工程款的违约责任等事宜，承担因未按期拨付人工费（工资款）而导致的工期延误、停工损失等全部责任，不得将未完成审计作为延期工程结算、拖欠工程款的理由。

第四，委托银行代发农民工工资。施工总承包企业委托工资专用账户开户银行直接将农民工工资发放至工资卡。

（2）在总承包合同中约定"发票开具"条款，该条款约定以下内容：建筑总承包方向建设单位或业主开具增值税专用发票时，在发票备注栏打印"含建设单位向农民工工资专用账户拨付农民工工资××××元"，建设单位将银行盖章的拨付至施工总承包企业的农民工工资专用账户对应项目流水单交给建筑总承包方，建筑总承包方将该银行盖章的农民工工资拨付流水单与增值税发票存根联一同装订备查。

2. 与劳务分包企业或专业分包企业签订合同

总承包企业与劳务分包企业或专业分包企业签订分包合同或者专业分包方与劳务公司签订分包合同时，必须在合同中约定以下两条涉税风险规避条款：

（1）总承包企业与劳务分包企业或专业分包企业签订分包合同或者专业分包方与劳务公司签订分包合同时，必须在合同中专门有一条"农民工工资支付条款"。该条款必须明确以下几条：

第一，用工单位（专用分包人和劳务公司）的农民工工资实行建筑总承包方代发制度。

第二，劳务分包企业或专业分包企业负责为招用的农民工在建筑工地所在地建委指定的农民工工资专用账户的开户行申办银行个人工资账户并办理实名制工资支付银行卡，并负责将工资卡发放至农民工本人手中。

第三，劳务分包企业或专业分包企业指定的劳资专管员负责每月考核农民工工作量并编制工资支付表，经农民工本人签字确认后，将"农民工工时考勤表"和"农民工工资表"交劳务分包企业或专业分包企业负责人审核，审核无误并签字后，一式两份，其中一份交施工总承包单位委托银行通过其设立的农民工工资专用账户直接将工资划入农民工个人工资支付银行卡。

（2）在专业分包合同或劳务分包合同中约定"发票开具"条款，该条款约定以下内容：

第一，建筑专业分包企业或劳务公司向建筑总承包方或劳务公司向专业分包企业开具增值税专用发票时，在发票"备注栏"打印"含总包企业通过农民工工资专用账户代付农民工工资××××元"，建筑总承包方将银行盖章的农民工工资发放流水单交给专业分包企业或劳务公司，专业分包企业或劳务公司将该银行盖章的农民工工资发放流水单与增值税发票存根联一同装订备查。

第二，专业分包方向建筑总承包方开具增值税发票或劳务公司向建筑专业分包方开具增值税发票时，必须在发票"备注栏"打印"项目所在地的县市（区）和项目的名称"。

案例分析 21

劳务分包合同规避税务风险签订要点的示范

某建筑公司总承包方与劳务公司签订劳务分包合同 1000 万元，工程所在地和项目名称为江西省宁都县翠微路桥项目。该建筑公司代发劳务公司农民工工资 940 万元，劳务公司给建筑公司开 1000 万元（含增值税）发票，则劳务合同的签订要点如下：

一是在劳务分包合同中"劳务人员工资发放办法"条款中明确注明"建筑企业代发劳务公司农民工工资"。

二是在劳务分包合同中的"发票开具"条款中约定，劳务公司给建筑公司开劳务发票时必须在发票"备注栏"中写明两点：

（1）建筑公司代发劳务公司农民工工资 940 万元。

（2）江西省宁都县翠微路桥项目。

（六）农民工工资专用账户管理税务风险的规避策略二：建立农民工工资涉税管理内控制度

建筑企业和劳务公司必须加强农民工管理，建立农民工工资涉税管理内控制度，具体的管理制度如下：

1. 劳资专管员做实农民工工时考勤记录工作

施工企业必须在工程项目部配备一名劳资专管员（可以是劳工队包工头或工头），加强民工的进场、出场登记管理，每月编制由劳资专管员和民工本人签字的"农民工工时考勤记录表"，记录表一式两份（只存在建筑总承包方与专业分包人或建筑总承包方与劳务公司签订分包合同的情况下），一份给建筑企业总承包方存档备查，另一份给建筑专业分包方或劳务公司作为做账进行会计核算的依据；或一式三份（存在建筑总承包方分包给建筑专业分包方，然后专业分包方分包给劳务公司的情况下），另一份给建筑企业总承包方存档备查，另一份给建筑专业分包方作为做账进行会计核算的依据，还有一份给劳务公司作为做账进行会计核算的依据。

2. 法务部门或合同管理部门每月核对"民工工时考勤记录表"上名单的真实性

建筑企业或劳务公司的法务部门或合同管理部门必须每月依照"劳动合同签订名单名册"上的农民工姓名对劳资专管员递交给法务部门或合同管理部门的"农民工工时考勤记录表"上的农民工姓名进行核对，确保"农民工工时考勤记录表"上名单的真实性。然后法务部门或合同管理部门负责人在审核后的"农民工工时考勤记录表"上的"核对人"栏上签字后，将一份"农民工工时考勤记录表"递交给建筑总承包企业财务部作为代发农民工工资的依据，另一份递交给劳务公司或建筑专业分包方财务部作为做账的依据。具体的表格格式如表2-1所示。

表2-1　____年____月农民工工时考勤登记表

姓名	身份证号码	工作时间（工作量）	所归属班组名称	备注	民工签字
法人代表签字：			合同管理部门负责人签字：		
班组长签字：			财务部负责人签字：		

3. 办理农民工工资卡

施工总承包企业负责在农民工工资专用账户的开户行为该项目所用农民工（含分包企业农民工，下同）免费办理工资卡，开通短信通知业务，交由农民工本人保管和使用；分包企业（包括承接施工总承包企业发包工程的专业企业、劳务企业，下同）应及时将所用农民工花名册报施工总承包企业。施工总承包企业负责农民工工资卡的补办、变更等事宜。

4. 收集每一位农民工本人签字的身份证复印件

劳资专管员必须收集每一位农民工的身份证复印件，并要求农民工本人务必在其身份证复印件上签字确认。

5. 编制每月农民工工资表

施工企业和劳务公司的班组长或劳资专管员根据"农民工工时考勤记录表"编制每月"农民工工资表",要求农民工本人在工资清单上签字并按手印,一式两份,一份给施工企业总承包企业作为代发工资的依据,另一份给建筑专业分包方或劳务公司作为成本核算依据。

6. 财务部每月核对"农民工工资表"上名单的真实性

建筑企业或劳务公司的财务部必须每月依照审核签字无误后的"农民工工时考勤记录表",将"农民工工时考勤记录表"上的农民工姓名、工作时间或工作量与"农民工工资表"进行核对,确保"农民工工资表"上的农民工姓名、工作时间或工作量的真实性。然后财务部负责人在审核后的"农民工工资表"的"核对人"栏上签字,交给财务部负责人签字后,财务部留一份作为代发农民工工资的依据,另一份递交给劳务公司财务部作为做账的依据。具体的表格格式如表 2-2 所示。

表 2-2　农民工工资支付表（　　年　　月）

项目名称：　　　　填表单位（盖章）：　　　填报人：　　　联系电话：　　　填报日期：

序号	姓名	身份证号码	工种	工资结算起止时间	月工资（元）	实发工资（元）	工资卡开户银行	工资卡卡号	联系电话	农民工签字	备注

班组长签字：　　　　　　　项目经理签字：　　　　　　　财务部核对人签字：

财务部负责人签字：　　　　法人代表签字：

7. 在项目部公示工资表

用工主体（包括直接使用农民工的施工总承包企业和分包企业）按月考核农民工完成工作量编制"农民工工资支付表",经由农民工本人签字确认后交施工总承包企业在建筑工地醒目位置予以公示,公示期不得少于 5 日。

农民工工资发放公示表如图2-1和表2-3所示。

农民工工资发放公示表

_____项目_____标段工友们：

　　我公司将于近日通过银行汇款方式发放你们在本项目自____年____月____日至____年____月____日结算的劳务工资款。

　　本次发放工资名单如下，如对工资核算存有异议，请及时向本公司项目部投诉反映。

　　××（建设单位）劳资监督员姓名：　　　　　　　联系电话：

　　××（施工总承包企业）劳资管理员姓名：　　　　联系电话：

　　××（用工主体/分包企业）劳资管理员姓名：　　联系电话：

图 2-1　农民工工资发放公示表

表 2-3　工资名单

序号	工种	工人姓名	本次工资核算截止日期	备注
1				
2				
3				
4				
5				
6				
7				

注：1. 在本名单中如有不属于本班组工人的，请工友向项目部投诉，避免有人冒领工资。

　　2. 本名单需加盖用工主体单位公章。

　　用工主体为分包企业的，由分包企业向施工总承包企业出具农民工工资代发委托书，委托书样式如图2-2所示。

农民工工资代发委托书

（参考文本）

甲方：（施工总承包企业）

乙方：（分包企业）

_____项目农民工工资，根据《中华人民共和国合同法》和《重庆市人民政府办公厅关于全面治理拖欠农民工工资问题的实施意见》《关于建筑领域实施农民工工资专用账户管理及银行代发制度的通知》等相关要求，经双方友好协商，现就农民工工资委托支付事宜协议如下：

一、甲方承诺按合同约定，按月足额发放农民工工资。不得以工程款被拖欠为由拒付农民工工资。

二、乙方委托甲方代发农民工工资，承诺每月按时将施工班组签字和农民工本人签字确认的农民工工资表报送甲方，并对其真实性负责。

三、农民工工资应按月支付，支付的工资作为甲方拨付工程进度款的依据，并从中扣除。

四、农民工工资发放及考勤。

1.乙方对所用农民工进退场登记，甲方应该为乙方登记提供方便，并实施有效监督。

2.甲方委派_____为劳资管理员，乙方委派_____为劳资管理员，负责农民工进出场登记、用工考勤及计量、工资编制、审核、上报、发放等工作。

五、违约责任。

施工期间，若发生农民工工资拖欠问题，按下列方式处理：

1.甲方按规定落实对农民工工资负责总，无条件支付和解决所欠农民工工资，并承担相应的违约责任。

2.乙方伪造出勤信息、提供虚假身份信息套取工资、高估冒算超出费用，甲方向乙方追偿，并从剩余劳务工程款中直接扣除。

3.任何一方未履行承诺，对方有权追究其法律责任。本协议一式两份，甲乙双方各执一份，双方签字盖章后生效。

甲　　方：（盖章）　　　　　　　　乙　　方：（盖章）

法定代表：（签字）　　　　　　　　法定代表：（签字）

　　年　月　日　　　　　　　　　　　年　月　日

（注：本协议为参考文本，在此基础上，协议双方可根据项目的具体要求进行补充）

图2-2　农民工工资代发委托书

8. 建筑总承包企业出纳凭审核的"三张表"支付农民工工资

建筑总承包企业财务部出纳凭每个月审核后的"农民工工时考勤记录表""农民工工资表""劳动合同签订名单名册"，依法将工资打入农民工本人工资卡。

3

建筑房地产企业税收安全策略二：
巧签合同促节税

经济合同是调整民事平等主体之间权利和义务的重要法律凭证，也是企业管理层用来管理企业税务事项的重要工具。许多企业决策层和管理层在开展企业税务管理时，经常忽略经济合同在控制和降低企业税负，提升企业税收安全中的重要作用，甚至错误地认为，经济合同是法律部门或合同管理部门的事情，与财务部门没有任何关系，或者认为经济合同与企业的税收没有任何关系。其实，在企业税务管理实践中，经济合同的正确签订，或者说，经济合同的巧妙签订与一个企业的税负有千丝万缕的关系。因为，经济合同决定了企业的业务流程，而业务流程决定了企业的税收。在税收节约实践当中，经济合同与企业的账务处理相匹配，经济合同与企业的税务处理相匹配，经济合同与企业的发票开具相匹配。所以，企业家们一定要记住：企业的税收不是企业财务做账做出来的，而是企业做业务做出来的；降低企业税负的关键环节是合同的签订。因此，无论是合同管理部门、法律部门还是财务部门，重要的一点是，企业的高管层必须重视合同控税的相关原理和一些策略方法，在签订合同前，应该进行企业的涉税分析，保证合同签订后所决定的业务能够使企业真正降低税负，即事前进行企业税收筹划的重要工具是经济合同。

本章主要介绍两部分内容：一是建筑房地产企业节税的关键性合同条款剖析。这部分内容主要分析合同中的"合同价"条款、"材料与设备供应"条款、"工程结算和支付"条款和"发票开具"条款与企业的涉税处理的关系以及节税的巧妙签订合同方法。二是重点介绍并通过案例分析了建筑房地产企业节税的十种合同的签订要点。

第一节　建筑房地产企业节税的关键性合同条款剖析

笔者通过大量案例分析发现：建筑房地产企业在签订合同时，合同中的"签约合同价与合同价格形式或合同价格"条款、"材料、设备供应"条款、"工程结算和工程款支付"条款和"发票开具"条款与建筑房地产企业的税收缴纳有着重要的关系。建筑企业与房地产企业在签订合同时，务必要注意以上四方面的关键性涉税条款的措辞表达。具体分析如下：

一、合同中"合同价格"条款的涉税分析

"价格条款"是所有经济合同中的关键性必备条款。该条款主要涉及企业结算款，而企业结算款的金额决定了企业未来开具的发票金额和缴纳的印花税数额，也是企业未来交易成功确认收入的依据，最终决定了企业未来应申报缴纳的增值税销项税额。该条款与税收的关系很密切，具体分析如下：

（一）合同中的价格条款的签订决定了企业交多少印花税

在签订合同的实践中，"合同总价款"在经济合同中的"价格条款"往往体现为两种签订方法：一种是在经济合同中的"价格条款"中以包含增值税金额的合同总价款形式记载于合同中；另一种是在经济合同中的"价格条款"中分别以不含增值税金额的合同价与增值税金额记载于合同中。这两种合同签订方法应缴纳的印花税是一样的。前者在缴纳印花税时的计税依据是含增值税金额的合同总价格，即增值税金额要缴纳印花税；后者在缴纳印花税时的计税依据是不含增值税的合同金额。因此，第二种合同签订方法比第一种合同签订方法节约印花税。

1. 相关税收政策依据

《中华人民共和国印花税暂行条例施行细则》（财税〔9882〕155 号）第十八条规定：**"按金额比例贴花的应税凭证，未标明金额的，应按照凭证所载数量及国家牌价计算金额；没有国家牌价的，按市场价格计算金额，然后按规定税率计算应纳税额。"** 根据《中华人民共和国印花税暂行条例》的规定，印花税的计税依据是合同金额，由于增值税是价外税，即价格本身不含增值税，因此，计算印花税的依据本身是不含增值税的。

国家税务总局 2016 年 4 月 25 日视频会议有关政策口径解读明确：按照印花税条例规定，依据合同所载金额确定计税依据。合同中所载金额和增值税分开注明的，按不含增值税的合同金额确定计税依据，未分开注明的，以合同所载金额为计税依据。

有一些地方税务局对印花税的计税依据通过文件的形式明确规定时不含增值税。例如，《上海市税务局关于实施新的〈增值税暂行条例〉后购销合

同、加工承揽合同征印花价问题的通知》（沪税地〔1993〕103 号）第一条规定，对购销合同的贴花，均以合同记载的销售额（购入额）不包括记载的增值税额的金额计税贴花。《湖北省地方税务局关于明确财产行为税若干具体政策问题的通知》（鄂地税发〔2010〕176 号）：如果购销合同中既有不含税金额又有增值税金额，且分别记载的，以不含税金额作为印花税的计税依据；如果购销合同所载金额中包含增值税金额，但未分别记载的，以合同所载金额（即含税金额）作为印花税的计税依据。《辽宁省地方税务局关于印花税若干具体问题的通知》（辽地税行〔1997〕321 号）：凡是能够将价款、税金划分清楚的，按扣除增值税后的余额贴花；划分不清的，按全部合同金额贴花。《天津市地方税务局关于订货合同所载金额如何缴纳印花税问题的通知》（税三〔1994〕15 号）规定，凡是签订的订货合同，分别填写价款、税款的，仅就价款数额计税贴花。

2. 分析结论

根据以上国家层面和地方税务执法层面的税收政策来看，如果在一份合同中的合同金额记载的是含增值税的合同金额，则印花税的计税依据为含增值税金额的合同额；如果在一份合同中分别记载不含增值税的合同金额、增值税金额，则以不含增值税金额的合同额作为印花税的计税依据。因此，为了节约印花税，在签订合同时，务必在经济合同中的"价格条款"中分别以不含增值税金额的合同价与增值税金额记载于合同中。

（二）"合同价款"既含有货物或设备价款又含有服务价款

在建筑领域包工包料合同中，既涉及货物或设备又涉及服务的混合销售或兼营行为，在涉税处理时适用的税率不同，而且签订的合同也有区别。

1. 材料或设备外购

建筑企业包工包料中的材料或设备是外购的，并提供建筑服务或安装服务的两种合同签订方法。如果建筑企业包工包料中的材料或设备是外购的，并且提供建筑服务或安装服务，在这种情况下，一般有两种签订方法：一种方法是在一份合同中分别写明货物或设备价款与建筑服务或安装服务价款；另一种是在一份合同中的"合同价款"条款中将货物或设备价款和建筑服务或安装服务价款加起来写在合同中。这两种合同签订方法中，企业缴纳的税收完全是不同的：第一种合同签订方法可以少缴纳税收，第二种合同签订方法要多缴纳税收。

2. 设备自产并提供服务

建筑企业包工包料中的材料或设备是自产的，并提供建筑服务或安装服务的两种合同签订方法。如果建筑企业包工包料中的材料或设备是自产的，并且提供建筑服务或安装服务，在这种情况下，一般有两种签订方法：一种是签一份合同，在合同中的"合同价款"条款中分别注明货物或设备价款与建筑服务或安装服务价款；另一种方法是签订两份合同，分别是货物或设备销售合同与建筑服务或安装服务合同。

案例分析22

某铝合金门窗生产安装企业销售安装合同中的涉税风险

一、案情介绍

甲公司是一家具有生产销售和安装资质的铝合金门窗企业，甲公司销售门窗铝合金给乙公司，货物金额为2320000元，安装金额为550000元。为了降低税负，甲公司如何签订合同？有两种合同签订方式：一是甲公司与乙公司签订一份销售安装合同，货物金额为2320000元，安装金额为550000元。二是甲公司与乙公司签订两份合同：一份是销售合同，金额为2320000元；另一份是安装合同，金额为550000元。以上金额均含增值税，均通过银行收取，假设不考虑增值税进项税金的抵扣，请分析甲公司应选择哪一种合同签订方式使其税负最低。

二、涉税分析

1. 第一种合同签订方式的税收成本分析

《国家税务总局关于进一步明确营改增有关征管问题的公告》（国家税务总局公告2017年第11号）第一条给予了明确规定："纳税人销售活动板房、机器设备、钢结构件等自产货物的同时提供建筑、安装服务，不属于《营业税改征增值税试点实施办法》第四十条规定的混合销售，应分别核算货物和建筑服务的销售额，分别适用不同的税率或者征收率。"

基于此规定，甲公司应分别核算销售收入和安装收入，会计分录如下

（单位：元）：

借：银行存款　　　　　　　　　　　　　　　　　　　2320000

　　贷：主营业务收入——铝门窗销售　　　　　　　　　2000000

　　　　应交税费——应交增值税（销项税额）　　　　　　320000

借：银行存款　　　　　　　　　　　　　　　　　　　550000

　　贷：主营业务收入——铝门窗安装　　　　　　　　　500000

　　　　应交税费——应交增值税（销项税额）　　　　　　50000

则甲公司应缴纳增值税为 2320000÷（1+16%）×16%+550000÷（1+10%）×10%＝320000+50000＝370000（元）。

2. 第二种合同签订方式的税收成本分析

本案例第二种合同签订方式中的甲公司分别签订销售合同和安装合同，由于第二份合同是纯安装劳务合同，可以选择简易计税计征增值税，选择3%的税率缴纳增值税。会计上分开核算，甲公司的会计分录如下（单位：元）：

借：银行存款　　　　　　　　　　　　　　　　　　　2320000

　　贷：主营业务收入——铝门窗销售　　　　　　　　　2000000

　　　　应交税费——应交增值税（销项税额）　　　　　　320000

借：银行存款　　　　　　　　　　　　　　　　　　　550000

　　贷：主营业务收入——铝门窗安装　　　　　　　　　38981

　　　　应交税费——应交增值税（销项税额）

　　　　　　　　　　　　　　　　16019 ［550000÷（1+3%）×3%］

基于以上会计核算，甲公司应缴纳的增值税为 320000 +16019 = 336019（元），比第一份合同节约缴纳增值税 370000- 336019 =33981（元）。

二、合同中"设备或材料供应"条款的涉税分析

对于建筑企业而言，建筑企业与发包方在签订建筑施工合同时，务必要关注合同中的"设备或材料供应"条款。该条款涉及建筑企业与发包方签订的合同是否为"甲供材合同""清包工合同"和"包工包料合同"。依据

《财政部、国家税务总局关于全面推开营业税改征增值税试点的通知》（财税〔2016〕36号）的规定，签订"包工包料合同"的建筑施工企业必须选择一般计税方法计征增值税，即施工企业必须按照10%的增值税税率计征增值税，向发包方开具10%的增值税专用（普通）发票；而签订"甲供材合同""清包工合同"的施工企业可以选择一般计税方法计征增值税，也可以选择简易计税方法计征增值税，决定施工企业选择一般计税还是简易计税计征增值税的是与施工企业签订建筑施工合同的发包方。因此，建筑施工企业与发包方在建筑施工合同中的"设备或材料供应"条款中必须载明：建筑项目施工过程中的材料、设备是甲方或发包方提供还是乙方或施工方提供。

（一）合同中约定发包人供应材料与工程设备的涉税分析

第一，建筑企业与非房地产企业（发包方）签订"发包人供应材料与工程设备"建筑施工合同的涉税处理。

如果建筑合同中"材料、设备"条款约定：发包人自行供应承包方施工中所用的材料、工程设备，详见"发包方材料、设备供应清单"。则在发包方同意的情况下，建筑企业可以选择简易计税方法计征增值税，向发包方开具3%的增值税专用（普通）发票；在发包方不同意建筑企业选择简易计税方法计征增值税的情况下，则建筑企业选择一般计税方法计征增值税，向发包方开具10%的增值税专用（普通）发票。

第二，建筑企业与房地产企业（发包方）签订"发包人供应材料与工程设备"建筑施工合同的涉税处理。

如果建筑企业与房地产企业签订"甲供材合同"，建筑企业到底选择一般计税方法计征增值税还是简易计税方法计征增值税，可以从以下两方面来分析：

一方面，若建筑企业与房地产企业签订的"甲供材合同"同时满足以下三个条件：①享受简易计税方法计税的主体：建筑工程总承包单位；②享受简易计税方法计税的建筑服务客体：房屋建筑的地基与基础、主体结构建筑服务；③甲供材的材料对象：房地产企业只限于自购"钢材、混凝土、砌体材料、预制构件"四种材料中的任一种材料。则建筑企业必须选择"简易计税方法计征增值税"，而不能再选择"一般计税方法计征增值税"，建筑企业必须向房地产企业开具3%的增值税专用发票。

另一方面，建筑企业与房地产企业签订了"甲供材合同"，如果在"设备材料供应"条款中明确载明：房地产公司购买"钢材、混凝土、砌体材料、预制构件"四种材料之外的任何材料或辅料，则在房地产企业同意建筑企业选择简易计税方法计征增值税的情况下，建筑企业既可以选择一般计税方法计征增值税，也可以选择简易计税方法计征增值税。当建筑企业选择一般计税方法计征增值税时，需要建筑企业向房地产企业开具10%的增值税专用发票；当建筑企业选择简易计税方法计征增值税时，需要建筑企业向房地产企业开具3%的增值税专用发票。

第三，建筑企业总承包方与建筑企业专业分包方或建筑企业总承包方与劳务公司或建筑企业专业分包方与劳务公司签订"发包方供应材料或工程设备"建筑施工专业分包合同或劳务分包合同的涉税处理。

建筑企业总承包方与建筑企业专业分包方或建筑企业总承包方与劳务公司或建筑企业专业分包方与劳务公司签订"发包方供应材料或工程设备"建筑施工专业分包合同或劳务分包合同中的"设备和材料供应条款"中约定："乙方（分包方）工程施工所用的主要材料和设备由甲方（承包方）购买提供，其他辅料及低值易耗品由乙方（分包方）自己采购。"则该合同是清包工合同或是劳务分包合同。乙方（分包方）向甲方（承包方）开具3%的增值税专用发票（承包方依税法规定可以抵扣增值税进项税额的情况）或3%的增值税普通发票（承包方依税法规定不可以抵扣增值税进项税额的情况）。

第四，业主（发包方）与建筑企业总承包方签订的建筑总承包合同中的"动力价款"条款中约定：建筑总承包方施工中所用的电、水和机油费由业主（发包方）提供，则在业主（发包方）同意建筑企业总承包方选择简易计税计征增值税的情况下，建筑企业总承包方向业主（发包方）开具3%的增值税专用（普通）发票。

（二）承包人采购材料与工程设备

第一，建筑企业总承包方与发包方（业主）签订的建筑施工合同中的"材料与设备供应"条款中约定"**承包人负责采购建筑工程中所需要的全部材料、工程设备和水、电和机油等动力**"，则建筑企业总承包方依据税法的规定，必须选择一般计税方法计征增值税，向业主开具 10% 的增值税专用（普通）发票。

第二，建筑企业总承包方与建筑企业专业分包方签订的专业分包合同中的"材料与设备供应"条款中约定**"乙方（分包方）工程施工所用的材料、设备全部由乙方（分包方）自行采购"**，则乙方（分包方）向甲方（总承包方）开具 10% 的增值税专用发票（总包依税法规定可以抵扣增值税进项税额的情况）或 10% 的增值税普通发票（总包依税法规定不可以抵扣增值税进项税额的情况）。

三、合同中"工程结算和工程款支付"条款的涉税分析

建筑施工合同中的"工程结算和工程款支付"条款涉及施工企业的增值税纳税义务时间的确定、建筑施工企业给发包方开具发票的时间、发包方拖欠施工企业的工程进度款是否要开具发票给发包方等涉税问题。

（一）建筑企业和房地产企业增值税纳税义务时间的政策法律依据

根据《财政部、国家税务总局关于全面推开营业税改征增值税试点的通知》（财税〔2016〕36 号）附件 1《营业税改征增值税试点实施办法》第四十五条和《财政部、税务总局关于建筑服务等营改增试点政策的通知》（财税〔2017〕58 号）第一条的规定，建筑和房地产企业增值税纳税义务发生时间为：

首先，纳税人提供应税服务并收讫销售款项或者取得索取销售款项凭据的当天；先开具发票的，为开具发票的当天。其中收讫销售款项，是指纳税人提供应税服务过程中或者完成后收到款项。取得索取销售款项凭据的当天，是指书面合同确定的付款日期；未签订书面合同或者书面合同未确定付款日期的，为应税服务完成的当天。

其次，纳税人发生《营业税改征增值税试点实施办法》第十四条规定情形的，其纳税义务发生时间为服务、无形资产转让完成的当天或者不动产权属变更的当天。

基于以上税收政策依据，可以得出以下两点结论：一是当收到预收款时，建筑企业和房地产企业都没有发生增值税纳税义务时间。二是当建筑企

业在施工过程中以及房地产企业在开发过程中的增值税纳税义务时间必须同时具备三个条件：①建筑企业提供了建筑劳务，房地产企业发生转让开发产品的行为；②建筑施工企业和房地产企业收到了款项；③以上两个条件必须同时具备。

（二）建筑企业的增值税纳税义务时间的确定

基于以上增值税纳税义务时间的法律依据，建筑业增值税纳税义务分两种情况：

1. 建筑企业收到预收款

在建筑企业收到业主支付的预收款的情况下，无论建筑企业对工程是否动工，根据《财政部、税务总局关于建筑服务等营改增试点政策的通知》（财税〔2017〕58号）的规定，建筑企业收到发包方支付的预收款没有发生增值税纳税义务时间，但必须预交增值税。具体操作要点如下：

第一，建筑施工企业必须在工程所在地的国税局预缴一定比例的增值税：选择一般计税方法计征增值税的建筑企业，按照"预收收款÷（1+10%）×2%或（预收收款−分包额）÷（1+10%）×2%"计算的增值税预缴；选择简易计税方法计征增值税的建筑企业，按照"预收收款÷（1+3%）×3%或（预收收款−分包额）÷（1+3%）×3%"计算的增值税预缴。

第二，建筑企业项目部再回到建筑施工企业（与发包方签订建筑合同的建筑施工企业）注册地，通过建筑企业自身系统开具增值税发票给业主，然后申报增值税。

2. 施工过程进行进度结算

建筑企业在施工过程中与业主或发包方进行工程进度结算时，收到业主部分工程款，业主拖欠部分工程款时的增值税纳税义务时间，必须是发包方与承包方对工程进行了结算，具体纳税时间分为以下四种：

（1）建造合同完成后一次性结算工程价款办法的工程合同，为完成建造合同、施工单位与发包单位进行工程合同价款结算并收到工程款的当天。如果没有收到工程款，则分两种情况：①施工企业与发包方签订合同中约定工程款支付时间的，则为合同中约定支付工程款的时间；②如果施工企业与发包方签订合同中没有约定支付工程款的时间，则为工程结算或工程服务完成的当天。

（2）实行旬末或月中预支、月终结算、竣工后清算办法的工程项目，为月份终了与发包单位进行已完工程价款结算并收到工程款的当天。如果没有收到工程款，则分两种情况：①施工企业与发包方签订合同中约定工程款支付时间的，则为合同中约定支付工程款的时间；②如果施工企业与发包方签订合同中没有约定支付工程款的时间，则为工程结算或工程服务完成的当天。

（3）实行按工程进度划分不同阶段、分段结算工程价款办法的工程合同，为各月份终了与发包单位进行已完工价款结算并收到工程款的当天。如果没有收到工程款，则分两种情况：①施工企业与发包方签订合同中约定工程款支付时间的，则为合同中约定支付工程款的时间；②如果施工企业与发包方签订合同中没有约定支付工程款的时间，则为工程结算或工程服务完成的当天。

（4）实行其他结算方式的工程合同，为与发包单位结算工程价款并收到工程款的当天。如果没有收到工程款，则分两种情况：①施工企业与发包方签订合同中约定工程款支付时间的，则为合同中约定支付工程款的时间；②如果施工企业与发包方签订合同中没有约定支付工程款的时间，则为工程结算或工程服务完成的当天。

如果对工程没有结算，实际上也就是承包方提供的劳务并未得到发包方的认可，承包方也就没有取得索取销售款项的凭据，最终有可能发包方不付建设款。所以，如果双方没有进行工程结算，税收上不应当作为增值税纳税义务的实现。

另外，应规避建造合同增值税确认时间的"误区"。现实中，建筑企业对增值税确认时间存在以下严重的思想误区：开具发票时才缴税。对于一项工程，在建设方和承建方双方最终达成统一的结算意见前，企业收款是开具收款收据收取工程款，企业收取的预收工程款、工程进度款、工程已竣工但未全部收齐工程款或因其他非货币方式结算工程款的，均不及时缴税，一直要等到工程结算需要开具发票时才缴税，不需要开发票时就不缴税。有的工程从收取第一笔工程款到最后结算的时间跨度长达数年，该缴的税款也就相应延缓了数年才入库，期间收取预收工程款、工程进度款时均开具收据或白条。这些思想误区使建造合同的增值税确认时间与税法的规定严重不符，会给企业带来税收风险，应引起高度的重视。

案例分析23

某施工企业与房地产公司工程进度结算款的增值税纳税义务时间、发票开具和账务处理

一、案情介绍

某房地企业与建筑总承包方进行工程进度结算，结算价为 1000 万元（含增值税），房地产企业支付 500 万元（含增值税）给施工企业，拖欠施工企业 500 万元（含增值税）工程款，如图 3-1 所示。

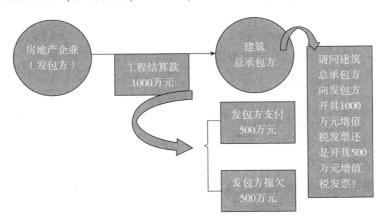

图 3-1　某房地产企业与建筑总承包方工程进度结算示意图

请问：当施工企业收到房地产公司工程结算款 500 万元，房地产企业拖欠施工企业工程款 500 万元时，施工企业的增值税纳税义务时间如何确定？施工企业应给房地产公司开具 500 万元（含增值税）增值税专用发票，还是开具 1000 万元（含增值税）增值税专用发票？

二、施工企业增值税纳税义务时间的确定分析

根据《财政部、国家税务总局关于全面推开营业税改征增值税试点的通知》（财税〔2016〕36 号）附件 1《营业税改征增值税试点实施办法》第四

十一条第（一）项的规定，施工企业增值税纳税义务时间为，纳税人提供应税服务并收讫销售款项或者取得索取销售款项凭据的当天；先开具发票的，为开具发票的当天。收讫销售款项，是指纳税人销售服务、无形资产或者不动产过程中或者完成后收到款项。取得索取销售款项凭据的当天，是指书面合同确定的付款日期；未签订书面合同或者书面合同未确定付款日期的，为服务、无形资产转让完成的当天或者不动产权属变更的当天。

基于此规定，本案例中的施工企业收到房地产公司支付的 500 万元工程进度结算款时，施工企业必须发生了增值税纳税义务，增值税纳税义务时间是施工企业收到房地产公司支付 500 万元工程进度结算款的当天。施工企业必须向房地产公司开具 500 万元的增值税专用发票，在工程所在地国税局，按照"500 万元÷（1+10%）×2%"计算预缴增值税，扣除工程所在地预缴的增值税在施工企业所在地国税局申报缴纳增值税。

房地产公司拖欠施工企业的 500 万元工程进度款的增值税纳税义务时间如何判断？可以从以下两个方面来判断：

一是如果施工企业与房地产公司在建筑合同中约定了工程进度结算的时间、按照结算工程款的一定比例进行支付以及剩下的工程结算款于工程最后验收合格后（或者于工程最后验收合格并经相关政府部门审计后）进行支付，那么房地产公司拖欠施工企业的 500 万元工程进度款的增值税纳税义务时间为今后工程最后验收合格后的当天。

二是如果施工企业与房地产公司在建筑合同中虽然约定了工程进度结算的时间、按照结算工程款的一定比例进行支付，但没有约定"剩下的工程结算款于工程最后验收合格后（或者于工程最后验收合格并经相关政府部门审计后）进行支付"，那么房地产公司拖欠施工企业的 500 万元工程进度款的增值税纳税义务时间为施工企业与房地产公司进行 1000 万元工程进度结算书或 1000 万元的工程进度审批单签订之日。

三、业主拖欠施工企业工程款的发票开具

根据《财政部、国家税务总局关于全面推开营业税改征增值税试点的通知》（财税〔2016〕36 号）附件 1《营业税改征增值税试点实施办法》第四十五条第（一）项的规定，施工企业提供应税服务并收讫销售款项或者取得

索取销售款项凭据的当天为增值税的纳税义务时间。取得索取销售款项凭据的当天，是指书面合同确定的付款日期；未签订书面合同或者书面合同未确定付款日期的，为服务、无形资产转让完成的当天或者不动产权属变更的当天。因此，本案例中的施工企业收到房地产企业的 500 万元（含增值税），必须向房地产企业开具 500 万元（含增值税）10%税率的增值税专用发票。房地产企业拖欠施工企业的 500 万元（含增值税）要不要向房地产企业开具增值税专用发票呢？要从两方面分析：

第一，如果施工企业账上等待抵扣的增值税进项税大于或等于 1000÷（1+10%）×10%，那么施工企业向房地产企业开具 1000 万元（含增值税）10%税率的增值税专用发票。

第二，如果施工企业账上等待抵扣的增值税进项税小于或等于 500÷（1+10%）×10%时，那么施工企业向房地产企业开具 500 万元（含增值税）10%税率的增值税专用发票。

四、业主拖欠工程款延期缴纳增值税的会计处理

当 500 万元没有发生增值税纳税义务时：

借：银行存款　　　　　　　　　　　　　　　　　　　　　　500

　　应收账款　　　　　　　　　　　　　　　　　　　　　　500

　　贷：工程结算　　　　　　　　　　　　　　　1000÷（1+10%）

　　　　应交税费——应交增值税（销项税额）　500÷（1+10%）×10%

　　　　应交税费——待转销项税额　　　　　　500÷（1+10%）×10%

当收到 500 万元，发生增值税纳税义务时间时：

借：应交税费——待转销项税额　　　　　　　500÷（1+10%）×10%

　　贷：应交税费——应交增值税（销项税额）　500÷（1+10%）×10%

（三）房地产企业的增值税纳税义务时间

根据《财政部、国家税务总局关于全面推开营业税改征增值税试点的通知》（财税〔2016〕36 号）附件 1《营业税改征增值税试点实施办法》第四十五条第（一）项的规定，房地产企业转让不动产或开发产品并收讫销售款项或者取得索取销售款项凭据的当天为增值税的纳税义务时间。取得索取销售款项凭据的当天，是指书面合同确定的付款日期；未签订书面合同或者书面合同未确定付款日期的，为不动产权属变更的当天。根据此税收政策规定，房地产企业的增值税纳税义务时间总结如下：

1. 房地产企业收取"诚意金""订金"和"VIP会员费"的增值税纳税义务时间

房地产企业销售不动产，在开盘之前收取"诚意金""订金"和"VIP会员费"时，应税行为根本就没有发生，而且房地产企业收取"诚意金""订金"和"VIP会员费"时，由于没有签订《商品房销售合同》，也就谈不上合同确定的付款日期了。由此可见，房地产开发企业向购房业主收取的"诚意金""订金"和"VIP会员费"，按照《财政部、国家税务总局关于全面推开营业税改征增值税试点的通知》（财税〔2016〕36号）附件1《营业税改征增值税试点实施办法》第四十五条第（一）项的规定，是不需要缴纳增值税的。因此，房地产企业在开盘之前收取"诚意金""订金"和"VIP会员费"不构成增值税的纳税义务，在"其他应付款"会计科目进行核算。

2. 房地产销售期房收取的预收款或银行按揭款的增值税纳税义务时间

房地产企业开盘之后，发生不动产销售，收到购房者的预收款，或者开盘之前交了"诚意金""订金"和"VIP会员费"的业主有购买房屋的愿望，如果与房地产公司签订了《商品房销售合同》，则房地产企业将开盘之前向业主收取的"诚意金""订金"和"VIP会员费"从"其他应付款"转到"预收账款"会计科目时，或者房地产企业收到银行按揭款时，根据《财政部税务总局关于调整增值税税率的通知》（财税〔2018〕32号）、《国家税务总局关于发布〈房地产开发企业销售自行开发的房地产项目增值税征收管理暂行办法〉的公告》（国家税务总局公告2016年第18号）第十条和第十一条的规定，一般纳税人采取预收款方式销售自行开发的房地产项目，应在收到预收款时按照3%的预征率预缴增值税。应预缴税款按照以下公式计算：应预缴税款=预收款÷（1+适用税率或征收率）×3%。适用一般计税方法计税的，按照10%的适用税率计算；适用简易计税方法计税的，按照5%的征收率计算。因此，依据此税收政策规定，房地产企业销售的期房在未完工期间，还没有移交开发产品给购房者，还没有发生增值税纳税义务时间，真正的增值税纳税义务时间为房地产公司与购房者签订购买合同中约定的开发产品移交的时间，如果开发产品移交时间滞后于购房合同中约定的时间，以房地产公司办理开发产品移交或交钥匙的时间为增值税纳税义务时间。

四、合同中"发票开具"条款的涉税分析

合同中"发票开具"条款主要涉及企业向对方开具的增值税发票类型、开具的增值税发票税率、向对方开具增值税发票的时间等涉税问题。

实践当中，企业在合同中的"发票开具"条款的约定主要体现以下几方面的内容：

第一，约定合同双方的开票信息：合同双方的单位名称、地址、联系电话、纳税识别号、开户银行、开户行账号。

第二，约定增值税发票开具的类型：开增值税普通发票还是增值税专用发票。

第三，约定开增值税发票的税率。

第四，约定开票方开具的增值税发票，如果开具的发票是不规范的发票、虚开的增值税发票、有问题的发票，则发票开具方有重新开发票、换开发票、补开发票的义务。

第五，约定发票开具方开具的发票因客观原因丢失后的补救措施，即要求发票开具方提供两份重要法律资料：一是提供丢失发票的发票联复印件并加盖发票专用章；二是提供发票开具方到其税务部门开具的已报税证明单。

在建筑房地产企业的合同签订过程中，由于涉及一般计税方法和简易计税方法计征增值税的问题，如果在合同中的"发票开具"条款中没有特别注明开具发票的税率，往往会面临工程款结算和支付的纠纷事件。例如，广东东莞市一家施工企业与业主签订建筑总承包合同时，合同中的"材料与设备供应"条款中约定：业主购买建筑施工过程中的设备。建筑施工企业负责设备安装，符合"甲供材合同"，施工企业依据《财政部、国家税务总局关于全面推开营业税改征增值税试点的通知》（财税〔2016〕36号）的规定，可

以选择简易计税方法计征增值税，建筑企业拿着该份合同到当地税务部门进行了备案，选择简易计税方法计征增值税，但是双方在签订建筑总承包合同中没有单独的"发票开具"条款约定"建筑企业向业主开具3%的增值税专用发票还是开具10%的增值税专用发票"。结果建筑企业已经向业主开具了3%的增值税专用发票，业主的财务部门、法律部门也没有提出任何的异议。可是一年后，业主的领导层进行了更换，新的领导要求建筑企业向业主开具10%的增值税专用发票，如果不开则要向施工企业扣除7个百分点的工程款。这就是建筑合同中"发票开具"条款没有约定开具发票的税率而导致的经济纠纷。

第二节　建筑房地产企业巧签合同促节税的合同签订要点

为了节约税收，建筑房地产企业在签订各类合同时，有着重要的秘诀和良方。各类节税或控制税收风险合同的签订要点是什么？这个关键性问题一定是建筑房地产企业关注的焦点问题。本节主要介绍建筑房地产企业节税的合同签订秘诀和"甲供材合同"、采购合同、包工包料合同、总承包合同、专业分包合同和租赁合同的签订要点。

一、建筑总承包合同的签订要点：建筑合同与招投标文件的实质条款保持一致

建筑企业总承包合同的涉税风险隐患源头是建筑总承包合同与招投标文件不一致，建筑合同与招投标文件的实质条款不一致将会导致一定的财务、税务和审计风险。为了防范以上风险，在签订建筑总承包合同前，必须审视和察看招标文件和建筑合同中的涉税条款，在签订建筑总承包合同时，务必在建筑合同与招投标文件的实质条款保持一致的情况下签订合同。如果建筑总承包合同与招投标文件的实质条款不一致，则建筑企业总承包合同会存在不少涉税风险。为了控制企业税务风险，必须掌握招投标文件中的实质条款

有哪些，必须洞察建筑合同与招投标文件实质条款一致的财务、税务和审计风险。

（一）税法视角下招标文件中实质条款的分析

在税收视角下，招标文件中的实质条款主要是合同的标的、价款、质量、履行期限、承包分包方式、建筑材料设备供应、价款调整和变动、工程结算等条款。在这些实质条款中，要特别关注以下条款：

1. 承包分包方式条款

该条款主要涉及总承包方承包的建筑工程能否再进行专业分包的问题。如果招标文件明确规定"建筑总承包方承包下的工程不允许再进行分包"，则总承包方就不可以与专业资质的建筑企业签订专业分包合同，否则签订的专业分包合同无效。今后发包方将采取对总承包方处以罚款、收取违约金等措施。如果招标文件明确规定"禁止联合投标方式投标"，则建筑企业总承包方就不可以联络其他建筑施工企业一起进行联合投标，否则将被视为废标处理。

2. 建筑材料设备供应条款

该条款直接涉及总承包方能否选择简易计税方法计征增值税。如果招标文件明确规定"施工过程中的建筑材料和设备由施工企业自行采购"，则依据税法的规定，建筑总承包企业必须选择一般计税方法按照10%的增值税税率向发包方开具增值税发票。但是，招标文件并没有规定发包方不可以自行采购动力（指电、水、机油、柴油），因此，建筑企业总承包方可以与发包方签订"发包方自行采购动力"的补充协议，建筑企业总承包方可以选择简易计税方法按照3%的增值税税率向发包方开具增值税发票。

3. 价格调整和变动条款或工程结算条款

该条款主要涉及最后工程结算环节，施工过程中的一些价格变动因素导致工程款的增加部分是由建筑施工总承包方还是发包方承担的问题。如果招标文件中明文规定**"采用固定价格方式报价，投标人应充分考虑施工期间各类建材的市场风险和国家政策性调整风险系数，并计入总报价，今后不作调整"**，但在施工合同价款专用条款约定"本工程据实结算，工程量以实际发生为准，材料价格以甲乙双方签字认可或同期定额信息为准"，这种建筑合

159

同中工程结算条款与招标文件中的工程结算条款不一致的约定，在审计实践中，都是以招标文件的规定为准。

（二）施工合同中条款与招标文件规定不一致的法律分析

《中华人民共和国招标投标法》第四十六条规定："**招标人和中标人应当自中标通知书发出之日起三十日内，按照招标文件和中标人的投标文件订立书面合同。招标人和中标人不得再行订立背离合同实质性内容的其他协议。**"第五十九条规定："**招标人与中标人不按照招标文件和中标人的投标文件订立合同的，或者招标人、中标人订立背离合同实质性内容的协议的，责令改正；可以处中标项目金额千分之五以上千分之十以下的罚款。**"《中华人民共和国招标投标法实施条例》第五十七条规定："**招标人和中标人应当依照《招标投标法》和本条例的规定签订书面合同，合同的标的、价款、质量、履行期限等主要条款应当与招标文件和中标人的投标文件的内容一致。招标人和中标人不得再行订立背离合同实质性内容的其他协议。**"根据以上规定，施工合同的内容不得背离招标文件的实质性条款，否则就触犯了招标投标法的强制性规定，就是无效条款或无效合同。合同签订实践中，建筑施工合同的签订应以招标文件和中标文件为依据，建设工程合同是招投标文件的具体细化，是以招投标文件为依据而签订的，并不是简单地照搬招标文件。在招投标文件中未预见的事项，可能会在签订合同时进行补充。因此，在合同签订过程中，只要双方意思表示真实，协商一致，在不违背国家法律规范的原则下，当事人按照招投标文件规定的原则和主要内容，将合同细化和完善是必要的，在法律上也是有效的。也即并非招投标的内容都自然转化为合同条款，中标之后，双方在协商签订正式合同的过程中，可能完全保留招投标书的内容，也可能会进一步修改招投标书的内容。当然，修改的内容必须是非实质性内容，否则有可能会导致无效合同。因此，施工合同的非实质内容可以与招投标文件不一致。按照《中华人民共和国招标投标法》第四十八条关于"中标人应当按照合同约定履行义务，完成中标项目"的规定，遇到合同内容改变了招投标书内容的情况时，双方的权利义务应当由正式的合同（前提为合同合法有效）来确立。也就是说，**中标后进行修改的合同与招投标文件非实质性条款之间有冲突的，双方的权利义务应以合同为准，不**

能以招投标文件为准。《中华人民共和国合同法》第七条规定："当事人订立、履行合同，应当遵守法律、行政法规，尊重社会公德，不得扰乱社会经济秩序，损害社会公共利益。"《中华人民共和国合同法》第五十二条规定："有下列情形之一的，合同无效：（一）一方以欺诈、胁迫的手段订立合同，损害国家利益；（二）恶意串通，损害国家、集体或者第三人利益；（三）以合法形式掩盖非法目的；（四）损害社会公共利益；（五）违反法律、行政法规的强制性规定。"

《最高人民法院关于适用〈中华人民共和国合同法〉若干问题的解释（二）》第十四条规定："合同法第五十二条第（五）项规定的'强制性规定'，是指效力性强制性规定。"《最高人民法院关于当前形势下审理民商事合同纠纷案件若干问题的指导意见》（法发〔2009〕40号）第十五条规定："违反效力性强制性规定的，人民法院应当认定合同无效；违反管理性强制性规定的，人民法院应当根据具体情形认定其效力。"根据以上法律规定，"强制性规定"包括"管理性强制性规定"和"效力性强制性规定"。"管理性强制性规定"是指法律及行政法规未明确规定违反此类规定将导致合同无效的规定。此类"管理性强制性规定"旨在管理和处罚违反规定的行为，但并不否认该行为在民商法上的效力。"效力性强制性规定"是指法律及行政法规明确规定违反该类规定将导致合同无效的规定，或者虽未明确规定违反之后将导致合同无效，但若使合同继续有效将损害国家利益和社会公共利益的规定。此类规定不仅旨在处罚违法行为，而且意在否定其在民商法上的效力。因此，只有违反了效力性的强制规范，才应当认定合同无效。基于以上法律分析，如果建筑合同与招标文件的实质条款不一致，应以招标文件为准；如果建筑合同与招标文件的非实质性条款不一致，应以建筑合同为准。

（三）建筑合同与招投标文件的实质条款不一致的财务、税务和审计风险分析

1. 法律风险

施工合同的内容如果背离招标文件的实质性条款，就触犯了《招标投标法》的强制性规定，导致无效条款或无效合同。

2. 审计风险

审计部门将以招标文件为依据做出审计结论或审计报告，不认可施工合同与招标文件不一致的实质性条款。

投资审计在审计对象上，一定要把建设单位作为被审计单位，对发现的建设管理问题，要及时作审计取证记录，要在审计报告中反映；要向建设单位讲清楚，审计报告将发送哪些部门（市局投资审计报告一般抄送监察局、发改委、财政局及主管部门，必要时出具审计结果报告报政府），给建设单位施加压力，树立审计的权威。因此，若因施工合同中条款与招标文件规定不一致而使国家利益受到损失，建设单位将受到行政处罚。

3. 财务风险

《中华人民共和国招标投标法实施条例》第七十五条规定：**"招标人和中标人不按照招标文件和中标人的投标文件订立合同，合同的主要条款与招标文件、中标人的投标文件的内容不一致，或者招标人、中标人订立背离合同实质性内容的协议的，由有关行政监督部门责令改正，可以处中标项目金额5‰以上10‰以下的罚款。"** 另外，财务风险主要体现在工程结算风险上，当出现建筑合同的工程结算条款与招标文件的工程结算条款不一致时，工程结算应以招标文件的工程结算条款规定为准。

例如，审计某市政工程，其标底价为 296 万元，中标价为 280 万元，合同签订价款结算方式约定如下：招标文件规定，"采用固定价格方式报价，投标人应充分考虑施工期间各类建材的市场风险和国家政策性调整风险系数，并计入总报价，今后不作调整"，但施工合同价款专用条款约定，"本工程据实结算，工程量以实际发生为准，材料价格以甲乙双方签字认可或同期定额信息为准"。如果按施工合同约定办理，工程结算价为 360 万元，其中，工程变更增加 20 万元，合同内工程款 340 万元。如果按招标文件规定办理，工程结算价为 300 万元，其中，工程变更增加 20 万元，合同内工程款 280 万元。两种结算方式相差 60 万元。为何同一工程分别按施工合同和招标文件结算会出现不同的结算结果，且差额如此之大呢？究其原因，是甲乙双方签订了违背招投文件的施工合同。那到底以哪个为准？这也就成了结算双方极力争辩的焦点。审计实践中，都是以招标文件为准，结果施工企业只能获得工程款 300 万元。

（四）建筑企业总承包合同节税的合同签订秘诀

为了解决建筑总承包合同与招标文件实质性条款不一致导致的财务、税务和法律风险问题，笔者认为必须采用以下两种策略：

1. 建筑合同签订之前的策略：审视和察看招标文件中的涉税条款规定

建筑企业在获得发包方颁发的中标通知书后，必须重点审视和察看招标文件中的以下涉税条款：承包发包方式条款、建筑材料、设备、动力供应条款、工程结算或价格调整变动条款。

2. 建筑企业与发包方签订合同时的策略：建筑合同与招标投标文件的实质条款保持一致

（1）招标人和中标人应当依照《招标投标法》和《招标投标法实施条例》的规定签订书面合同，合同的标的、价款、质量、履行期限等主要条款应当与招标文件和中标人的投标文件的内容一致。

（2）招标人和中标人应当自中标通知书发出之日起三十日内，按照招标文件和中标人的投标文件订立书面合同。招标人和中标人不得再行订立背离合同实质性内容的其他协议。

案例分析 24

某施工企业与交通局签订"甲供材"补偿协议适用简易计税的涉税风险

一、案情介绍

通过查询发包方（交通局）的招标文件和施工企业的投标文件，招标文件第四章"合同条款及格式"第二节"专用合同条款"B."项目专用合同条款"中的序号 6 载明，"发包方是否提供材料或工程设备：否"和"如发包人负责提供部分材料或工程设备，相关规定如下：不适用"；序号 7 载明，"发包人是否提供施工设备和临时设施：否"和"发包人负责提供部分施工设备和临时设施，相关规定如下：不适用"。另外，施工企业的投标文件和施工企业与发包方签订的建筑施工合同中都没有约定建筑工程中的材料和设备由施工企业提供。只能根据发包方的招标文件第四章"合同条款及格式"

第二节"专用合同条款"B."项目专用合同条款"中的序号6和序号7的约定，施工企业施工合同是施工企业包工包料合同。根据税法的规定，对于包工包料的施工合同，施工企业必须选择一般计税方法计征增值税，向发包方交通局开10%的增值税发票。为了降低增值税，选择简易计税方法计征增值税。请分析：施工企业与发包方能否签订"甲供工程或甲供材"合同，适用3%税率的简易计税方法？如果可以签，则应如何签订"甲供材"合同？

二、"甲供工程"的税法界定

《财政部、国家税务总局关于全面推开营业税改征增值税试点的通知》（财税〔2016〕36号）附件2《营业税改征增值税试点有关事项的规定》第（七）项第二条规定："**甲供工程，是指全部或部分设备、材料、动力由工程发包方自行采购的建筑工程。**"基于此税法规定，要特别注意该税法条款中的"发包方""全部或部分""材料"和"动力"四个词。具体理解如下：

1. 关于"发包方"的理解

在建筑发包实践中，"发包方"包括以下三方面：

一是业主发包给总承包方时，如果业主自行采购建筑工程中的全部或部分设备、材料、动力，则业主是"发包方"；

二是总承包方发包给专业分包人时，如果总承包方自行采购专业分包建筑工程中的全部或部分设备、材料、动力，则总承包方是"发包方"；

三是总承包方或专业分包方发包给劳务公司或包工头（自然人）时，如果总承包方或专业分包方自行采购建筑工程中的全部或部分设备、材料、动力，则总承包方或专业分包人是"发包方"。

2. "全部或部分"的理解

如果发包方针对发包的建筑工程自购的材料为零，那么该工程就是包工包料工程。即包工包料工程是指"发包方"对发包的建筑工程自购的设备、材料、动力为零，包工包料工程不是"甲供材"工程。"全部或部分"包括以下三方面含义：

一是承包方承包的建筑工程中的设备、材料、动力全部由"发包方"自行采购。

二是承包方承包的建筑工程中的设备、材料、动力，部分由"发包方"

自行采购，交给承包方使用于发包方发包的建筑工程中，剩下的部分设备、材料、动力由承包方自行采购。

三是"甲供材"中的发包方自己购买的材料、设备或建筑配件在整个建筑工程造价中所占的比例，在税法中没有规定具体的比例，只要发包方自己有购买工程所用材料的行为，即使是发包方买1元的材料也是"甲供材"现象。

3. "材料"和"动力"的理解

"材料"包括"主材"和"辅料"。所谓的"动力"是指水、电和机油，因此，发包方为建筑企业提供水费、电费和机油费中的任何一种的现象就是"甲供材"现象。同时，发包方自行采购全部或部分"主材"或自行采购全部或部分"辅料"的现象就是"甲供材"现象。

三、"甲供材"的内涵

基于以上税法条款的理解分析，"甲供材"的内涵理解分为以下几方面：

（1）"甲供材"是甲方购买了计入工程造价的全部或部分设备、材料、动力。甲方购买了没有计入工程造价的全部或部分设备、材料、动力的情况，不属于"甲供材"现象。

（2）"甲供材"不仅包括甲方购买了计入工程造价的全部或部分主材，而且包括甲方购买了计入工程造价的全部或部分辅料。

（3）"甲供材"包括以下三种"甲供材"现象：

一是业主自行采购建筑工程中的全部或部分设备、材料、动力，交给总承包方使用于建筑工程中；

二是总承包方自行采购专业分包建筑工程中的全部或部分设备、材料、动力，交给专业分包方使用于建筑工程中；

三是总承包方或专业分包方自行采购劳务分包工程中的全部或部分设备、材料、动力，交给劳务分包方使用于建筑工程中。

四、建筑企业"甲供工程"业务增值税计税方法选择的税法依据及分析

1. 建筑企业"甲供工程"业务增值税计税方法的税法依据

《财政部、国家税务总局关于全面推开营业税改征增值税试点的通知》（财税〔2016〕36号）附件2《营业税改征增值税试点有关事项的规定》第一条第（七）款"建筑服务"第 2 项规定：**"一般纳税人为甲供工程提供的建筑服务，可以选择适用简易计税方法计税。"**

在该条文件规定中有个特别重要的词——"可以"，具体的内涵是，只要发生"甲供材"现象，建筑施工企业在增值税计税方法上，具有一定的选择性，既可以选择增值税一般计税方法（即建筑企业向发包方开具 10% 的增值税发票），也可以选择增值税简易计税方法（即建筑企业向发包方开具 3%的增值税发票）。另外，简易计税方法是一种税收优惠政策，根据《国家税务局关于印发〈企业所得税核定征收办法〉（试行）的通知》（国税发〔2008〕30 号）的规定，企业要享受税收优惠政策，必须在当地税务机关先备案后享受，不备案不享受。即企业享受税收优惠政策实行的是备案制而不是审批制，企业只要将依法享受税收优惠政策的相关资料交到机构所在地的税务机关进行备案即可。

2. 分析结论

根据《财政部、国家税务总局关于全面推开营业税改征增值税试点的通知》（财税〔2016〕36 号）附件 2《营业税改征增值税试点有关事项的规定》第一条第（七）款"建筑服务"第 2 项的税收法律规定，关于建筑企业"甲供材"业务增值税计税方法选择问题，有以下结论：

第一，建筑企业在发生"甲供材或甲供工程"业务时，在符合税法规定的情况下，建筑企业选择一般计税方法还是选择简易计税方法计征增值税的决定权在发包方手中，而不是地方税务机关。

第二，建筑企业与业主或发包方签订包工包料的建筑合同，而且发包方的招标文件中没有约定"不允许甲供材"的情况下，经双方协商一致后，建筑企业与业主或发包方签订有关业主或发包方自行采购建筑工程所用的部分主材、辅料、设备或全部电、水、机油的补偿协议，在业主或发包方同意的情况下，建筑企业就可以选择简易计税方法计征增值税。

第三，在发包方的招标文件中没有约定"不允许甲供材"的情况下，建筑企业与业主或发包方签订建筑合同时，在建筑合同中"材料与设备供应"条款中约定"业主或发包方自行采购建筑工程所用的部分主材、辅料、设备或全部电、水、机油"，在业主或发包方同意的情况下，建筑企业就可以选择简易计税方法计征增值税。

第四，在发包方的招标文件中明确约定"不允许甲供材"的情况下，经双方协商一致后，建筑企业与业主或发包方签订的有关业主或发包方自行采购建筑工程所用的部分主材、辅料、设备或全部电、水、机油的补偿协议是有效的协议，但是违反管理性强制性规定，从审计的角度看，以招标文件为准，而不是以建筑合同为准，有一定的法律风险。

第五，在发包方的招标文件中明确约定"不允许甲供材"的情况下，经双方协商一致后，建筑企业与业主或发包方签订的有关业主或发包方自行采购建筑工程所用的部分或全部电、水、机油的补偿协议是有效的协议，在业主或发包方同意的情况下，建筑企业就可以选择简易计税方法计征增值税。

五、施工企业与交通局签订"甲供材"补充协议的法律效力：合同有效

根据以上法律分析，施工企业与发包方签订"甲供材"的补充协议，虽然构成施工合同与招标文件的第四章"合同条款及格式"第二节"专用合同条款"B."项目专用合同条款"中的序号6和序号7的约定不一致，但充其量是违反了管理性强制性规定，而不违反效力性强制性规定。因为履行该"甲供材"补充协议，不过是将施工合同中约定的应由施工方购买的建筑工程中需要的部分或全部建筑材料、设备和动力，转移给发包方进行购买而已，促使发包方享受国家的税收政策（施工方按照简易计税方法向发包方开具3%的增值税发票），并没有损害国家利益和社会公共利益。因此，施工企业与发包方签订"甲供材"补充协议是有法律效力的。

六、审计视角下施工企业与发包方签订"甲供材"补充协议的合法操作技巧

从审计的角度来说，当招标文件规定与施工合同条款不一致时，应以招标文件为准。发包方的招标文件中第四章"合同条款及格式"第二节"专用合同条款"B."项目专用合同条款"中的序号6载明，"发包方是否提供材料或工程设备：否"和"如发包人负责提供部分材料或工程设备，相关规定如下：不适用"；序号7载明，"发包人是否提供施工设备和临时设施：否"和"发包人负责提供部分施工设备和临时设施，相关规定如下：不适用"。招标文件中只提及"发包方不提供材料或工程设备"的字样，而没有

提及"发包方不可以提供水、电和机油费用"字样。更何况施工企业的投标文件和施工企业与发包方签订的建筑施工合同中都没有约定"建筑工程中的材料和设备由施工企业提供"。根据前面"甲供材"内涵分析，发包方提供水费、电费和机油费也是"甲供材"现象。因此，施工企业与发包方签订"交通局提供工程施工机械所用的'机械油费'"的补充协议，是典型的"甲供材"现象，也不违反发包方的招投标文件，符合《中华人民共和国招标投标法实施条例》第五十七条"招标人和中标人应当依照《招标投标法》和本条例的规定签订书面合同，合同的标的、价款、质量、履行期限等主要条款应当与招标文件和中标人的投标文件的内容一致"的规定。

二、建筑企业包工包料业务节税的合同签订要点

建筑企业包工包料业务分为四种：一是建筑企业外购建筑材料并提供施工劳务的业务；二是建筑企业外购机器设备的同时提供安装服务的业务；三是建筑企业自产建筑材料并提供施工劳务的业务；四是建筑企业销售自产机器设备的同时提供安装服务的业务。在这四种业务中，前两者的税收定性是混合销售行为，后两者的税收定性是兼营行为，如何节税与合同如何签订关系密切。

（一）税收政策依据分析

1. 混合销售的税法界定

《财政部、国家税务总局关于全面推开营业税改征增值税试点的通知》（财税〔2016〕36号）附件1《营业税改征增值税试点实施办法》第四十条规定："一项销售行为如果既涉及服务又涉及货物，为混合销售。从事货物的生产、批发或者零售的单位和个体工商户的混合销售行为，按照销售货物缴纳增值税；其他单位和个体工商户的混合销售行为，按照销售服务缴纳增值税。本条所称从事货物的生产、批发或者零售的单位和个体工商户，包括以从事货物的生产、批发或者零售为主，并兼营销售服务的单位和个体工商户在内。"其中"以从事货物的生产、批发或零售为主，并兼营销售服务"没有统一的标准，各地税务部门的判断标准各异。在税收征管实践中，基本

上是以"企业经营的主业确定"。即企业经营的主业是货物销售的则按照16%的税率计算增值税；企业经营的主业是服务销售的则按照服务业的增值税税率计算增值税。问题是：如何理解和认定"以从事货物的生产、批发或者零售为主"呢？有没有具体的认定标准呢？所谓的"主业"如何判断，实践中有两个标准：一是按照工商营业执照上的主营业务范围来判断，如果主营业务范围是销售批发业务，则按照销售货物缴纳增值税；如果主营业务范围是销售服务，则按照销售服务缴纳增值税。二是按照一年收入中销售收入的比重来判断，如果销售货物收入在一年收入中所占的比重超过50%，则按照销售货物缴纳增值税；如果销售服务的收入在一年收入中占的比重超过50%，则按照销售服务缴纳增值税。但是笔者认为，实践操作过程中，"以从事货物的生产、批发或者零售为主，并兼营销售服务的单位和个体工商户"都在营业执照上有销售经营范围。

基于以上税法规定，界定"混合销售"行为的标准有两点：一是其销售行为必须是一项。二是该项行为必须既涉及服务又涉及货物，其"货物"是指增值税条例中规定的有形动产，包括电力、热力和气体；服务是指属于全面营改增范围的交通运输服务、建筑服务、金融保险服务、邮政服务、电信服务、现代服务、生活服务、房地产销售等。在界定"混合销售"行为是否成立时，其行为标准中的上述两点必须同时存在，如果一项销售行为只涉及服务而不涉及货物，那么这种行为就不是混合销售行为；反之，如果涉及服务和涉及货物的行为，不是存在于一项销售行为之中，那么这种行为也不是混合销售行为。

基于以上分析，建筑企业外购建筑材料或机器设备并提供施工业务的包工包料合同是一种既涉及服务又涉及货物的销售行为，是混合销售行为。

2. 兼营行为的税法界定

《国家税务总局关于进一步明确营改增有关征管问题的公告》（国家税务总局公告2017年第11号）第一条明确规定："**纳税人销售活动板房、机器设备、钢结构件等自产货物的同时提供建筑、安装服务，不属于《营业税改征增值税试点实施办法》第四十条规定的混合销售，应分别核算货物和建筑服务的销售额，分别适用不同的税率或者征收率。**"《国家税务总局关于明确中外合作办学等若干增值税征管问题的公告》（国家税务总局公告 2018 年第 42 号）第六条第一款规定："**一般纳税人销售自产机器设备的同时提供安装服务，应分别核算机器设备和安装服务的销售额，安装服务可以按照甲供工程选择适用简易计税方法计税。**"《国家税务总局关于明确中外合作办学等若干增值税征管问题的公告》（国家税务总局公告 2018 年第 42 号）第六条第二款规定："**一般纳税人销售外购机器设备的同时提供安装服务，如果已经按照兼营的有关规定，分别核算机器设备和安装服务的销售额，安装服务可以按照甲供工程选择适用简易计税方法计税。**"基于此税收政策规定，建筑企业销售自产建筑材料或机器设备的同时提供建筑、安装服务是一种兼营行为。建筑企业销售外购机器设备的同时提供安装服务，分开核算机器设备和安装服务的销售额的，则为兼营行为，未分开核算机器设备和安装服务的销售额的，则为混合销售行为。《财政部、国家税务总局关于全面推开营业税改征增值税试点的通知》（财税〔2016〕36 号）附件 1《营业税改征增值税试点实施办法》第三十九条规定："**纳税人兼营销售货物、劳务、服务、无形资产或者不动产，适用不同税率或者征收率的，应当分别核算适用不同税率或者征收率的销售额；未分别核算的，从高适用税率。**"第四十一条规定："**纳税人兼营免税、减税项目的，应当分别核算免税、减税项目的销售额；未分别核算的，不得免税、减税。**"基于以上税收政策规定，兼营行为中的销售业务和兼营业务是两项销售行为，两者是独立的业务。

发生销售自产建筑材料和机器设备并提供建筑、安装业务的行为，实践中具体体现为以下七种企业类型：

（1）提供生产加工门窗铝合金及安装业务的门窗铝合金加工安装企业；

（2）销售自产电梯并提供安装的电梯生产安装企业；

（3）拥有钢结构生产基地但没有单独成立钢结构生产企业的钢结构加工安装企业；

（4）销售苗圃并提供植树劳务的拥有苗圃的园林公司；

（5）拥有沥青和混凝土搅拌站的路桥施工企业；

（6）拥有碎石机且就地取材将石头加工成碎石并提供道路施工业务的公路施工企业；

（7）销售自产中央空调冷暖系统并提供安装的空调生产安装企业。

（二）建筑企业包工包料业务节税的合同签订要点

基于以上对建筑企业包工包料业务中存在的混合销售和兼营行为的税法界定，建筑企业包工包料业务节税的合同签订要点可以总结为如下几方面：

1. 建筑企业外购机器设备同时提供安装服务节税的合同签订要点

（1）建筑企业与发包方签订一份包工包料合同的情况下的合同签订要点。

第一，必须在包工包料合同中的"合同价款"条款中分别约定：设备价款（不含增值税金额）：×××元，增值税金额：×××元；安装服务价款（不含增值税金额）：×××元，增值税金额：×××元。

第二，必须在建筑企业与发包方签订的包工包料合同中的"发票开具"条款中约定：机器设备销售额按照16%的税率计征增值税，设备安装服务既可以按照3%计征增值税（发包方同意建筑企业就安装服务选择简易计税方法的情况下），也可以按照10%的税率计征增值税（发包方不同意建筑企业就安装服务选择简易计税方法的情况下）。

第三，建筑企业与发包方签订一份包工包料合同，且在合同中的"工程款结算和支付"条款中约定：建筑企业财务上分别核算设备的销售额和安装服务的销售额。

（2）建筑企业与发包方签订两份合同（一份是设备销售合同；另一份是安装服务合同）的情况下的合同签订要点。

第一，在销售合同中的"发票开具"条款中约定：建筑企业就设备销售额向发包方开具16%的增值税专用（普通）发票。

第二，在建筑、安装服务合同中的"发票开具"条款中约定：建筑企业安装服务销售额向发包方开具3%的增值税专用（普通）发票（建筑清包工合同按照简易计税方法计征增值税）。

（3）建筑企业与发包方签订"甲供材"合同的合同签订要点。

第一，在施工合同中的"合同价"条款中约定：签约合同价：人民币（大写）＿＿＿＿＿＿（含增值税）（￥＿＿＿＿＿＿）（含发包方自购并交给施工方领用的建筑材料费用，具体的金额以发包方与施工方双方最后领用材料结算金额为主）。其中，不含增值税金额：×××元，增值税金额：×××元。

第二，在施工合同中的"材料设备供应"条款中约定：发包方自行提供设备、材料（注意：发包方从与其签订"甲供材合同"的既有销售资质又有建筑和安装资质的建筑企业采购材料或设备），具体的材料、设备采购详见"附件：发包方自行采购材料、设备明细表"。

第三，在施工合同中的"工程结算与支付"条款中约定：发包方购买的建筑材料或设备，提交给施工方使用时，必须以双方负责人共同签字的材料设备领用验收确认单作为"甲供材"金额结算依据，"甲供材"金额不计入工程结算总金额，发包方按照扣除"甲供材"金额后的结算金额向乙方支付工程款。

第四，在施工合同中的"发票开具"条款中约定：建筑企业提供建筑服务（在发包方同意建筑企业"甲供材"业务选择简易计税方法计征增值税的情况下）基于不含"甲供材"金额的结算金额按照3%的税率计征增值税，向发包方开具3%的增值税专用（普通）发票。

2. 建筑企业外购建筑材料的同时提供建筑服务节税的合同签订要点

第一，必须在包工包料合同中的"合同价款"条款中约定：合同总价：×××元（不含增值税金额），增值税金额：×××元。

第二，必须在建筑企业与发包方签订的包工包料合同中的"发票开具"条款中约定：建筑企业向发包方开具建筑服务销售额的10%增值税专用（普通）发票。

3. 既有销售资质又有建筑和安装资质的一般纳税人建筑企业销售自产的冷暖系统、电梯和机电设备等机器设备的同时提供安装服务的合同签订要点

（1）销售以上自产机器设备的建筑企业与发包方签订一份包工包料合同的合同签订要点。

第一，包工包料合同上必须分别注明：机器设备销售额（不含增值税）：×××元,增值税金额：×××元；安装服务销售额（不含增值税）：×××元，增值税金额：×××元。

第二，在包工包料合同中的"发票开具"条款中约定：机器设备销售额部分，建筑企业向发包方开具16%的增值税专用（普通）发票；安装服务销售额部分，建筑企业向发包方开具3%的增值税专用（普通）发票（发包方

同意的情况下）或开 10% 的增值税专用（普通）发票（发包方不同意的情况下）。

（2）销售以上自产机器设备的建筑企业与发包方签订两份合同（一份机器设备销售合同，另一份机器设备安装服务合同）的合同签订要点。

第一，机器设备销售合同和安装服务合同中的"合同价"条款约定：设备销售额（不含增值税）：×××元，增值税金额：×××元；安装服务销售额（不含增值税）：×××元，增值税金额：×××元。

第二，在销售合同中的"发票开具"条款中约定：建筑企业向发包方开具 16% 的增值税专用（普通）发票；在安装服务合同中的"发票开具"条款约定：建筑企业向发包方开具 3% 的增值税专用（普通）发票（发包方同意建筑企业就安装服务选择简易计税方法的情况下）或开 10% 的增值税专用（普通）发票（发包方不同意建筑企业就安装服务选择简易计税方法的情况下）。

4. 既有销售资质又有建筑和安装资质的一般纳税人建筑企业销售自产的建筑材料（非机器设备）的同时提供建筑服务的税务处理和发票开具

（1）销售以上自产建筑材料（非机器设备）的建筑企业与发包方签订一份包工包料合同的合同签订要点。

第一，包工包料合同上必须分别注明：材料销售额（不含增值税）：×××元，增值税金额：×××元；建筑服务销售额（不含增值税）：×××元，增值税金额：×××元。

第二，在包工包料合同中的"发票开具"条款中约定：材料销售额部分，建筑企业向发包方开具 16% 的增值税专用（普通）发票；建筑服务销售额部分，建筑企业向发包方开具 10% 的增值税专用（普通）发票。

（2）销售以上建筑材料（非机器设备）的建筑企业与发包方签订两份合同（一份建筑材料销售合同，另一份建筑服务合同）的合同签订要点。

第一，建筑材料销售合同和建筑服务合同中的"合同价"条款约定：材料销售额（不含增值税）：×××元，增值税金额：×××元；建筑服务销售额（不含增值税）：×××元，增值税金额：×××元。

第二，在材料销售合同中的"发票开具"条款中约定：建筑企业向发包方开具 16% 的增值税专用（普通）发票；在建筑服务合同中的"发票开具"

条款约定：建筑企业向发包方开具 3% 的增值税专用（普通）发票（发包方同意建筑企业就建筑服务选择简易计税方法的情况下）或开 10% 的增值税专用（普通）发票（发包方不同意建筑企业就建筑服务选择简易计税方法的情况下）。

三、"甲供工程"业务两种合同签订方法的涉税分析及其合同签订要点

根据《财政部、国家税务总局关于全面推开营业税改征增值税试点的通知》（财税〔2016〕36 号）附件 2《营业税改征增值税试点有关事项的规定》第（七）项第二条的规定，"甲供工程"是指全部或部分设备、材料、动力由工程发包方自行采购的建筑工程。基于此规定，在实践中存在两种"甲供工程"的合同签订方法：一是建筑合同中"合同价款"条款中的合同价中含有"甲供材"的金额；二是建筑合同中"合同价款"条款中的合同价中不含"甲供材"金额，即发包方将"甲供材"部分在招投标时剔除出去，直接将不含"甲供材"的工程对外进行招标，发包方在与施工企业签订建筑合同时，在合同中"合同价款"中的合同价中自然不含有"甲供材"金额。以上两种合同签订方法中的涉税如何处理？具体分析如下：

（一）建筑合同中"合同价款"条款中的合同价中含有"甲供材"金额的涉税分析及节税的合同签订技巧

1. 建筑企业销售额的总额法和差额法的特征分析

《财政部、国家税务总局关于全面推开营业税改征增值税试点的通知》（财税〔2016〕36 号）附件 1《营业税改征增值税试点实施办法》第三十七条规定："**销售额，是指纳税人发生应税行为取得的全部价款和价外费用，财政部和国家税务总局另有规定的除外。**"基于此条款规定，根据"甲供材"金额是否计入建筑企业的销售额，计算建筑企业销售额的方法可以分为总额法和差额法。

（1）总额法的特点。

①指甲方或发包方购买的"甲供材"部分计入施工企业的销售额（或产值）和结算价；②建筑企业必须按照含"甲供材"的结算额向甲方开具发

票；③甲方必须就"甲供材"部分向施工企业开具增值税发票，而且甲方不可以按照平价进平价出，而必须按照"甲供材"采购价×（1+10%）的计征增值税的依据向施工企业开具增值税发票；④甲方发出材料给施工企业使用时，财务上在"预付账款"科目核算，而施工企业领用"甲供材"时，财务上在"预收账款"科目核算。

（2）差额法的特点。

①是指甲方或发包方购买的"甲供材"部分不计入施工企业的销售额（或产值）和结算价；②施工企业按照不含"甲供材"的工程结算额向甲方开具增值税发票；③甲方发出材料给施工企业使用时，财务上在"在建工程"（发包方为非房地产企业）科目核算或"开发成本——材料费用"（发包方为房地产企业）科目核算，而施工企业领用"甲供材"时，财务上不进行账务处理。

例如，甲房地产公司与乙建筑企业签订的甲供材合同约定，合同总价款为1亿元（含增值税），其中甲方自己采购主材2000万元，则选择一般计税方法计算增值税的乙建筑公司计算增值税的销售额确定方法如下：如果采用总额法，则施工企业的产值或销售额为1亿元；如果采用差额法，则施工企业的产值或销售额为8000万元。

2. "甲供材"总额法的税收风险

如果"甲供材"选择总额法，且乙方选择一般计税方法，那么乙方向甲方开具10%的增值税专用发票，同时材料供应方向甲方开具16%的增值税材料专用发票。于是甲方抵扣了两次增值税进项税额，而乙方因"甲供材"部分没有发票入账，导致了乙方"甲供材"部分多交了25%税率的企业所得税和10%税率的增值税。如果甲方抵扣两次增值税进项税额（16%税率的材料进项税额和10%税率的建筑服务进项税额）合法的话，则甲方提供给乙方用于工程中的建筑材料必须视同销售处理，向乙方开具16%的增值税销项税额发票。但是实践中，甲方由于没有材料销售的经营范围而开不出16%税率的增值税销项税额发票。假设甲方到其主管税务部门进行税种认定，增加开具税率为16%的材料销售发票的范围，甲方也不可以选择"平价进平价出"的方法，向施工企业开具增值税发票，按照采购价或采购成本作为销售额计征增值税销项税额，而必须按照采购价×（1+10%）作为销售额计征增值税销项税额。结果甲方就"甲供材"部分多缴纳了增值税。

3. 涉税分析结论

对于发包方和施工方而言，"甲供工程"选择"差额法"签订合同更节税，绝对不能选择"总额法"签订合同。

4. "甲供工程"差额法节税的合同签订四步法

第一步，在建筑企业与甲方签订的建筑合同中的"合同价"条款约定为×××元（含增值税，且含甲方提供的材料和设备金额，具体的金额以建筑企业领用甲方提供的材料和设备后，甲乙双方结算金额为准）。其中，不含增值税的合同金额：×××元，增值税金额：×××元。

第二步，在建筑企业与甲方签订的建筑合同中的"工程结算和支付"条款中约定：甲供材部分不计入乙方工程结算价中，甲方按照扣除"甲供材"部分后的工程结算金额向乙方支付工程款。

第三步，在建筑企业与甲方签订的建筑合同中的"发票开具"条款中约定：乙方按照扣除"甲供材"部分后的工程结算金额向甲方开具增值税发票。

第四步，在建筑企业与甲方签订的建筑合同中的"材料和设备"条款中约定：甲方提供乙方在工程施工中所用的主要材料和设备，具体的材料和设备详见"附件：材料和设备清单"。

（二）建筑合同中"合同价款"条款中的合同价中不含有"甲供材"金额的涉税分析及合同签订要点

1. 建筑合同中"合同价款"条款中的合同价中不含有"甲供材"金额的涉税分析：符合"甲供材"销售额的差额法

如果发包方将"甲供材"部分在招投标时剔除出去，直接将不含"甲供材"的工程对外进行招标，则发包方在与施工企业签订建筑合同时，在合同中"合同价款"中的合同价中自然不含"甲供材"金额。这种合同签订的实质是"甲供材"金额没有计入建筑企业的销售额或产值中，建筑企业向甲方开具的增值税发票中不含"甲供材"金额，符合前面分析的"甲供材"销售额差额法的特点。

2. 建筑合同中"合同价款"条款中的合同价中不含"甲供材"金额的合同签订要点

第一步，在建筑企业与甲方签订的建筑合同中的"合同价"条款约定为×××元（含增值税，且不含甲方提供的材料和设备金额）。

第二步，在建筑企业与甲方签订的建筑合同中的"材料和设备"条款中约定：甲方提供乙方在工程施工中所用的主要材料和设备，具体的材料和设备详见"附件：材料和设备清单"。

四、PPP 项目中土地征拆费用由 SPV 公司承担的涉税风险管控的合同签订要点

在当前推行的多数基础设施 PPP 项目中，发生的土地征拆费用的处理存在两种模式：一是在 PPP 项目合同中仅仅约定，建设征地拆迁补偿费用由项目公司承担，直接支付给被拆迁人，进入 PPP 项目总投资成本，后期通过可用性付费的方式由政府采购或从项目特许经营权收益中收回；二是在 PPP 项目合同中仅仅约定，建设征地拆迁补偿费用由项目公司承担，直接支付给政府指定的银行账户，由政府支付给被拆迁人，后期通过可用性付费的方式由政府采购或从项目特许经营权收益中收回。其实，以上两种 PPP 项目中的征拆费用的处理方式是一样的，不过是征拆费用的支付方式不同而已，共同点是都将建设征地拆迁补偿费用计入 PPP 项目总投资成本，由项目公司承担，然后在经营期限内，通过可用性付费的方式由政府采购或从项目特许经营权收益中收回。在现有的税法规定下，这种征拆费用存在一定的税收风险，应如何规避税收风险，促进 PPP 项目公司的税收安全是一个不容回避的问题。

（一）项目公司（社会资本方）承担征拆费用的合规性分析

根据《关于联合公布第三批政府和社会资本合作示范项目加快推动示范项目建设的通知》（财金〔2016〕91 号）第五条的规定，PPP 项目主体或其他社会资本，除通过规范的土地市场取得合法土地权益外，不得违规取得未供应的土地使用权或变相取得土地收益，不得作为项目主体参与土地收储和前期开发等工作，不得借未供应的土地进行融资；PPP 项目的资金来源与未来收益及清偿责任，不得与土地出让收入挂钩。根据此规定，项目公司不得

参与 PPP 项目用地有关征拆及补偿安置和土地整理等工作。那么，项目公司（社会资本方）承担征拆费用到底合不合规呢？分析如下：

第一，项目公司（社会资本）承担征拆费用本身具有融资属性，不构成政府从社会资本方购买公共服务。单纯从由社会资本承担征拆费用来看，这一"服务"不构成公共服务，只是按传统政府投资项目模式，在编制项目可研报告时，将项目用地征拆有关费用与项目建安费用等一并作为项目投资成本。因此，从财务角度看，征拆费用支出属于项目完整投资成本的组成部分。但从交易实质上看，先由社会资本承担征拆费用，再由社会资本从政府支付对价中收回前期支出，属于融资行为，不属于 PPP 模式下的政府从社会资本方采购"基础设施和公共服务"。而由社会资本承担征拆费用再采购的实质是"借贷关系"，而非"基础设施和公共服务"的"买卖关系"。

第二，由项目公司（社会资本）承担征拆费用是否违背当前国家有关 PPP 业务的法律和政策规定的相关分析。《关于联合公布第三批政府和社会资本合作示范项目加快推动示范项目建设的通知》（财金〔2016〕91 号）第五条规定：**"PPP 项目的资金来源与未来收益及清偿责任，不得与土地出让收入挂钩。"** 根据《国有土地使用权出让收支管理办法》（财综〔2006〕68 号）的规定，包括土地征拆支出在内的土地费用支出实行严格的"收支"两条线。基于此政策规定，如果项目用地为出让地且由社会资本方承担征拆费用，未来政府用以采购 PPP 项目的资金来源必将与土地出让收入挂钩，这是违反当前政策的。

《国家发展改革委关于开展政府和社会资本合作的指导意见》（发改投资〔2014〕2724 号）第三条"合理确定政府和社会资本合作的项目范围及模式"规定：**"PPP 模式主要适用于政府负有提供责任又适宜市场化运作的公共服务、基础设施类项目。"** 这里的"适宜市场化"是强调，对于纳入 PPP 合作范围的事项，应能够尽可能吸引各类社会资本，体现通过市场充分竞争选择的采购效果。《关于在公共服务领域深入推进政府和社会资本合作工作的通知》（财金〔2016〕90 号）进一步规定**"积极引导各类社会资本参与。各级财政部门要联合有关部门营造公平竞争环境"**，尤其强调"不得以不合理的采购条件（包括设置过高或无关的资格条件、过高的保证金等）对潜在合作方实行差别待遇或歧视性待遇，着力激发和促进民间投资。对民营资本设置差别条款和歧视性条款的 PPP 项目，各级财政部门将不再安排资金和政策支持"。基于这两项政策规定，由社会资本方承担巨额征拆费用并将之作为采购条件，不能公平体现各类社会资本参与项目的竞争能力，尤其是与资金充裕或融资渠道众多的国有企业相比，这对于融资资源有限的民营资本而言无疑是带有歧视性的安排，或者至少会被利用以抬高采购条件，显然违背了财金〔2016〕90 号的规定。

因此，对于项目用地为出让地或拟在合作期限内转为出让地的，不应由社会资本方承担征拆费用。

（二）PPP 项目中土地征拆费用由 SPV 公司承担的税务风险

PPP 项目征地拆迁费增值税抵扣问题。征地拆迁费是指工程建设用地的征用及拆迁工作发生的费用。在实际工作中，巨额项目用地征拆费用由社会资本方承担，再由政府采购的情况，尤其是拆迁费用金额较大或在项目工程总投资中占比较高 PPP 项目，发生的征拆费用的企业所得税和增值税的处理不一样，具体分析如下：

第一，企业所得税的处理：可以在未来的项目公司中的企业所得税前进行扣除。《中华人民共和国企业所得税法》（中华人民共和国主席令第 63 号）第八条规定："企业实际发生的与取得收入有关的、合理的支出，包括成本、费用、税金、损失和其他支出，准予在计算应纳税所得额时扣除。"《中华人民共和国企业所得税法实施条例》（中华人民共和国国务院令〔2007〕512 号）第三十三条规定："《企业所得税法》第八条所称其他支出，是指除成本、费用、税金、损失外，企业在生产经营活动中发生的与生产经营活动有关的、合理的支出。"基于此税法文件规定，在 PPP 项目实践中，由项目公司承担征拆费用，与 PPP 项目的生产经营有关，证明有关的法律依据是政府 PPP 项目实施机构与 PPP 项目公司或社会资本方签订 PPP 项目合同时，在合同中明确约定：PPP 项目建设中的征地拆迁费用由项目公司承担，然后通过可用性付费的方式由政府采购或从项目特许经营权收益中收回。因此，PPP 项目中发生的征地拆迁费用与 PPP 项目建设有关，可以在项目公司的企业所得税前进行扣除，但是要有证明拆迁费用支出的真实证明资料。如果是在拆迁费用由项目公司支付给政府指定账号，由政府支付被拆迁人的情况下，那么政府方向项目公司开具行政事业单位收据，项目公司通过运营期收入弥补项目征地拆迁费的成本。如果拆迁费用由项目公司直接支付给被拆迁人，则需要提供以下证明材料：项目公司与被拆迁人的拆迁合同或拆迁协议，被拆迁人（自然人）的身份证复印件、有被拆迁人（自然人）签字按手印的付款清单、被拆迁人（公司、法人单位）的收款收据和支付给被拆迁人（公司、法人单位）的银行转账凭证。

第二，增值税风险：不可以抵扣增值税进项税。在 PPP 项目实际操作过程中涉及的征地拆迁补偿费用，项目公司只能取得拆迁安置户开具的收据或收条，政府方出具的拆迁安置标准、拆迁安置花名册等原始凭证，而无法取得为此项业务开具的增值税专用发票，根本无法抵扣增值税进项税额。对于 PPP 项目的项目公司而言，由于拆迁补偿费用无法抵扣增值税进项税额，则承担的增值税税负会吞噬掉项目公司原本已经很微薄的利润，这显然增加了项目公司的增值税负担，不利于激励和促进社会资本参与 PPP 项目投资建设的积极性。

（三）PPP 项目中土地征拆费用节税的合同签订要点

为了控制项目公司在 PPP 项目建设过程中因承担土地征拆费用且不能抵扣增值税进项税额而导致的税负增加，必须在项目公司与政府方签订 PPP 项目合同的时候进行策划。笔者认为应采用以下合同签订技巧来规避项目公司的税负。

第一，政府方与社会资本方签订 PPP 项目合同时，在合同中的价款条款中，拆迁费用不并入合同总金额，应单独列出拆迁费用金额。

第二，在 PPP 项目合同中应有"拆迁费用承担"条款，该条款应约定：拆迁费用由政府方承担，由社会资本方代付支出，并约定代付拆迁费用在政府归还给项目公司（或社会资本方）之前，应该按照银行同期贷款利率给予融资费用。

第三，在 PPP 项目合同中约定：经政府方认定的征地拆迁补偿费用作为总投资，在项目运营期间内抵减取得的可用性服务费，并以递减后的余额为销售额。

根据以上合同约定，项目公司支付因项目建设涉及的拆迁及安置支出时，属于政府履行该职责。在会计核算上，项目公司的账务处理是，"借记：其他应收款——代付拆迁费用，贷记：银行存款"。在税务处理上，项目公司在计算应纳税额时，应以取得的全部价款和价外费用扣除代政府或相关部门支付的征地拆迁安置费用后的余额为销售额计征增值税和企业所得税。

五、农民工工资专用账户管理下税务风险管控合同签订要点

在农民工工资专用账户的管理制度下，建筑企业总承包方代替建筑企业专业分包方和劳务公司代发农民工工资，会出现资金流和票流之间不一致的现象，将面临一定的税务风险。要规避税务风险必须注重合同的巧妙签订。

（一）存在的税务风险分析

根据《企业所得税税前扣除凭证管理办法》（国家税务总局公告 2018 年第 28 号）第二条的规定，税前扣除凭证，是指企业在计算企业所得税应纳税所得额时，证明与取得收入有关的、合理的支出实际发生，并据以税前扣除的各类凭证。

《国家税务总局关于加强增值税征收管理若干问题的通知》（国税发〔1995〕192 号）第一条第（三）项规定：**"纳税人购进货物或应税劳务，支付运输费用，所支付款项的单位，必须与开具抵扣凭证的销货单位、提供劳务的单位一致，才能够申报抵扣进项税额，否则不予抵扣。"**

基于以上税收政策分析，在农民工工资专用账户管理及银行代发制度下的涉税风险主要体现在两方面：

第一，建筑企业总承包方与建设单位或业主之间的合同与发票开具不匹配，票款不一致，不可以抵扣增值税进项税额和企业所得税。

第二，建筑企业总承包方与用工主体（专用分包方或劳务公司）之间的合同与发票开具不匹配，票款不一致，不可以抵扣增值税进项税额和企业所得税。

（二）涉税风险管控的合同签订要点

首先，建筑企业总承包方与建设单位或业主签订总承包合同时，必须在

总承包合同中约定以下两条涉税风险规避条款：

（1）在总承包合同中约定"农民工工资支付管理"条款，该条款约定以下内容：

第一，设立工资专用账户。施工总承包企业在项目所在地选择一家银行设立农民工工资专用账户。

第二，办理工资卡。施工总承包企业负责为该项目所用农民工（含分包企业农民工）免费办理工资卡，开通短信通知业务，交由农民工本人保管和使用。

第三，拨付人工费（工资款）及责任。建设单位应按照合同约定及时确认施工总承包企业已完工产值，以不低于当月已完工产值的一定比例，例如25%，作为当月人工费（工资款），单独拨付至施工总承包企业的工资专用账户对应项目中（当人工费数额大于当月已完工产值的一定比例时，按实际人工费数额拨付；当人工费数额小于当月已完工产值的一定比例时，按当月已完工产值的一定比例拨付）。同时合同约定建设方未按期拨付工程款的违约责任等事宜，承担因未按期拨付人工费（工资款）而导致的工期延误、停工损失等全部责任，不得将未完成审计作为延期工程结算、拖欠工程款的理由。

第四，委托银行代发农民工工资。施工总承包企业委托工资专用账户开户银行直接将农民工工资发放至工资卡。

（2）在总承包合同中约定"发票开具"条款，该条款约定以下内容：

建筑总承包方向建设单位或业主开具增值税专用发票时，在发票备注栏打印"含建设单位向农民工工资专用账户拨付农民工工资××××元"，建设单位将银行盖章的拨付至施工总承包企业的农民工工资专用账户对应项目流水单交给建筑总承包方，建筑总承包方将该银行盖章的农民工工资拨付流水单与增值税发票存根联一同装订备查。

其次，总承包企业与劳务分包企业或专业分包企业签订分包合同或者专业分包方与劳务公司签订分包合同时，必须在合同中约定以下两条涉税风险规避条款：

（1）总承包企业与劳务分包企业或专业分包企业签订分包合同或者专业

分包方与劳务公司签订分包合同时，必须在合同中专门列一条"农民工工资支付条款"。该条款必须明确以下几条：

第一，用工单位（专用分包人和劳务公司）的农民工工资实行建筑总承包方代发制度。

第二，劳务分包企业或专业分包企业负责为招用的农民工在建筑工地所在地建委指定的农民工工资专用账户的开户行申办银行个人工资账户并办理实名制工资支付银行卡，并负责将工资卡发放至农民工本人手中。

第三，劳务分包企业或专业分包企业指定的劳资专管员负责每月考核农民工工作量并编制工资支付表，经农民工本人签字确认后，将"农民工工时考勤表"和"农民工工资表"交劳务分包企业或专业分包企业负责人审核，审核无误并签字后，一式两份，其中一份交施工总承包单位并由其委托银行通过其设立的农民工工资专用账户直接将工资划入农民工个人工资支付银行卡。

（2）在专业分包合同或劳务分包合同中约定"发票开具"条款，该条款约定以下内容：

第一，建筑专业分包企业或劳务公司向建筑总承包方或劳务公司向专业分包企业开具增值税专用发票时，在发票"备注栏"打印"含总包企业通过农民工工资专用账户代付农民工工资××××元"，建筑总承包方将银行盖章的农民工资发放流水单交给专业分包企业或劳务公司，专业分包企业或劳务公司将该银行盖章的农民工资发放流水单与增值税发票存根联一同装订备查。

第二，专业分包方向建筑总承包方开具增值税发票或劳务公司向建筑专业分包方开具增值税发票时，必须在发票"备注栏"打印"项目所在地的县市（区）和项目的名称"。

案例分析25

总承包方代替专业分包方发放农民工工资的合同签订要点示范

某建筑公司总承包方与某建筑专业分包方签订专业分包合同1000万元，其中，专业分包合同中含有的农民工工资为300万元。工程所在地和项目名称为江西省宁都县翠微路桥项目。该建筑总承包方代发专业分包方中的农民工工资 300 万元（税后），专业分包方给建筑总承包方开 1000 万元（含增值税）发票，则建筑总承包方与建筑专业分包方签订专业分包合同的签订要点如下：

一是在专业分包合同中"劳务人员工资发放办法"条款中明确"建筑企业总承包方代发建筑专业分包方的农民工工资"。

二是在专业分包合同中的"发票开具"条款中约定，建筑专业分包方给建筑总承包方开工程服务发票时必须在发票"备注栏"中写明两点：①建筑总承包方代发专业分包方农民工工资 300 万元。②江西省宁都县翠微路桥项目。

六、房地产企业购买电梯及安装服务节税的合同签订要点

房地产企业购买电梯及安装服务分为三种情况：一是房地产企业直接从电梯生产厂家购买电梯及安装服务；二是房地产企业直接从电梯贸易企业购买电梯及安装服务；三是房地产企业直接从电梯生产厂家或电梯贸易企业购买电梯，然后从电梯生产厂家或电梯贸易企业的全资子公司——电梯安装企业购买安装服务。这三种业务流程中的税收成本是不一样的，因此，房地产企业要正确分析这三种业务流程的税务处理，并从中选择税负最低的业务流程。

（一）法律依据分析

《财政部、国家税务总局关于全面推开营业税改征增值税试点的通知》（财税〔2016〕36 号）附件 1《营业税改征增值税试点实施办法》第四十条规定："一项销售行为如果既涉及服务又涉及货物，为混合销售。从事货物的生产、批发或者零售的单位和个体工商户的混合销售行为，按照销售货物缴纳增值税；其他单位和个体工商户的混合销售行为，按照销售服务缴纳增值税。本条所称从事货物的生产、批发或者零售的单位和个体工商户，包括以从事货物的生产、批发或者零售为主，并兼营销售服务的单位和个体工商户在内。"

《国家税务总局关于进一步明确营改增有关征管问题的公告》（国家税务总局公告 2017 年第 11 号）第一条给予了明确规定：**"纳税人销售活动板房、机器设备、钢结构件等自产货物的同时提供建筑、安装服务，不属于《营业税改征增值税试点实施办法》第四十条规定的混合销售，应分别核算货物和建筑服务的销售额，分别适用不同的税率或者征收率。"**

《国家税务总局关于明确中外合作办学等若干增值税征管问题的公告》（国家税务总局公告 2018 年第 42 号）第六条第一款规定：**"一般纳税人销售自产机器设备的同时提供安装服务，应分别核算机器设备和安装服务的销售额，安装服务可以按照甲供工程选择适用简易计税方法计税。"**基于此税收政策规定，电梯生产企业销售电梯并提供安装服务，必须按照兼营行为分别核算电梯设备和安装服务的销售额，安装服务可以选择一般计税方法开具10%的增值税发票，也可以开具 3% 的增值税发票。

《国家税务总局关于明确中外合作办学等若干增值税征管问题的公告》（国家税务总局公告 2018 年第 42 号）第六条第二款规定：**"一般纳税人销售外购机器设备的同时提供安装服务，如果已经按照兼营的有关规定，分别核算机器设备和安装服务的销售额，安装服务可以按照甲供工程选择适用简易计税方法计税。"**

基于以上税收政策规定，电梯贸易公司销售电梯并提供安装服务的税务处理分两种情况：一是如果电梯贸易企业按照兼营行为分开核算电梯设备和安装服务的销售额，则电梯设备按照 16% 的税率计征增值税，安装服务既可以按照 3% 的税率也可以按照 10% 的税率计征增值税。

（二）电梯销售安装业务的税务处理

根据以上税收政策的规定，房地产企业购买电梯设备和安装服务的税务处理因合同的签订方法不同而不同。

1. 房地产企业从电梯生产企业购买电梯和安装服务的税务处理

根据《国家税务总局关于进一步明确营改增有关征管问题的公告》（国家税务总局公告 2017 年第 11 号）第一条和《国家税务总局关于明确中外合作办学等若干增值税征管问题的公告》（国家税务总局公告 2018 年第 42 号）第六条第一款的规定，房地产企业从电梯生产企业购买电梯和安装服务的税务处理因合同的签订方法不同而不同，具体操作如下：

第一种合同签订方法的税务处理。如果电梯生产企业与房地产公司签订一份合同，并在合同中分别注明了电梯设备价、电梯安装服务价，那么电梯生产企业就电梯设备价款向房地产企业开具 16% 的增值税专用发票，安装服务价款向房地产企业开具 3% 的增值税专用发票（在房地产企业同意电梯生产企业就安装服务选择简易计税方法计征增值税的情况下），也可以向房地产企业开具 10% 的增值税专用发票（在房地产企业不同意电梯生产企业就安装服务选择简易计税方法计征增值税的情况下）。

第二种合同签订方法的税务处理。如果电梯生产企业与房地产公司签订两份合同（一份是电梯销售合同，另一份是电梯安装服务合同），那么电梯生产企业就电梯设备价款向房地产企业开具 16% 的增值税专用发票，就安装服务价款向房地产企业开具 3% 的增值税专用发票。

第三种合同签订方法的税务处理。如果房地产企业与电梯生产企业签订一份合同，将安装费用打进电梯价格中，合同中约定了价格含安装费用，那么电梯生产企业向房地产企业开具 16% 的增值税进项税额的增值税专用发票，电梯安装费用在房地产企业可以抵扣 16% 的增值税进项税额。

2. 房地产企业从电梯贸易企业购买电梯和安装服务的四种不同合同签订方法下的税务处理

根据《国家税务总局关于明确中外合作办学等若干增值税征管问题的公告》（国家税务总局公告 2018 年第 42 号）第六条第二款和《财政部、国家税务总局关于全面推开营业税改征增值税试点的通知》（财税〔2016〕36 号）附件 1《营业税改征增值税试点实施办法》第四十条的规定，房地产企业从电梯贸易企业购买电梯和安装服务的税务处理因合同的签订方法不同而不同，具体操作如下：

第一种合同签订方法的税务处理。如果一般纳税人的电梯贸易企业与房地产公司签订一份销售安装合同，在合同中分别注明电梯销售价、电梯安装服务价，且电梯销售企业在会计核算上分别核算销售电梯收入和电梯安装服务收入，则电梯贸易企业向房地产企业就电梯销售金额开具 16% 的增值税专用发票，提供的电梯安装服务可以向房地产企业开具 3% 的增值税专用发票

（在房地产企业同意电梯贸易企业就安装服务选择简易计税方法计征增值税的情况下），也可以开具 10% 的增值税专用发票（在房地产企业不同意电梯贸易企业就安装服务选择简易计税方法计征增值税的情况下）。

第二种合同签订方法的税务处理。如果一般纳税人的电梯贸易企业与房地产公司签订两份合同（一份是电梯设备销售合同，另一份是电梯安装服务合同），则电梯贸易企业就电梯设备价款向房地产企业开具 16% 的增值税专用发票，就安装服务价款向房地产企业开具 3% 的增值税专用发票。

第三种合同签订方法的税务处理。如果一般纳税人的电梯贸易企业与房地产公司签订一份销售安装合同，在合同中的"合同价"条款中没有分别注明电梯销售价、电梯安装服务价，而是将电梯设备和安装服务价加在一起，而且在会计核算上，电梯贸易企业也没有分开核算电梯设备销售收入和电梯安装服务费收入，则电梯贸易企业将电梯价和电梯服务价一起向房地产企业开具 16% 的增值税专用发票。

第四种合同签订方法的税务处理。如果房地产企业与电梯销售贸易企业签订一份合同，将安装费用打进电梯价格中，合同中约定了价格含安装费用，那么电梯销售贸易企业向房地产企业开具 16% 的增值税进项税额的增值税专用发票，电梯安装费用在房地产企业可以抵扣 16% 的增值税进项税额。

3. 房地产企业与电梯生产企业或电梯贸易企业签订一份采购电梯合同，然后，房地产企业与电梯生产企业或电梯贸易企业的下属全资子公司签订电梯安装服务合同的税务处理

房地产企业与电梯生产企业或电梯贸易企业签订一份采购电梯合同，然后，房地产企业与电梯生产企业或电梯贸易企业的下属全资子公司签订电梯安装服务合同。对电梯安装企业来讲，这种签合同的方法就是"甲供材"现象，根据《财政部、国家税务总局关于全面推开营业税改征增值税试点的通知》（财税〔2016〕36 号）附件 2《营业税改征增值税试点有关事项的规定》第一条第（七）款"建筑服务"第（二）项规定："**一般纳税人为甲供工程提供的建筑服务，可以选择适用简易计税方法计税。**"因此，电梯生产企业或电梯贸易企业就电梯价款向房地产企业开具 16% 的增值税专用发票。电梯生产企业或电梯贸易企业的下属全资子公司就安装价款部分向房地产企

业开具 3% 的增值税专用发票。

（三）房地产企业购买电梯及安装服务节税的合同签订要点

通过以上对不同合同的涉税分析可知，房地产企业购买电梯及安装服务节税的合同签订要点如下：

首先，对房地产企业而言，最节税的合同签订方法是，房地产企业与电梯销售贸易企业或电梯生产企业签订一份合同，将安装费用打进电梯价格中，并在合同中约定价格含安装费用。签订要点为以下两点：

第一，房地产企业与电梯生产企业或电梯贸易企业签订电梯销售合同。在合同中的"合同价"条款中约定：合同价：×××元（不含增值税），增值税额：×××元。其中，价格含安装费用。

第二，在合同中的"发票开具"条款中约定，电梯贸易企业或电梯生产企业向房地产企业开具 16% 的增值税专用发票。

其次，房地产企业与电梯生产企业或电梯贸易企业签订一份销售安装合同，合同签订要点如下：

第一，在合同中的"合同价"条款中约定：电梯设备合同价：×××元（不含增值税），增值税金额：×××元；安装服务合同价：×××元（不含增值税），增值税额：×××元。

第二，在合同中的"发票开具"条款中约定，电梯贸易企业或电梯生产企业就电梯设备价款向房地产企业开具 16% 的增值税专用发票，就安装服务价款向房地产企业开具 3% 的增值税专用发票。

七、母公司中标子公司（孙公司）施工和总公司中标分公司（财务独立核算）施工涉税风险控制的合同签订要点

建筑业营改增后，为了增加产值和业绩，总是存在母公司中标子公司（孙公司）施工和总公司中标分公司施工的现象。可是根据《中华人民共和国建筑法》的规定，母公司中标的工程交给子公司或孙公司施工，或总公司中标的工程交给分公司施工是一种违法分包或违法转包的行为，而且存在不少税收风险。规避母公司中标子公司（孙公司）施工和总公司中标分公司施工的法律风险、税收风险是许多建筑企业不可回避的重要课题。笔者重点分

析母公司中标子公司（孙公司）施工和总公司中标分公司施工存在的法律风险、税收风险，在此基础上提出规避法律风险、税收风险的合同签订技巧。

（一）母公司中标子公司（孙公司）施工和总公司中标分公司（财务独立核算）施工项目存在的法律风险

1. 母公司中标子公司施工的项目（即资质共享项目）在营改增后存在的法律风险

（1）母公司中标的建筑项目全部交给子公司施工，实质上是母公司转包给子公司施工，从而出现违法分包行为。

转包指承包人在承包工程后，又将其承包的工程建设任务转让给第三人，转让人退出承包关系，受让人成为承包合同的另一方当事人的行为。根据《房屋建筑和市政基础设施工程分包管理办法》（建设部令第124号）第十二条、第十三条和《中华人民共和国建筑法》第二十四条、第二十八条、第二十九条的规定，禁止将承包的工程进行转包。不履行合同约定，将其承包的全部工程发包给他人，或者将其承包的全部工程肢解后以分包的名义分别发包给他人的，属于转包行为。分包工程发包人将工程分包后，未在施工现场设立项目管理机构和派驻相应人员，并未对该工程的施工活动进行组织管理的，视同转包行为。基于此规定，常见的转包行为有两种形式：一种是承包单位将其承包的全部建设工程转包给他人；另一种是承包单位将其承包的全部建设工程肢解以后以分包的名义分别转包给他人，即变相转包。但不论何种形式，都是法律所不允许的，一旦查出，相关方必须承担一定的法律责任。根据《最高人民法院关于审理建设工程施工合同纠纷案件适用法律问题的解释》（法释〔2004〕14号）第四条的规定，承包人违法转包建设工程的行为无效。人民法院可以根据《民法通则》第一百三十四条的规定，收缴当事人已经取得的非法所得。

（2）母公司将其中标建设项目中的主体工程分包给子公司进行施工，或者母公司与子公司签订分包合同中的分包额超过整个中标合同额的50%，从而出现违法分包行为。

分包是指从事工程总承包的单位将所承包的建设工程的一部分依法发包给具有相应资质的承包单位的行为，该总承包人并不退出承包关系，其与第三人就第三人完成的工作成果向发包人承担连带责任。根据《中华人民共和国建筑法》（中华人民共和国主席令第 46 号）第二十九条、《房屋建筑和市政基础设施工程分包管理办法》（建设部令第 124 号）第十四条、《建设工程质量管理条例》（国务院令第 279 号）第七十八条的规定。违法分包是指下列行为：①总承包单位将建设工程分包给不具有相应资质条件的单位的；②建设工程总承包合同中未有约定，又未经建设单位认可，承包单位将其承包的部分建设工程交由其他单位完成的；③施工总承包单位将建设工程主体结构的施工分包给其他单位的；④分包单位将其承包的建设工程再分包的。

发生违法分包行为将面临一定的法律风险，根据《最高人民法院关于审理建设工程施工合同纠纷案件适用法律问题的解释》（法释〔2004〕14 号）第四条的规定，承包人违法分包建设工程的行为无效。人民法院可以根据《民法通则》第一百三十四条的规定，收缴当事人已经取得的非法所得。

2. 总公司中标分公司施工（财务独立核算）的项目存在的法律风险

根据《中华人民共和国公司法》的规定，总公司是独立法人，可以对外承接业务，签订合同，具有独立承担民事责任的能力。而分公司不具有法人资格，不具有独立承担民事责任的能力。在建筑领域，分公司不是法人，因而没有建筑资质，但总公司是独立法人而且具有建筑资质。《中华人民共和国建筑法》（中华人民共和国主席令第 46 号）第二十九条第三款规定："总承包单位将建设工程分包给不具有相应资质条件的单位的是违法分包行为。"

《建筑工程施工转包违法分包等违法行为认定查处管理办法（试行）》（建市〔2014〕118 号）第四条规定："违法发包，是指建设单位将工程发包给不具有相应资质条件的单位或个人。"同时，《建筑工程施工转包违法分包等违法行为认定查处管理办法（试行）》（建市〔2014〕118 号）第九条第（二）项规定："施工单位将工程分包给不具备相应资质或安全生产许可的单位的，属于违法分包行为。"基于以上政策规定，没有建筑资质的分公司显然不能参与工程招投标，不能与发包方签订工程承包合同，否则视为违法行为；另外，总公司中标后与业主签订总承包合同，之后总公司与分公司签订转包合同的行为，基于分公司没有建筑资质，也是一种违法分包行为。根据《最高人民法院关于审理建设工程施工合同纠纷案件适用法律问题的解释》（法释〔2004〕14 号）第四条的规定，承包人违法分包或违法转包建设工程的行为无效。人民法院可以根据《民法通则》第一百三十四条的规定，收缴当事人已经取得的非法所得。

（二）母公司中标子公司（孙公司）施工和总公司中标分公司（财务独立核算）施工项目存在的税务风险

1. 母公司中标子公司（孙公司）施工和总公司中标分公司（财务独立核算）施工的项目不可以在工程所在地差额预缴增值税

国家税务总局公告 2016 年第 17 号第四条第（一）项规定："**一般纳税人跨县（市、区）提供建筑服务，适用一般计税方法计税的，以取得的全部价款和价外费用扣除支付的分包款后的余额，按照 2% 的预征率计算应预缴税款。**"同时，《国家税务总局关于进一步明确营改增有关征管问题的公告》（国家税务总局公告 2017 年第 11 号）第三条规定："**纳税人在同一地级行政区范围内跨县（市、区）提供建筑服务，不适用《纳税人跨县（市、区）提供建筑服务增值税征收管理暂行办法》（国家税务总局公告 2016 年第 17 号）。**"基于以上税收政策规定，总分包企业要差额计征预交增值税的前提条件是，总包方必须到与其不在同一地级行政区域范围跨县（市、区）提供建筑服务。因此，在税收征管实践中，存在以下两种税收风险：

（1）母公司中标的建筑项目，母公司不提供建筑服务，而是将建筑工程全部转包给子公司施工，则母公司在计征增值税和工程所在地预缴增值税时，其销售额不能扣除分包额，必须全额缴纳增值税。

（2）总公司与分公司（财务独立核算）签订转包合同是违法转包行为，总公司在计征增值税和工程所在地预缴增值税时，其销售额不能扣除分包额，必须全额缴纳增值税。

2. 犯了虚开发票的行为

母公司（或总公司）全额给业主开发票，子公司（或分公司）全额给母公司（或总公司）开发票，都是虚开发票行为。

总公司（或母公司）与业主或发包方签订的建筑总承包合同，总公司（或母公司）给业主或发包方开具增值税发票；财务独立核算的分公司（或子公司）分别与供应商、机械设备出租方签订进项类合同，这些成本进项发票开给分公司（或子公司），但是为了解决增值税销项发票的抬头是分公司（或子公司）的名字问题以实现增值税抵扣的链条不断，分公司（或子公司）给总公司（或母公司）全额开具增值税专用发票。这种开票方法，表面上财务独立核算的分公司（或子公司）实现了增值税抵扣，但是不合法。

总公司（或母公司）根本没有参与施工活动，具体的施工活动全是分公司（或子公司或孙公司）开展的，总公司（或母公司）给发包方开具增值税专用发票或增值税普通发票，显然是在没有真实交易活动下的开票行为，依据《中华人民共和国发票管理办法》和《最高人民法院印发〈关于适用《全国人民代表大会常务委员会关于惩治虚开、伪造和非法出售增值税专用发票犯罪的决定》的若干问题的解释〉的通知》（法发〔1996〕30号）第一条的规定，总公司（或母公司）的行为构成虚开增值税专用发票罪。

（三）母公司中标子公司（孙公司）施工和总公司中标分公司（财务独立核算）施工项目税务风险管控的合同签订要点

1. 法律依据

《国家税务总局关于进一步明确营改增有关征管问题的公告》（国家税务总局公告2017年第11号）第二条规定："**建筑企业与发包方签订建筑合同后，以内部授权或者三方协议等方式，授权集团内其他纳税人（以下简称第三方）为发包方提供建筑服务，并由第三方直接与发包方结算工程款的，由第三方缴纳增值税并向发包方开具增值税发票，与发包方签订建筑合同的建筑企业不缴纳增值税。发包方可凭实际提供建筑服务的纳税人开具的增值税专用发票抵扣进项税额。**"根据此规定，总公司或母公司与业主尽量沟通，使业主同意以下两个条件：同意与子公司和分公司结算工程款；同意接受子公司和分公司向其开具的增值税发票。建筑行业中存在的总公司中标分公司施工和母公司中标子公司施工的法律税收风险，可以通过"内部授权或者签订三方协议"的方式进行规避。

2. 法律税收风险规避的合同签订要点

根据《国家税务总局关于进一步明确营改增有关征管问题的公告》（国家税务总局公告2017年第11号）第二条的规定，建筑行业中存在的总公司中标分公司施工和母公司中标子公司施工的法律税收风险规避的合同签订要点如下：

（1）在招投标环节，总分公司或母公司与发包方或业主进行招投标。如果中标，则总公司或母公司与发包方或业主签订总承包合同。

（2）总公司、分公司与发包方或业主或者母公司、子公司（孙公司）与发包方或业主签订三方协议的签订要点，主要有以下三点：一是总公司授权分公司或者母公司授权子公司（孙公司）为发包方提供建筑服务；或者总公司与分公司、母公司与子公司（孙公司）签订授权协议，授权集团内分公司或子公司（孙公司）为发包方提供建筑服务。二是分公司或子公司（孙公司）直接与发包方结算工程款。三是分公司或子公司（孙公司）缴纳增值税并向发包方或业主开具增值税发票。

符合以上合同签订技巧，则与发包方签订建筑合同的总公司或母公司不缴纳增值税。发包方可凭实际提供建筑服务的分公司或子公司（孙公司）开具的增值税专用发票抵扣进项税额。

某总公司中标分公司施工项目规避税收风险的合同签订技巧

一、案情介绍

甲建筑公司通过招投标中标一条城市道路施工项目，与某交通厅签订一份总承包合同，然后甲建筑公司通过招投标选中乙建筑公司作为专业分包人，与乙建筑公司签订专业分包合同，但是乙建筑公司没有施工技术团队，故将其与甲公司签订的专业分包合同中约定的工程全部交给其财务独立核算的分公司丙进行施工。请问：应如何签订合同才能规避税收和法律风险。

二、法律、税收风险分析

1. 乙公司开具增值税发票给甲的行为构成虚开增值税专用发票的违法行为

由于本案例中的乙建筑公司具有专业分包施工资质，与总包甲建筑公司签订专业分包合同。为了实现增值税进项税额的抵扣，依据增值税抵扣的合同流、资金流和票流的统一性，甲的工程款付给专业分包方乙建筑公司，向乙索取增值税专用发票。可是乙建筑公司没有参与施工，而是将全部工程交予其分公司丙来完成。由于乙公司没有开展施工活动而向总承包方甲公司开具增值税发票，依据《中华人民共和国发票管理办法》和《最高人民法院印发〈关于适用《全国人民代表大会常务委员会关于惩治虚开、伪造和非法出售增值税专用发票犯罪的决定》的若干问题的解释〉的通知》（法发〔1996〕30号）第一条的规定，乙公司构成虚开增值税发票的行为。

2. 财务独立核算的分公司丙建筑公司无法抵扣增值税进项税额

由于总公司乙跟发包方甲签订工程总承包合同，虽然工程是分公司丙负责施工的，但是发包方（某交通厅）一般而言只认可总公司乙，不认可分公司丙，在工程结算和支付工程款问题上，发包方（某交通厅）一般只会将工程款支付给总公司乙，必然向总公司乙索取增值税发票，而不会将工程款支付给分公司丙，向分公司丙索取增值税发票。由于分公司丙实行财务独立核算，分公司丙必须在总公司乙授权下，对外与有关材料供应商、机械设备出租方和建筑劳务分包商分别签订合同，所有的成本发票（增值税进项税额抵扣的增值税专用发票）必须开给分公司丙，结果出现增值税进项发票上的抬头是分公司丙的名字，而发包方（某交通厅）又因总公司乙与其签订的总承包合同而要求总公司乙开具增值税发票，结果出现了增值税销项税发票的抬头是总公司乙的名字。根据增值税抵扣制度的规定，要实现抵扣增值税进项税，必须要求增值税销项税专用发票（收入票）与增值税进项税专用发票（成本票）上抬头的名字是同一家公司的名字。因此，增值税销项税专用发票（收入票）抬头是总公司乙的名字，增值税进项税专用发票（成本票）上抬头是分公司丙的名字，作为增值税独立纳税人的分公司不能实现抵扣增值税进项税额。

三、规避法律、税收风险的合同签订技巧

为了解决以上存在的法律和税收风险，依据《国家税务总局关于进一步明确营改增有关征管问题的公告》（国家税务总局公告2017年第11号）第二条的规定，总公司乙与总承包方甲协商，如果总承包方甲同意与分公司丙结算工程款，并同意接受分公司丙向其开具的增值税发票，则总公司乙、分公司丙和总承包方甲必须签订三方补充协议，协议中应明确以下三点：

一是总公司乙授权分公司丙全权代表总公司乙履行总公司乙与总承包方

甲签订的专业分包合同中的各项约定事项，为发包方甲提供建筑服务。

二是分公司直接与发包方结算工程款，发包方甲按照工程进度，依据甲与乙的结算单，将工程款转入分公司丙的银行账户，账号：_____。

三是分公司缴纳增值税并向发包方甲开具正规合法的增值税专用发票。

四、结论

若符合以上合同签订技巧，则与发包方甲签订建筑专业分包合同的总公司乙不缴纳增值税，直接由分公司丙依法申报缴纳增值税。发包方甲可凭实际提供建筑服务的分公司丙开具的增值税专用发票抵扣进项税额。

八、采购合同中运输费用"一票制"和"二票制"涉税风险规避的合同签订要点

（一）运输费用"一票制"和"二票制"的界定

所谓运输费用"一票制"是指，采购合同中，采购方为了多抵扣增值税进项税额，强制要求销售方将采购材料和设备的费用与运输费用一起开具16%的增值税发票给采购方的一种开票行为。而所谓运输费用"二票制"是指，采购合同中，销售方就采购材料和设备的费用向采购方开具16%的增值税发票，而承担运输职能的运输公司向采购方开具10%的运输增值税发票，运输费用由销售方代收代付或销售方先垫付运输费用再向采购方收回运输费用的一种经济交易行为。

（二）运输费用"一票制"和"二票制"的税务风险分析

1. 运输费用"一票制"的税务风险：采购方多抵扣运输费用的增值税进项税额

在运输费用"一票制"的情况下，销售方发生销售货物和委托运输公司提供运输服务或销售方自身提供运输货物服务的经济行为。如果销售方发生销售货物且自身提供运输货物服务的经济行为，则该经济业务是混合销售行为，依据《中华人民共和国增值税暂行条例》和《财政部、国家税务总局关于全面推开营业税改征增值税试点的通知》（财税〔2016〕36号）第四十

条的规定，销售方应全部按照 16% 的税率向采购方开具增值税发票；如果销售方发生销售货物和委托运输公司提供运输服务的经济行为，则该经济业务是兼营行为，依据《中华人民共和国增值税暂行条例》的规定，销售方和运输公司应该分别给采购方开具增值税发票。但是实践当中，无论是销售方自身提供运输服务还是销售方委托运输公司提供运输服务，采购方都要求销售方将运输费用和材料设备费用一起开具 16% 的增值税发票。对于销售方发生销售货物和委托运输公司提供运输服务的经济行为，将运输费用发票开成材料发票给采购方抵扣，使采购方运输费用本来只能抵扣 10%，结果可以抵扣 16%，实现了采购方多抵扣 6 个百分点的增值税进项税额。采购方的税务风险是涉嫌多抵扣增值税进项税额。

2. 运输费用"二票制"的税务风险分析：票款不一致

根据《企业所得税税前扣除凭证管理办法》（国家税务总局公告 2018 年第 28 号）第二条的规定，税前扣除凭证，是指企业在计算企业所得税应纳税所得额时，证明与取得收入有关的、合理的支出实际发生，并据以税前扣除的各类凭证。《国家税务总局关于加强增值税征收管理若干问题的通知》（国税发〔1995〕192 号）第一条第（三）项规定：**"纳税人购进货物或应税劳务，支付运输费用，所支付款项的单位，必须与开具抵扣凭证的销货单位、提供劳务的单位一致，才能够申报抵扣进项税额，否则不予抵扣。"**根据此税收政策规定，在运输费用"二票制"下，销售方就采购材料和设备向采购方开具 16% 的增值税发票，而承担运输职能的运输公司向采购方开具 10% 的运输增值税发票，运输费用由销售方代收代付或销售方先垫付运输费用再向采购方收回运输费用，体现的税收风险是，采购方获得运输公司开具的增值税运输发票，票款不一致，不能抵扣增值税进项税额和在企业所得税前扣除运输费用。

采购合同中运输费用"二票制"涉税风险规避的合同签订要点

一、案情介绍

某建筑企业向材料供应商 A 采购建筑材料 1000 万元（不含增值税）和

支付运输费用 20 万元（不含增值税），该材料供应商 A 向建筑企业开具税率为 16% 的 1000 万元（不含增值税）的增值税专用发票，运输公司 C 向建筑企业开具税率为 10% 的 20 万元（不含增值税）的增值税专用发票。请问该建筑企业 B 与材料供应商 A 应如何签订采购合同，才能实现运输费用与材料费用分别抵扣建筑企业的增值税销项税，如图 3-2 所示。

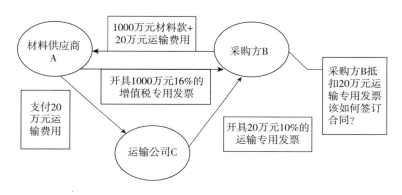

图 3-2　发票开具示意图

二、涉税分析与合同签订要点

根据《企业所得税税前扣除凭证管理办法》（国家税务总局公告 2018 年第 28 号）第二条的规定，税前扣除凭证，是指企业在计算企业所得税应纳税所得额时，证明与取得收入有关的、合理的支出实际发生，并据以税前扣除的各类凭证。《国家税务总局关于加强增值税征收管理若干问题的通知》（国税发〔1995〕192 号）第一条第（三）项规定：**"纳税人购进货物或应税劳务，支付运输费用，所支付款项的单位，必须与开具抵扣凭证的销货单位、提供劳务的单位一致，才能够申报抵扣进项税额，否则不予抵扣。"**

根据发票开具与合同相匹配的原理，材料销售方 A 指定承运人 C 将材料运输到采购方 B 指定的地点，运输费用由销售方 A 代收代付，承运人 C 将运输增值税专用发票开给采购方 B 抵扣 10% 的进项税额，采购方 B 在企业所得税前要抵扣运输发票，则必须在采购合同中约定两点：

一是在采购合同中必须有承运人条款，该条款必须约定销售方 A 指定的或委托的承运人 C 的名称。

二是在采购合同中必须有运费承担条款，该条款要约定，运输费用由采购方 B 承担，销售方 A 代收代付运输费用给 C 。否则 C 开运输增值税票给 B 是虚开发票。该条相当于第三方付款记录。

采购合同中运输费用"一票制"涉税风险规避的合同签订要点

一、案情介绍

某建筑企业向材料供应商采购建筑材料 1000 万元（不含增值税）和支付运输费用 20 万元（不含增值税），该建筑企业要求材料供应商开具税率为 17% 的 1020 万元的增值税专用发票来抵扣增值税销项税，请问该建筑企业与材料供应商应如何签订采购合同，才能实现运输费用与材料费用一起依照 17% 的税率抵扣增值税销项税，如图 3-3 所示。

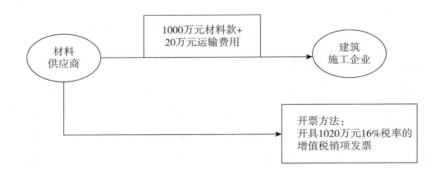

图 3-3　材料供应商和建筑施工企业发票开具示意图

二、涉税分析与合同签订要点

根据发票开具与合同相匹配的原理，建筑企业要将运输费用与材料费用一起按照 16% 的税率抵扣增值税销项税额，建筑企业与材料供应商的采购合同必须按照以下方法签订：

第一，在采购合同中的价格条款中，将运输费用 20 万元计算进材料的单价中，在合同中必须载明材料单价和材料价格总额，并标明"价格含运输费用"的字样。

第二，在采购合同中的价格条款中，将运输费用 20 万元计算进材料的单价中，在合同中必须载明材料单价和材料价格总额，在合同中必须载明"运输费用由销售方承担，并将材料运输到采购方指定的地点"或"供应方免费将材料运输到采购方指定的地点"。但笔者特别提醒：如果采购合同中约定"供应方免费将材料运输到采购方指定的地点"有严重的法律风险：如果运输车辆在途中出现车祸，则有关损失在司法实践中将由购买方承担。因此，建议在签订采购合同时，绝对不可以出现"供应方免费将材料运输到采购方指定的地点"的字样。

第三，如果提供运输劳务的车辆和司机都是材料供应商提供的，那么在采购合同中分别注明材料总价格和运输总费用的金额。

九、建筑企业租用机械设备的涉税风险及控制的合同签订要点

（一）建筑工程机械租赁公司（一般纳税人）以经营性租赁模式出租机械（干租）给建筑施工企业的税务处理与干租合同的节税签订要点

1. 干租的税务处理

《财政部、国家税务总局关于全面推开营业税改征增值税试点的通知》（财税〔2016〕36 号）附件 2《营业税改征增值税试点有关事项的规定》第一条第（六）项第六条规定："以纳入营改增试点之日前取得的有形动产为标的物提供的经营租赁服务。"《财政部、国家税务总局关于全面推开营业税改征增值税试点的通知》（财税〔2016〕36 号）附件 1《营业税改征增值税试点实施办法》第三十四条规定："简易计税方法的应纳税额，是指按照销售额和增值税征收率计算的增值税额，不得抵扣进项税额。应纳税额计算公式：应纳税额＝销售额×征收率。"第三十五条规定："简易计税方法的销售额不包括其应纳税额，纳税人采用销售额和应纳税额合并定价方法的，按照下列公式计算销售额：销售额＝含税销售额÷（1+征收率）。"第十六条规定："增值税征收率为 3%。"租赁公司是 2013 年 8 月 1 日开始实施营改增的，因此，根据以上税收政策规定，纯机械租赁模式（经营性租赁机械设备或干

租）的一般纳税人的开票和增值税计税方法分以下两种情况处理：

（1）如果机械租赁公司 2016 年 5 月 1 日后租给建筑企业工地上的设备是 2013 年 8 月 1 日之前购买的，那么租赁公司按照简易计税方法征收增值税，并给承租方的建筑企业开具 3% 的专用发票（用于一般计税方法的项目）或普通发票（用于简易计税方法的项目）。

（2）如果机械租赁公司 2016 年 5 月 1 日后租给建筑企业工地上的设备是 2013 年 8 月 1 日之后购买的，那么租赁公司按照 16% 的税率计算征收增值税，并给承租方的建筑企业开 16% 的专用发票（用于一般计税方法的项目）或普通发票（用于简易计税方法的项目）。

2. 干租合同节税签订要点

建筑企业采用经营性租赁方法租赁建筑机械设备时，应按照以下方法签订租赁合同：必须在租赁合同中明确建筑企业租赁建筑机械设备的购买时间或出厂日期，在租赁合同的附件资料中必须注明以下附件资料：一是盖有出租方发票专用章的该机械设备的原购买发票复印件；二是盖有出租方合同章的该租赁设备的原购买合同复印件。具体的合同签订要点如下：

第一，在租赁合同中第一条必须有"设备租赁数量表"条款，形式如表 3-1 所示。

表 3-1 设备租赁数量表

序号	设备名称	规格及型号	出厂日期	设备原值	数量（台）	单价（元）	租赁方式
1							干租
2							干租
3							干租
4							干租
5							干租

第二，在租赁合同中的"租金金额"条款中应约定，"合同租金金额采用以下合同约定形式中的第（　　）种合同约定形式"。

（1）合同金额：×××元（不含增值税），增值税金额：×××元。租赁期间有关税费由出租方承担，出租方向甲方开具增值税发票。设备在承租方场地因承租方原因而引起的待工也计收设备租赁费（如业主原因引起待工，不计设备租赁费），退场时承租方、出租方双方需书面确认。

（2）合同金额：×××元（不含增值税），增值税金额：×××元。租赁期间有关税费由出租方承担，但由承租方向设备所在地的国税局代扣代缴，扣缴的税费从合同金额（含增值税金额）中抵扣，支付给出租方的租金为税后租金　　　　　　　元（不含增值税金额）。

第三，在租赁合同中的"发票开具条款"中约定，"发票开具采用以下开票方法中的第（　　　）种发票开具方法"。

第一种开票方法：如果机械租赁公司租给建筑企业工地上的设备是 2013 年 8 月 1 日之前购买的，且建筑企业的项目选择一般计税方法计征增值税，那么租赁公司按照简易计税方法征收增值税，给承租方的建筑企业开 3% 的增值税专用发票。

第二种开票方法：如果机械租赁公司租给建筑企业工地上的设备是 2013 年 8 月 1 日之前购买的，且建筑企业的项目选择简易计税方法计征增值税，那么租赁公司给承租方的建筑企业开 3% 的增值税普通发票。

第三种开票方法：如果机械租赁公司租给建筑企业工地上的设备是 2013 年 8 月 1 日之后购买的，且建筑企业的项目选择一般计税方法计征增值税，那么租赁公司给承租方的建筑企业开 16% 的增值税专用发票。

第四种开票方法：如果机械租赁公司租给建筑企业工地上的设备是 2013 年 8 月 1 日之后购买的，且建筑企业的项目选择简易计税方法计征增值税，那么租赁公司给承租方的建筑企业开 16% 的增值税普通发票。

（二）综合单价租赁模式（就是含机械和劳务费用或机械租赁公司配备操作人员或湿租）的一般纳税人出租机械给建筑施工企业的税务处理和节税合同签订要点

1. 湿租业务的税务处理

《财政部、国家税务总局关于明确金融　房地产开发　教育辅助服务等增值税政策的通知》（财税〔2016〕140 号）第十六条规定："**纳税人将建筑**

施工设备出租给他人使用并配备操作人员的，按照'建筑服务'缴纳增值税。"因此，如果在一份租赁合同中，只写租金总额，没有注明设备出租方配备操作人员，则按照以下两种情况处理：

（1）如果机械租赁公司 2016 年 5 月 1 日后租给建筑企业工地上的设备是 2013 年 8 月 1 日之前购买的，则租赁公司将机械租赁费用和劳务费用一起按照税率为 3% 的简易计税方法征收增值税，并给承租方的建筑企业开 3% 的专用发票（用于一般计税方法的项目）或普通发票（用于简易计税方法的项目）。

（2）如果机械租赁公司 2016 年 5 月 1 日后租给建筑企业工地上的设备是 2013 年 8 月 1 日之后购买的，则租赁公司将机械租赁费用和劳务费用一起按照 16% 的税率计算征收增值税，并给承租方的建筑企业开 16% 的专用发票（用于一般计税方法的项目）或普通发票（用于简易计税方法的项目）。

如果在一份租赁合同中注明了租金总额以及设备出租方配备操作人员，或者在租赁合同中分别注明了机械设备租金和操作人员劳务费用，或者注明了租金总额以及租金含操作人员操作劳务费用，则按照以下两种情况处理：

（1）如从事的项目是老项目，则机械租赁费用和劳务费用按照税率为 3% 的简易计税方法征收增值税，并给承租方的建筑企业开 3% 的专用发票（用于一般计税方法的项目）或普通发票（用于简易计税方法的项目）。

（2）如果从事的建筑项目是 2016 年 5 月 1 日之后新中标的新项目，则按照 10% 的税率计算征收增值税，并给承租方的建筑企业开 10% 的增值税专用发票（用于一般计税方法的项目）或普通发票（用于简易计税方法的项目）。

2. 湿租合同的节税签订要点

建筑工程机械租赁公司（增值税一般纳税人）以综合单价租赁模式（租金中含机械租赁费和劳务费用）出租机械的，必须按照以下方法签订租赁合同：在租赁合同中注明租金总额以及设备出租方配备人员；或者在租赁合同中分别注明机械设备租金和操作人员劳务费用；或者注明租金总金额以及租金含操作人员劳务费用。具体的签订要点如下：

第一，在租赁合同中第一条必须有"设备租赁数量表"条款，形式如表 3-2 所示。

表 3-2　设备租赁数量表

序号	设备名称	规格及型号	出厂日期	设备原值	数量（台）	单价（元）	租赁方式
1							湿租
2							湿租
3							湿租
4							湿租
5							湿租

第二，在租赁合同中第二条约定，"出租方为租赁工程设备配备操作人员＿＿＿＿＿＿名，代表出租方负责监督、跟踪管理设备以及操作设备，向承租方提供优质服务。出租方负责承担其工资"。

第三，在租赁合同中的"租金金额"条款中应约定，"合同租金金额采用以下合同约定形式中的第（　　）种合同约定形式"。

（1）合同金额：×××元（不含增值税），增值税金额：×××元。租金总额含操作人员劳务费用。租赁期间有关税费由出租方承担，出租方向甲方开具增值税发票。设备在承租方场地因承租方原因而引起的待工也计收设备租赁费（如业主原因引起待工，不计设备租赁费），退场时承租方、出租方双方需书面确认。

（2）合同金额：×××元（不含增值税），增值税金额：×××元。租金总额含操作人员劳务费用。租赁期间有关税费由出租方承担，但由承租方向设备所在地的税务部门代扣代缴，扣缴的税费从合同总金额（含增值税金额）中抵扣，支付给出租方的租金为税后租金＿＿＿＿＿＿元（不含增值税金额）。

第四，在租赁合同中的"发票开具条款"中约定，"发票开具采用以下开票方法中的第（　　）种发票开具方法"。

第一种发票开具方法：如果建筑企业从事的建筑项目是 2016 年 5 月 1 日之前中标的老项目，则按照 10% 的税率计算征收增值税，出租方给承租方的建筑企业开 10% 的普通发票。

第二种发票开具方法：如果建筑企业从事的建筑项目是 2016 年 5 月 1

日之后中标的新项目，且承租方选择一般计税方法计征增值税，则出租方按照 10% 的税率计算征收增值税，给承租方的建筑企业开 10% 的增值税专用发票。

第三种发票开具方法：如果建筑企业从事的建筑项目是 2016 年 5 月 1 日之后中标的新项目，且承租方选择简易计税方法计征增值税，则出租方按照 10% 的税率计算征收增值税，给承租方的建筑企业开 10% 的增值税普通发票。

（三）建筑企业代机械出租人（个人）缴纳税费的租赁合同节税签订要点

1. 税收风险的表现形式

当前，有不少出租人在出租各种机械设备和厂房时，往往不承担与租赁有关的税费，为了更好地处理账务，承租人一般会到税务部门去代开发票，但到税务部门代开租赁发票存在一定的涉税风险，即企业代替出租人扣缴的租赁业增值税及其他税费不可以在税前扣除，导致企业承担了代扣税费的成本支付，却不可以在税前扣除代替出租人扣缴的各种税费，使企业多缴纳了企业所得税。

2. 税收风险控制的合同签订技巧

为了控制以上所述税收风险，出租人与承租人必须按照以下方法签订租赁合同，注意以下两个签订要点：

第一，在租赁合同中的租赁价格条款中必须载明税前租金价格，而不能签税后租金。假设税前租金为 A，税后租金为 B，到租赁物所在地的地税局去代开发票需要承担的综合税率为 R，则简单的等式为 $B = A(1-R)$，$A = B/(1-R)$。切记在租赁合同中应签订的租金价格为 $A = B/(1-R)$，而不是 $B = A(1-R)$。这样的话，企业以 $A = B/(1-R)$ 成本入账，就包括了承租人代替出租人扣缴的综合税。

第二，在租赁合同中的税费承担条款中必须载明，租赁期间有关税费由出租方承担，但由承租方代扣代缴，扣缴的税金从本租赁合同中约定的租金价格中扣除。

某企业代出租人缴纳租金收入税费的涉税

一、案情介绍

自然人 A 将其购买的建筑机械设备租给 B 建筑企业，支付人 B 建筑企业履行代扣代缴义务。在租赁合同中双方约定 B 建筑企业支付给自然人 A 税后费用 9000 元，B 建筑企业在代扣代缴企业所得税时，已将合同约定的不含税收入 9000 元，换算为含税收入 10000 元后计算扣缴税款 1000 元。B 建筑企业询问其计算扣除租金支出时，是按合同约定的代扣代缴企业所得税后的金额 9000 元扣除还是按照未代扣前的 10000 元扣除。

二、涉税分析

本案例中，B 建筑企业作为代扣代缴义务人代扣代缴 1000 元税款后向 A 公司支付的租金为 9000 元，但 B 建筑企业向 A 公司的实际租金支出为 10000 元。根据《中华人民共和国企业所得税法》（中华人民共和国主席令第 63 号）第八条规定："企业实际发生的与取得收入有关的、合理的支出，包括成本、费用、税金、损失和其他支出，准予在计算应纳税所得额时扣除。"因此，如 B 建筑企业发生的此笔租金支出 10000 元与取得收入有关，准予其在计算应纳税所得额时扣除。但建议，B 建筑企业与自然人 A 签订租赁合同时，在租赁合同中写清楚税前租金 10000 元，并在合同中约定，出租人收取租金收入的各项税收由承租人代扣代缴，扣缴的税金从租金总额 10000 元中抵扣。

十、房地产企业免收租金出租自持商业或城市综合体节税的合同签订要点

（一）税收风险表现形式

第一，免租期间，按照从租计征计算房产税，从而零申报房产税，没有按照房产原值申报缴纳房产税。出租人在出租房屋时，为了吸引客户，在发生租赁期间，往往会实行一定的免收租金的招商政策，结果根据从租计征房

产税的税收政策规定，出租人在免收租金期间申报房产税时，不申报房产税，因为0×12％＝0。而根据《财政部　国家税务总局关于安置残疾人就业单位城镇土地使用税等政策的通知》（财税〔2010〕121号）第二条规定："**对出租房产，租赁双方签订的租赁合同约定有免收租金期限的，免收租金期间由产权所有人按照房产原值缴纳房产税。**"因此，免租期间，按照从租计征计算房产税，从而零申报房产税，没有按照房产原值申报缴纳房产税，是一种漏税行为，存在被税务稽查的风险。

第二，免租期间，按照视同销售行为申报缴纳增值税，从而多缴纳增值税。根据《财政部、国家税务总局关于全面推开营业税改征增值税试点的通知》（财税〔2016〕36号）附件1《营业税改征增值税试点实施办法》第十四条的规定，下列情形视同销售服务、无形资产或者不动产：①单位或者个体工商户向其他单位或者个人无偿提供服务，但用于公益事业或者以社会公众为对象的除外。②单位或者个人向其他单位或者个人无偿转让无形资产或者不动产，但用于公益事业或者以社会公众为对象的除外。③财政部和国家税务总局规定的其他情形。《国家税务总局关于土地价款扣除时间等增值税征管问题的公告》（国家税务总局公告2016年第86号）第七条规定："**纳税人出租不动产，租赁合同中约定免租期的，不属于《营业税改征增值税试点实施办法》第十四条规定的视同销售服务。**"因此，全面营改增后，包括免租期、装修期在内的"无偿"提供租赁服务行为不认定为"视同销售"，不缴纳增值税。

（二）税收风险控制的合同签订要点

第一，如果出租人存在免收租金而出租房屋且要求承租人承担房产税的情况，务必在租赁合同中约定：免收租金期间，承租人按照房产原值承担缴纳房产税。

第二，将租赁合同中的免租金条款写成租金优惠或打折条款。例如，装修期共×个月，自×年×月×日至×年×月×日；装修期仅限于乙方用作装修，甲方给予乙方租金总价款×折优惠，该优惠不包括该单元的物业管理费及其他费用。

某房地产企业出租写字楼节税的合同签订要点的涉税

甲房地产企业有一幢写字楼，价值是 1000 万元，当地政府规定按房产余值计算房产税的扣除率为 30%，有三种营销方案：

一是租期三年，租金合计 24 万元（含增值税），第一年免租，第二年和第三年租金为每年 12 万元（含增值税）；

二是租期三年，租金合计 24 万元（含增值税），每年租金为 8 万元；

三是租期三年，租金合计 36 万元（含增值税），每年租金为 12 万元，对于签订正式租赁合同的承租人，甲给予承租人 12 万元的折扣优惠。

请问：甲应选择哪一种方案更省税？

一、法律依据

《财政部、国家税务总局关于营改增后契税　房产税　土地增值税　个人所得税计税依据问题的通知》（财税〔2016〕43 号）第二条规定："**房产出租的，计征房产税的租金收入不含增值税。**"《财政部　国家税务总局关于安置残疾人就业单位城镇土地使用税等政策的通知》（财税〔2010〕121 号）第二条规定："**对出租房产，租赁双方签订的租赁合同约定有免收租金期限的，免收租金期间由产权所有人按照房产原值缴纳房产税。**"根据《财政部、国家税务总局关于全面推开营业税改征增值税试点的通知》（财税〔2016〕36 号）附件 1《营业税改征增值税试点实施办法》第十四条第（一）项的规定，单位或者个体工商户向其他单位或者个人无偿提供服务，但用于公益事业或者以社会公众为对象的除外，要视同销售服务，缴纳增值税。《国家税务总局关于土地价款扣除时间等增值税征管问题的公告》（国家税务总局公告 2016 年第 86 号）第七条规定："**纳税人出租不动产，租赁合同中约定免租期的，不属于《营业税改征增值税试点实施办法》第十四条规定的视同销售服务。**"

二、涉税成本比较分析

方案一的税负。

房产税 = 1000×（1−30%）×1.2%+12÷（1+10%）×12%×2 = 700×1.2%+2.62 = 11.02（万元）

增值税 = 12 ÷（1+10%）×10%×2 = 2.18（万元）（免租赁期间不视同销售缴纳增值税）

企业所得税 = 12 ÷（1+10%）×2 ×25% = 5.45（万元）

总税负（不考虑城市维护建设费及附加）= 11.02+2.18+ 5.45 = 18.65（万元）

方案二的税负。

房产税 = 8 ÷（1+10%）×12%×3 = 2.62（万元）

增值税 = 8 ÷（1+10%）×10% ×3 = 2.18（万元）

企业所得税 = 8 ÷（1+10%）×3 × 25% = 5.45（万元）

总税负 = 2.62+2.18+ 5.45 = 10.25（万元）

方案三的税负。

房产税 = 24÷（1+10%）×12% = 2.62（万元）

增值税 = 24 ÷（1+10%）×10% = 2.18（万元）

企业所得税 = 24÷（1+10%）× 25% = 5.45（万元）

总税负 = 2.62+2.18+ 5.45 = 10.25（万元）

三、分析结论

综合以上涉税成本分析，第二种方案和第三种方案的税收成本一样，但都比第一种方案节约税收成本 8.4（18.65-10.25）万元。

因此，房地产企业出租商铺或城市综合联合体，在进行促销做营销时，最好不要在租赁合同中明确有一定租赁期间免租金，而应该明确"租金总金额一定比例的折扣条款"。

第三节　企业经营过程中节税的关键
环节：合同签订环节

由于税收贯穿于整个业务流程中，业务是按合同发生的，是受法律保护的。合同决定业务过程，业务过程产生税收。但是公司的合同没有一份是财务部门签订的，都是公司业务部门签订的。例如，采购部门签订采购合同、销售部门签订销售合同等。因此，公司业务部门在做业务签订合同的时候产生了税收。企业的税收应分为三大环节：一是税收的产生环节；二是税收的核算环节；三是税收的缴纳环节。在这三个税收环节里，只有企业的业务过程才会产生税收，特别是流转税，只要发生业务的流转，就会产生流转税。因此，要控制和降低税收成本，必须控制、减少和规范企业的业务流程。有关企业税收产生的环节和税收产生与业务流程可以用图3-4来表示。

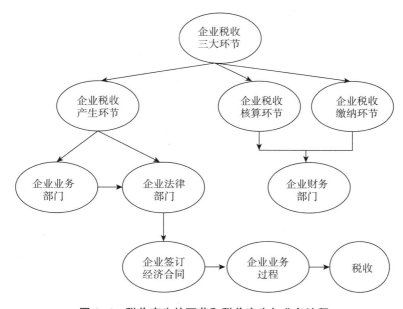

图 3-4　税收产生的环节和税收产生与业务流程

从图3-4可以得出以下两个结论：

一是企业的税收不是财务部做账做出来的，而是企业业务部门在做业务时做出来的；

二是合同、业务流程与税收的关系是，合同决定业务流程，业务流程决定税收，合同在降低企业税收成本中起关键和根本性作用。

因此，合同决定业务过程，业务过程产生税收，企业税务管控必须从合同签订环节开始。即企业的税收产生环节在于业务过程中，而业务过程往往是由签订的经济合同决定的。只有加强业务过程的税收管理，才能真正规避税收风险。也就是说，企业税收成本的控制和降低要从经济合同的签订开始，经济合同的签订环节是企业控制和降低税收成本的源头所在。

基于以上分析，企业应重视日常涉税交易合同的签订和审查，使企业真正节税。企业在开展生产经营活动时，会与外部或内部的法律主体签订各种各样的合同。一份合同不仅涉及法律问题，而且也必然涉及财税问题。不论何类经济合同，合同条款内容必会涉及合同主体一方或双方的纳税义务，稍有差别，财税结果差异可能就会很大，面临的法律风险也会有所不同。由于价格条款是经济合同中的重要条款，合同中签订的价格条款是税收成本的重要依据，经济合同中的价格一旦签订，就决定了诸如增值税、消费税及企业所得税和个人所得税等税负。要降低以上税负，就得在经济合同签订之前准确谈好交易价格，即压低合同价格才能真正降低税负。同时，对某些合同条款加以修改，有可能帮公司省下很多税款，同时还没有风险。因此，企业税收成本的控制和降低要从经济合同的签订开始，经济合同的签订环节是企业控制和降低税收成本的源头所在。

一、园林绿化公司绿化工程节税的合同签订技巧

园林公司从事园林绿化和养护服务，存在两种情况：一是拥有苗圃的园林公司从事园林绿化养护服务；二是没有苗圃的园林公司从事园林绿化养护服务。营改增后，园林公司应如何交税，交多少税，主要取决于园林公司如何签订合同。因此，园林公司应根据发包方的要求，尽量选择税负低的合同签订技巧。

（一）绿化工程的税收法律依据分析

根据《财政部　国家税务总局关于简并增值税税率有关政策的通知》（财税〔2017〕37 号）、《财政部　国家税务总局关于农民专业合作社有关税收政策的通知》（财税〔2008〕81 号）、《财政部　国家税务总局关于调整增值税税率的通知》（财税〔2018〕32 号）和《财政部、国家税务总局关于全面推开营业税改征增值税试点的通知》（财税〔2016〕36 号）附件 1《营业税改征增值税试点实施办法》第二十七条第（三）项的规定，农产品的增值税政策总结如下：

第一，自 2017 年 7 月 1 日起，简并增值税税率结构，取消 13% 的增值税税率，将 13% 的税率改为 11%。《财政部　国家税务总局关于简并增值税税率有关政策的通知》（财税〔2017〕37 号）第一条规定："**纳税人销售或者进口农产品（含粮食）、自来水、暖气、石油液化气、天然气、食用植物油、冷气、热水、煤气、居民用煤炭制品、食用盐、农机、饲料、农药、农膜、化肥、沼气、二甲醚、图书、报纸、杂志、音像制品、电子出版物，税率为 10%。**"

第二，农产品进项税额抵扣新规定。《财政部　国家税务总局关于简并增值税税率有关政策的通知》（财税〔2017〕37 号）第二条第（一）项规定，自 2017 年 7 月 1 日起，纳税人购进农产品，按下列规定抵扣进项税额：

（1）取得一般纳税人开具的增值税专用发票或海关进口增值税专用缴款书的，以增值税专用发票或海关进口增值税专用缴款书上注明的增值税额为进项税额；

（2）从按照简易计税方法依照 3% 征收率计算缴纳增值税的小规模纳税人取得增值税专用发票的，以增值税专用发票上注明的金额和 10% 的扣除率计算进项税额；

（3）取得（开具）农产品销售发票或收购发票的，以农产品销售发票或收购发票上注明的农产品买价和 10% 的扣除率计算进项税额。

第三，农产品"销售发票"的界定。

《财政部　国家税务总局关于简并增值税税率有关政策的通知》（财税〔2017〕37 号）第二条第（六）项规定："**《中华人民共和国增值税暂行条例》第八条第二款第（三）项和本通知所称销售发票，是指农业生产者销售自产农产品适用免征增值税政策而开具的普通发票。**"

第四，农业产品的界定。《财政部　国家税务总局关于印发〈农业产品征税范围注释〉的通知》（财税字〔1995〕52 号）第一条规定："**《中华人民共和国增值税暂行条例》第十六条所列免税项目的第一项所称的'农业生产者销售的自产农业产品'，是指直接从事植物的种植、收割和动物的饲养、捕捞的单位和个人销售的注释所列的自产农业产品；对上述单位和个人销售的外购的农业产品，以及单位和个人外购农业产品生产、加工后销售的仍然**

属于注释所列的农业产品，不属于免税的范围，应当按照规定税率征收增值税。"

根据《农业产品征税范围注释》的规定，农业产品是指种植业、养殖业、林业、牧业、水产业生产的各种植物、动物的初级产品。植物类包括人工种植和天然生长的各种植物的初级产品。植物类也包括"其他植物"，所谓的"其他植物"是指除上述列举植物以外的其他各种人工种植和野生的植物，如树苗、花卉、植物种子、植物叶子、草、麦秸、豆类、薯类、藻类植物等。

第五，绿化工程税收法律依据分析结论。根据以上税收法律依据，自2017年7月1日起，有关苗木、树苗的销售、种植和植保服务的增值税政策可以总结如下：

（1）农业合作社、农民和苗圃公司销售自产的林木、苗木和树苗免增值税。

（2）一般纳税人的房地产公司或购买者从农业合作社、农民和苗圃公司采购林木、苗木和树苗，依照农产品销售普通发票或收购发票上注明的农产品买价和10%的扣除率计算进项税额，用来抵扣增值税进项税。

（3）农业合作社、农民和苗圃公司销售自产的林木、苗木和树苗，因适用免增值税政策而向购买方开具零税率的增值税普通发票或开具农产品收购发票。根据《增值税发票开具指南》第四条"收购业务发票开具"的规定，纳税人通过新系统使用增值税普通发票开具收购发票，系统在发票左上角自动打印"收购"字样。

（4）从从事苗木、林木和树苗销售并具有一般纳税人资格的贸易公司或者中介手中购买苗木、林木和树苗，凭借贸易公司或中介开具的增值税专用发票，以增值税专用发票上注明的增值税额为进项税额，用于抵扣增值税销项税额。

（5）从小规模纳税人手中采购苗木、林木和树苗，必须凭借小规模纳税人到当地税务机关代开的增值税专用发票，以增值税专用发票上注明的金额（不含增值税额）和10%的扣除率计算进项税额，用于抵扣增值税销项税额。特别要注意的是，在计算抵扣额时按金额×10%计算，比如某公司从小规模纳税人手上取得专用发票，票面金额 1000 元，税额 30 元，价税合计 1030 元，这时，该公司能抵扣的进项税额＝1000 元×10%＝100 元，而不是 1030 元×10%。

（6）从农民手中购买苗木、林木和树苗的开票方法：一是必须凭与农民签订的收购合同和农民身份证到农民所在地的国税局购买农产品收购发票，开给农民；二是要求农业生产者个人到其所在地的税务机关代开普通发票，依照农产品收购发票或代开的增值税普通发票上注明的农产品买价和 10% 的扣除率计算进项税额，用来抵扣增值税进项税。

（二）购买苗木节税的合同签订方法

基于以上税收政策规定，房地产企业要依据税收政策选择节税的合同签订方法。具体有以下不同的合同签订方法：

（1）房地产公司直接与苗圃公司签订苗木采购合同，合同约定苗木价款，然后房地产公司与劳务公司签订劳务合同，合同约定劳务款。

（2）房地产公司直接与苗圃公司签订苗木采购合同，合同约定苗木价款，然后房地产公司与自然人包工头签订劳务合同，合同约定劳务款。

（3）房地产公司直接与拥有苗圃的园林公司签订包工包料合同，合同约定苗木价款、植树劳务款。

（4）房地产公司直接与拥有苗圃的园林公司签订两份合同：一份是苗木采购合同，合同约定苗木价款；另一份是苗木植树劳务合同，合同约定劳务款。

（5）房地产公司直接与没有苗圃的园林公司签订包工包料合同，园林公司外购苗木进行施工，合同约定苗木价款、植树劳务款。

以上五种不同合同的税负是不完全相同的，房地产企业必须权衡以上不同合同下的税负，选择最节税的合同签订方法。

房地产公司购买苗木的不同合同签订方法的增值税抵扣

一、案情介绍

甲房地产公司在开发一个项目时需要进行绿化，该绿化项目总投资10000万元（含增值税），其中苗木9000万元，人工费用（植树劳务费用）1000万元，房地产公司面临以下几种合同签订方法：

第一种合同签订方法：房地产公司直接与苗圃公司签订苗木采购合同，合同约定苗木价款9000万元，然后房地产公司与劳务公司签订劳务合同，合同约定劳务款1000万元，劳务公司给房地产企业开3%的增值税专用发票。

第二种合同签订方法：房地产公司直接与苗圃公司签订苗木采购合同，合同约定苗木价款9000万元，然后房地产公司与自然人包工头签订劳务合同，合同约定劳务款1000万元，包工头到当地税务部门代开增值税发票给房地产公司。

第三种合同签订方法：房地产公司直接与拥有苗圃的园林公司签订10000万元的包工包料合同，合同约定苗木价款9000万元、植树劳务款1000万元，园林公司给房地产公司开具9000万元免增值税的增值税普通发票，1000万元10%的增值税专用发票。

第四种合同签订方法：房地产公司直接与拥有苗圃的园林公司签订两份合同：一份是苗木采购合同，合同约定苗木价款9000万元；另一份是苗木种植劳务合同，合同约定劳务款是1000万元。园林公司给房地产公司开具9000万元的免增值税的增值税普通发票，1000万元3%的增值税专用发票。

第五种合同签订方法：房地产公司直接与没有苗圃的园林公司签订10000万元的包工包料合同，园林公司外购苗木进行施工，合同约定苗木价款9000万元、植树劳务款1000万元，园林公司给房地产公司开具10000万元10%的增值税专用发票。

以上合同中约定的数字都是含增值税的，请分析比较房地产企业签订哪一种合同税负更低。

二、不同合同签订方法下的增值税成本分析

（1）第一种合同签订方法下的增值税成本分析。由于苗圃公司销售苗木是免增值税的，苗圃公司向房地产企业开具零税率的增值税普通发票，根据《财政部　国家税务总局关于简并增值税税率有关政策的通知》（财税〔2017〕37号）第二条第（三）项和《财政部　国家税务总局关于调整增值税税率的通知》（财税〔2018〕32号）的规定，取得（开具）农产品销售发票或收购发票的，以农产品销售发票或收购发票上注明的农产品买价和10%的扣除率计算进项税额。

根据《销售服务、无形资产、不动产注释》的规定，"其他建筑服务"，是指上列工程作业之外的各种工程作业服务，如钻井（打井）、拆除建筑物或者构筑物、平整土地、园林绿化、疏浚（不包括航道疏浚）、建筑物平移、搭脚手架、爆破、矿山穿孔、表面附着物（包括岩层、土层、沙层等）剥离和清理等工程作业。《财政部、国家税务总局关于全面推开营业税改征增值税试点的通知》（财税〔2016〕36号）附件2《营业税改征增值税试点有关事项的规定》第一条第（七）项第一款规定："一般纳税人以清包工方式提供的建筑服务，可以选择适用简易计税方法计税。以清包工方式提供建筑服务，是指施工方不采购建筑工程所需的材料或只采购辅助材料，并收取人工费、管理费或者其他费用的建筑服务。"基于以上税收政策规定，劳务公司从事植树劳务是建筑服务，可以选择简易计税方法，按照3%计征增值税。

因此，房地产企业可以抵扣的增值税：$9000 \times 10\% + 1000 \div （1+3\%） \times 3\% = 900 + 29.13 = 929.13$（万元）。

（2）第二种合同签订方法下的增值税成本分析。根据《增值税发票开具指南》的规定，依法不需要办理税务登记的单位和个人，临时取得收入，需要开具增值税普通发票的，可以向税务机关申请代开增值税普通发票。同时根据《中华人民共和国发票管理办法》的规定，个人到当地税务部门代开发票时，只能申请代开增值税普通发票，不能代开增值税专用发票。因此，本案例中包工头代开的增值税普通发票，房地产企业不可以抵扣增值税进项税额。

因此，房地产企业可以抵扣的增值税：$9000 \times 10\% = 900$（万元）。

（3）第三种合同签订方法下的增值税成本分析。由于园林公司拥有自己的苗圃，与房地产公司签订包工包料的园林绿化工程，园林公司实质上发生了销售自产货物并提供建筑劳务的行为。根据《国家税务总局关于进一步明确营改增有关征管问题的公告》（国家税务总局公告2017年第11号）第一条和第四条的规定，纳税人销售活动板房、机器设备、钢结构件等自产货物的同时提供建筑、安装服务，不属于《营业税改征增值税试点实施办法》第四十条规定的混合销售，应分别核算货物和建筑服务的销售额，分别适用不同的税率或者征收率。基于此规定，园林公司发生的树苗种植劳务可以选择10%的税率计征增值税。由于园林公司销售苗木是免增值税的，发生植树劳务选择10%的税率计征增值税，所以园林公司发生了兼营行为，根据《财政部、国家税务总局关于全面推开营业税改征增值税试点的通知》（财税〔2016〕36号）附件2《营业税改征增值税试点有关事项的规定》第一条第（一）项的规定，试点纳税人销售货物、加工修理修配劳务、服务、无形资产或者不动产适用不同税率或者征收率的，应当分别核算适用不同税率或者征收率的销售额，未分别核算销售额的，从高适用税率。基于此规定，园林公司给房地产企业开具9000万元零税率的增值税普通发票和1000万元10%税率的增值税专用发票。

因此，房地产公司可以抵扣的增值税：$9000 \times 10\% + 1000 \div (1+10\%) \times 10\% = 900 + 90.91 = 990.91$（万元）。

（4）第四种合同签订方法下的增值税成本分析。园林公司与房地产企业签订的两份合同：一份是苗木采购合同，合同约定苗木价款9000万元；另一份是苗木植树劳务合同，合同约定劳务款是1000万元。对园林公司而言，实质是"甲供材"合同，根据《财政部、国家税务总局关于全面推开营业税改征增值税试点的通知》（财税〔2016〕36号）附件2《营业税改征增值税试点有关事项的规定》第一条第（七）款"建筑服务"第2项的规定，一般纳税人为"甲供工程"提供的建筑服务，可以选择适用简易计税方法计税。

因此，房地产公司可以抵扣的增值税：$9000 \times 10\% + 1000 \div (1+3\%) \times 3\% = 900 + 29.13 = 929.13$（万元）。

（5）第五种合同签订方法下的增值税成本分析。《财政部、国家税务总局关于全面推开营业税改征增值税试点的通知》（财税〔2016〕36号）附件1《营业税改征增值税试点实施办法》第四十条规定："**一项销售行为如果既涉及服务又涉及货物，为混合销售。从事货物的生产、批发或者零售的单位和个体工商户的混合销售行为，按照销售货物缴纳增值税；其他单位和个体工商户的混合销售行为，按照销售服务缴纳增值税。**"基于此规定，第五种合同签订方法下的园林公司发生了混合销售行为，按照10%的税率计征增值税，向房地产企业开具10%的增值税专用发票。

因此，房地产公司可以抵扣的增值税：10000÷（1+10%）×10% = 909.1（万元）。

三、分析结论

在五种不同合同签订方法中，通过以上增值税成本计算可以得出以下结论：

（1）对房地产企业而言，最节约增值税的是第三种合同签订方法；其次是第一种和第四种合同签订方法；税负最重的是第二种合同签订方法。

（2）对于拥有自己苗圃的园林公司而言，最节约增值税的是第四种合同签订方法。

二、园林公司养护工程节税的合同签订技巧

（一）法律依据分析

《财政部、国家税务总局关于全面推开营业税改征增值税试点的通知》（财税〔2016〕36号）附件3《营业税改征增值税试点过渡政策的规定》第一条第（十）项规定："**农业机耕、排灌、病虫害防治、植物保护、农牧保险以及相关技术培训业务，家禽、牲畜、水生动物的配种和疾病防治，免增值税。**"

《国家税务总局关于进一步明确营改增有关征管问题的公告》（国家税务总局公告2017年第11号）第五条规定："**纳税人提供植物养护服务，按照'其他生活服务'缴纳增值税。**"根据以上税收政策规定，具有一般纳税

人资格的园林公司从事植物养护服务，应按照6%的税率计征增值税，但是，在植物养护服务中，发生的植物保护服务（以下简称植保劳务）免征增值税。

（二）园林公司养护工程节税的合同签订技巧

《财政部、国家税务总局关于全面推开营业税改征增值税试点的通知》（财税〔2016〕36号）附件1《营业税改征增值税试点实施办法》第四十一条规定："**纳税人兼营免税、减税项目的，应当分别核算免税、减税项目的销售额；未分别核算的，不得免税、减税。**"根据此规定，园林公司在签订养护工程合同时，应将免税的植物保护业务和不能免增值税的非植物保护业务在合同中分别约定价款，否则不能享受免增值税的待遇，从而要多缴纳增值税。

某园林绿化企业养护工程合同的签订技巧

一、案情介绍

某企业承接了一项绿化养护工程，为一小区栽种水杉树苗，并在工程完工后1年内提供树苗日常养护。绿化工程价款750万元（含增值税），养护劳务收入100万元（含增值税），养护劳务收入中提供的病虫害防治、植保劳务收入50万元（含增值税）。假设不考虑增值税进项税额的抵扣，请问应该如何签订合同使该企业的税负最低。

二、法律依据分析

《财政部、国家税务总局关于全面推开营业税改征增值税试点的通知》（财税〔2016〕36号）附件3《营业税改征增值税试点过渡政策的规定》第一条第（十）项规定："**农业机耕、排灌、病虫害防治、植物保护、农牧保险以及相关技术培训业务，家禽、牲畜、水生动物的配种和疾病防治，免增值税。**"

《国家税务总局关于进一步明确营改增有关征管问题的公告》（国家税务总局公告2017年第11号）第五条规定："**纳税人提供植物养护服务，按**

照'其他生活服务'缴纳增值税。"根据以上税收政策规定，具有一般纳税人资格的园林公司从事植物养护服务，应按照6%的税率计征增值税，但是，在植物养护服务中，发生的植物保护服务免征增值税。

《财政部、国家税务总局关于全面推开营业税改征增值税试点的通知》（财税〔2016〕36 号）附件 1《营业税改征增值税试点实施办法》第四十一条规定："纳税人兼营免税、减税项目的，应当分别核算免税、减税项目的销售额；未分别核算的，不得免税、减税。"

三、园林公司养护工程节税的合同签订技巧

根据以上税收政策规定，园林公司在签订养护工程合同时，应将免税的植物保护业务和不能免增值税的非植物保护业务在合同中分别约定价款，否则不能享受免增值税的待遇，从而要多缴纳增值税。

四、签订合同技巧的涉税分析

（1）第一种签订合同的技巧：在合同中约定绿化工程价款 750 万元，养护劳务收入 100 万元。

（2）第二种签订合同的技巧：在合同中约定绿化工程价款 750 万元，养护劳务收入 50 万元，提供病虫害防治、植保劳务收入 50 万元。

基于以上法律规定，第一种合同签订技巧下应纳增值税 = 750÷（1+10%）×10%+100÷（1+6%）×6% = 68.18+5.66 = 73.84（万元）。第二种合同签订技巧下应纳增值税 = 750÷（1+10%）×10%+（100−50）÷（1+6%）×6% = 68.18+2.83 = 71.01（万元）。第二种合同签订技巧比第一种合同签订技巧节约增值税 2.83 万元。

4

建筑房地产企业税收安全策略三：
法律框架下合法税务筹划

税务筹划是在法律允许的范围内，运用国家的税收政策和有关法律规定，对企业的经济活动进行安排，使企业减轻纳税负担的一种理财活动。纳税筹划一定是一种合法行为，而不是有些人所讲的"钻法律的空子"而使企业少纳税的一种活动。由于税务筹划运用不当的话会使企业面临很大的税务风险，在现代税收筹划理论的指导下，税务筹划面临一定的涉税法律风险、涉税行政执法风险、涉税经济风险、涉税信誉风险和涉税心理风险。真正的税务筹划在于筹划方案要遵循税收法律、法规的要求，根据税收法规中明确列出的优惠条款，做出对应税经济行为的主动性适应安排和对会计政策的灵活选择，从形式到内容合法并符合立法意图，且符合道德伦理和光明正大的行为。因此，税务筹划必须在新的税务筹划理念的指导下，在法律框架下进行，企业的节税目的才会没有法律风险。本章从实践业务出发，首先重点分析"建筑房地产企业税务筹划"必须遵循的三大新理念，并在这三大新税务筹划理念下，重点举例分析四种建筑房地产企业税务筹划的秘诀和良方。

第一节 建筑房地产企业税务筹划新理念

所谓的理念是指一个人或一个组织和团体进行任何活动的指导思想。任何事情要做成功，首先要有好的指导思想或理念。大家要记住的是：许多事情没有做成功或者说很多行为的结果是错误的，根本的原因不是已经实行的行为措施有问题或者说是错误的，而是指导该行为的思想出了问题。因此，要做好某件事情，一定要有好的理念。同样，要使纳税筹划方案有可行性、操作性和合法性，更需要有指导纳税筹划的好的现代指导思想。通过多年从事税务实践的积累，笔者认为纳税筹划必须在三大基本理念的指导下才会成功。这三大基本理念是：一是充分用足用好国家的税收优惠政策是最好的税务筹划；二是必须在国家相关法律框架下合法进行税务筹划；三是税务筹划必须与企业战略管理相结合。

一、新理念一：用好用足国家的税收（优惠）政策是最好的税务筹划

笔者认为：用好用足国家的税收（优惠）政策有三点含义：一是正确理解并运用国家和国际税收政策。对税收政策理解不当必然导致运用不当而使企业多交了不应该交的税，或者使企业少交了应该缴纳的税，从而产生税务稽查的风险。二是了解并应用好国家税收优惠政策。税收优惠政策是国家给予符合一定条件的企业的一种税收照顾，如果能够充分用好国家的税收优惠政策，本身就是最好的税务筹划。三是知道国家税收政策的时效性，能清楚了解哪些政策已经失效，哪些政策还有效。如果税务筹划方案不能跟上国家最新的税收调整政策，那么可能由合法变为不合法。税收政策的时效性增加了纳税人纳税筹划的难度，甚至失败。因此，税收政策的时效性将会带来筹划风险。

案例分析33

某房地产企业用足"混合性投资"税收政策节税的税务筹划

一、案情介绍

A 房地产企业接受 B 信托投资公司"混合性"投资，由 B 信托投资公司向 A 房地产企业增资 2.5 亿元，双方约定年收益率为 15%，两年后 A 房地产企业应以 2.8 亿元的对价赎回该项投资，假设银行同类贷款利率为 6%，请问：该如何进行税务筹划，使 A 房地产企业税负更低？

二、税务筹划的法律依据分析

1. 混合性投资应具备的条件

根据《国家税务总局关于企业混合性投资业务企业所得税处理问题的公告》（国家税务总局公告 2013 年第 41 号）的规定，混合性投资业务，必须同时符合以下 5 个条件：

（1）被投资企业接受投资后，需要按投资合同或协议约定的利率定期支付利息，包括支付保底利息、固定利润或固定股息等。也就是说，此类投资回报不与被投资企业的经营业绩挂钩，不是按企业的投资效益进行分配，也

不是按投资者的股份份额取得回报。投资者没有或很少承担投资风险的一种投资，实际为企业一种融资形式。

（2）有明确的投资期限或特定的投资条件，并在投资期满或者满足特定投资条件后，被投资企业应当偿还本金或按投资合同或协议约定的价格赎回投资。也就是说，投资期限无论是否届满，只要合同或协议约定的、需要由被投资企业偿还本金或赎回投资的条件已经满足，被投资企业必须偿还本金或赎回投资。被投资企业偿还本金或赎回投资后，作减资处理。

（3）被投资企业如果依法停止生产经营活动需要清算的，投资企业的投资额可以按债权进行优先清偿，但对被投资企业净资产不能按投资份额拥有所有权。

（4）投资企业不具有选举权和被选举权。被投资企业在选举董事会、监事会成员时，投资企业不能按持股比例进行表决或被选为成员。

（5）不参与被投资企业日常生产经营活动。但是，投资资金如果指定了专门用途，投资方企业可以监督其资金运用情况。

2. 混合性投资业务的税务处理

（1）被投资企业支付利息的税务处理。根据《国家税务总局关于企业混合性投资业务企业所得税处理问题的公告》（国家税务总局公告2013年第41号）第二条第（一）项的规定，由被投资企业定期支付利息的，投资企业应当于被投资企业应付利息的日期，根据合同或协议约定的利率，计算确定本期利息收入并计入当期应纳税所得额；被投资企业应于应付利息的日期确认本期利息支出，并按税法实施条例和《国家税务总局关于企业所得税若干问题的公告》（国家税务总局公告2011年第34号）规定的限定利率，在当期进行税前扣除。

（2）被投资企业赎回投资的税务处理。根据《国家税务总局关于企业混合性投资业务企业所得税处理问题的公告》（国家税务总局公告2013年第41号）第二条第（二）项的规定，投资期满或满足特定条件后，由被投资企业按投资合同或协议约定价格赎回的，应区分下列情况分别进行处理：

其一，实际赎价高于投资成本时，投资企业应将赎价与投资成本之间的差额，在赎回时确认为债务重组收益，并计入当期应纳税所得额；被投资企业应将赎价与投资成本之间的差额，在赎回当期确认为债务重组损失，并准予在税前扣除。

其二，当实际赎价低于投资成本时，投资企业应将赎价与投资成本之间的差额，在赎回当期按规定确认为债务重组损失，并准予在税前扣除；被投资企业应将赎价与投资成本之间的差额，在赎回当期确认为债务重组收益，并计入当期应纳税所得额。

三、混合性投资节税的合同签订技巧

根据《国家税务总局关于企业混合性投资业务企业所得税处理问题的公告》（国家税务总局公告 2013 年第 41 号）第二条第（一）项和第（二）项的规定，房地产信托股权融资中的投资企业（信托投资公司）收取的利息收入需要全部并入其当期应纳税所得额计算缴纳企业所得税，而被投资企业（房地产企业）支出的利息部分，需要根据《企业所得税法实施条例》第三十八条及《国家税务总局关于企业所得税若干问题的公告》（国家税务总局公告 2011 年第 34 号）规定的限定利率，在当期进行税前扣除。国家税务总局公告 2011 年第 34 号文规定可以扣除的利息支出为根据银行同期同类贷款利率计算的部分。因此，房地产信托股权融资产生的税务风险是投资方（信托投资公司）收到的利息需要全额缴纳企业所得税，而被投资方（房地产企业）支付的利息只能扣除根据银行贷款利率计算的金额，其余部分需要进行纳税调整。

基于以上分析，混合性投资业务（或房地产信托融资业务）的纳税筹划方案是：投资双方在签订投资协议时，可以将投资期间支付的固定利息或利润限定在根据银行同期贷款利率计算的范围内，超过部分全部计入赎回投资的对价，这样被投资企业支付的全部利息和对价均能在税前扣除。

四、纳税筹划前的涉税成本分析

1. B 信托投资公司的税收成本分析

B 信托投资公司在投资期间及投资收回时取得的利息收入和债务重组收入如下：

$25000 \times 15\% \div (1+6\%) \times 2 + 28000 - 25000 = 10075.47$（万元）

B 信托投资公司该项投资业务需缴纳的企业所得税如下：

$10075.47 \times 25\% = 2518.87$（万元）

B 信托投资公司该项投资业务需缴纳的增值税销项税额如下：

25000×15%÷（1+6%）×2×6%＝423.53（万元）

B信托投资公司总的税负：

2518.87+423.53＝2942.40（万元）

2. A房地产企业的税收成本分析

A房地产企业投资期间支付的利息及债务重组损失计算如下：

《财政部　国家税务总局关于全面推开营业税改征增值税试点的通知》（财税〔2016〕36号）附件1《营业税改征增值税试点实施办法》第二十七条第（六）项规定："购进的贷款服务的进项税额不得从销项税额中抵扣。"基于此规定，A房地产企业支付给信托公司的利息含有的增值税进项税额不能抵扣，只能进成本在企业所得税前扣除。

因此，A房地产企业投资期间支付的利息及债务重组损失为：

25000×15%×2+28000-25000＝10500（万元）

A房地产企业可以税前扣除的利息支出及债务重组损失为：

25000×6%×2+28000-25000＝6000（万元）

A房地产企业需要纳税调增的金额为：

10500-6000＝4500（万元）

A房地产企业应补缴的企业所得税为：

4500×25%＝1125（万元）

五、税务筹划方案

双方应修改投资协议，投资总额不变，协议约定：年收益率改为6%，两年后赎回的价格为3.25亿元（2.8亿元+4500万元）。

六、纳税筹划后的涉税成本分析

1. B信托投资公司的税收成本分析

B信托投资公司在投资期间及投资收回时取得的利息收入和债务重组收入如下：

25000×6%÷（1+6%）×2+32500-25000＝10330.19（万元）

B信托投资公司该项投资业务需缴纳的企业所得税如下：

10330.19×25%＝2582.55（万元）

B信托投资公司该项投资业务需缴纳的增值税销项税额如下：

227

25000×6%÷（1+6%）×2×6%＝169.81（万元）

B 信托投资公司总的税负为：

2582.55+ 169.81＝2752.36（万元）

2. A 房地产企业的税收成本分析

A 房地产企业投资期间支付的利息及债务重组损失为：

25000×6%×2+32500－25000＝10500（万元）

A 房地产企业可以税前扣除的利息支出及债务重组损失为：

25000×6%×2+32500－25000＝10500（万元）

A 房地产企业需要纳税调增的金额为：

10500－10500＝0（万元）

A 房地产企业应补缴企业所得税为：

（10500－10500）×25%＝0（万元）

3. 纳税筹划结论

通过纳税筹划，B 信托投资公司的税务减少 190.04 万元（2942.40－2752.36），A 房地产企业税负减少 1125 万元。

通过本案例的税务筹划分析，发现房地产企业将国家税务总局 2013 年第 41 号文件的政策规定充分应用到信托融资业务中，实现了合法节税的目的。

案例分析34

房地产企业用好用足成本分摊税收政策节税的税务筹划

一、案情介绍 ①

某房地产公司的某项目由 7 个地块组成，并且 7 个地块连在一起成为一个组团，由企业一次性拍下。企业拿地时，与当地政府分别签订了 7 份《国有建设用地使用权出让合同》，每份合同补充条款均约定，"受让人负责无偿配建上述 7 宗地范围内的三座桥梁建设、项目区范围内所有的道路、绿化景观、河道整治等基础设施配套以及上述地块四周道路、河道之间的绿化建设；负责驳岸、栏杆、绿化景观，清淤和亮化等工程的方案设计与建设"，

---

① 本案例来源于青岛孙炜财税工作室。

经工程造价公司评估，工程造价预计约 1.3 亿元。依据土地出让合同：7 块地的土地面积合计为 417480 平方米；根据各个地块《综合经济技术指标》，获知各个地块的计算容积率总建筑面积，7 块地的总建筑面积为 1117033 平方米，具体如表 4-1、表 4-2 和图 4-1 所示：

表 4-1　土地地块编号、土地面积和计容建筑面积明细

序号	地块编号	土地面积（平方米）	计容建筑面积（平方米）
1	1	54514	125382
2	2	56460	135503
3	3	47170	125000
4	4	50561	133986
5	5A	69665	243827
6	5B	69583	172565
7	6	69527	180770
合计		417480	1117033

另外，从各个地块《综合经济技术指标》来看，各地块开发产品中包括住宅、商业/办公和配套设施等业态产品，具体的比例如表 4-2 所示。

表 4-2　各地块中商业面积占比

序号	地块编号	建筑面积	分类建筑面积			商业占比（%）
			住宅	商业	地块内配套	
1	1	125382	114526	10000	856	7.98
2	2	135503	114365	20251	887	14.95
3	3	125000	123000	2000	0	1.60
4	4	133986	122986	8000	3000	5.97
5	5A	243827	133827	110000	0	45.11
6	5B	172565	166565	6000	0	3.48
7	6	135818	130595	3000	2223	2.21
合计		1072081	905864	159251	6966	

图4-1 7个地块位置

　　根据规划，项目中配建的桥梁、道路、河道和堤围均位于地块组团的中部。项目开发完毕后，企业配建的公共配套设施，小区全体业主都能够免费使用，企业不保留所有权；并且小区属于开放型小区，小区以外的其他城市居民也将能够免费使用。假设项目内建设的以上公共配套设施投入成本为 X元。请分析如何采用成本分摊方法，使房地产企业的税负最低？

二、税务筹划的法律依据分析

1. 土地增值税扣除项目中的公共配套设施成本（共同成本）分摊方法的确定

《国家税务总局关于房地产开发企业土地增值税清算管理有关问题的通知》（国税发〔2006〕187号）第四条"土地增值税的扣除项目"第四条第（五）项规定："属于多个房地产项目共同的成本费用，应按清算项目可售建筑面积占多个项目可售总建筑面积的比例或其他合理的方法，计算确定清算项目的扣除金额。"《中华人民共和国土地增值税暂行条例实施细则》（财法字〔1995〕6号）第九条规定："纳税人成片受让土地使用权后，分期分批开发、转让房地产的，其扣除项目金额的确定，可按转让土地使用权的面积占总面积的比例计算分摊，或按建筑面积计算分摊，也可按税务机关确认的其他方式计算分摊。"从以上政策规定和税收征管实践来看，税务部门在对房地产开发企业同一项目不同类型的房地产进行土地增值税清算时，其相关成本费用的分摊方法主要有三种：一是可售建筑面积百分比法；二是占地面积百分比法；三是税务机关确认的其他合理的方法（暂无统一规定）。

因此，在对房地产企业进行土地增值税清算时，属于多个房地产项目发生共同的成本费用，在计算土地增值税时，既可以按照可售面积法（按清算项目可售建筑面积占多个项目可售总建筑面积的比例）、占地面积法，也可以采用其他合理的方法确定。言下之意，房地产企业可以选择对自己最有利的成本分摊方法进行确定，即房地产企业可以采用最节税的成本分摊方法分配共同发生的开发成本。

2. 企业所得税扣除项目中的公共配套设施成本（共同成本）分摊方法的确定

按照《国家税务总局关于印发〈房地产开发经营业务企业所得税处理办法〉的通知》（国税发〔2009〕31号）第二十九条和第三十条的规定，共同成本和不能分清负担对象的间接成本，应按受益的原则和配比的原则分配至各成本对象，具体分配方法可按以下规定选择其一：占地面积法、建筑面积法、直接成本法与预算造价法。基于此税收政策，房地产企业在计算企业所得税时，对于项目内公共配套设施成本或共同成本的成本分摊方法可以在

"占地面积法、建筑面积法、直接成本法与预算造价法"中任选一种对房地产企业而言最节税的成本分摊方法。

结合以上两个税收政策文件规定，对于项目内公共配套设施成本或共同成本的成本分摊方法，可以在"占地面积法、建筑面积法、直接成本法与预算造价法"中选择一种既对计算土地增值税最低也对计算企业所得税最低的成本分摊方法。

3. 项目内公共配套设施成本或共同成本可以在土地增值税和企业所得税前进行扣除

《国家税务总局关于房地产开发企业土地增值税清算管理有关问题的通知》（国税发〔2006〕187号）第四条"土地增值税的扣除项目"第（三）款规定："房地产开发企业开发建造的与清算项目配套的居委会和派出所用房、会所、停车场（库）、物业管理场所、变电站、热力站、水厂、文体场馆、学校、幼儿园、托儿所、医院、邮电通讯等公共设施，按以下原则处理：①建成后产权属于全体业主所有的，其成本、费用可以扣除；②建成后无偿移交给政府、公用事业单位用于非营利性社会公共事业的，其成本、费用可以扣除；③建成后有偿转让的，应计算收入，并准予扣除成本、费用。"

《国家税务总局关于印发〈房地产开发经营业务企业所得税处理办法〉的通知》（国税发〔2009〕31号）第十七条规定："企业在开发区内建造的会所、物业管理场所、电站、热力站、水厂、文体场馆、幼儿园等配套设施，属于非营利性且产权属于全体业主的，或无偿赠与地方政府、公用事业单位的，可将其视为公共配套设施，其建造费用按公共配套设施费的有关规定进行处理。"

根据以上税收政策的规定，本案例项目中配建的桥梁、道路、河道和堤围均位于地块组团的中部。项目开发完毕后，企业配建的公共配套设施小区全体业主都能够免费使用，企业不保留所有权；并且小区属于开放型小区，小区以外的其他城市居民也将能够免费使用。根据以上国税发〔2006〕187号第四条和国税发〔2009〕31号第十七条税收政策规定，房地产企业在规划项目内建造的以上公共配套设施的开发成本可以在土地增值税和企业所得税前进行扣除。

三、共同成本的成本分摊方法的确定

本案例项目规划中的河流虽然位于每一地块的红线之外，但却处于整个规划项目之内，且被 7 个地块所环绕，如图 4-1 所示。三座桥梁建设、项目区范围内所有的道路、绿化景观、河道整治等基础设施配套以及上述地块四周道路、河道之间的绿化建设成本、费用归集汇总后，由 7 个地块按照合理的分摊方法进行分配，并计入 7 个地块相关开发项目的开发成本。

1. 选择占地面积法分摊的计税成本

把河流、桥梁、堤坝、道路等发生的拆迁及基础设施建设的投入总成本分摊到每一地块时，按照占地面积法进行均摊，即基础设施费总投入成本除以可利用的地块的总占地面积，求出单位面积投入成本额，然后按照各单一地块的占地面积进行分配。根据案例中的土地数据计算各地块的分配比例和分配成本，结果如表 4-3 所示。

表 4-3　项目地块与建筑面积明细

序号	地块编号	土地面积（平方米）	占整个地块百分比（%）	应分摊成本金额（元）
1	1	54514	13.06	13.06%X
2	2	56460	13.52	13.52%X
3	3	47170	11.30	11.30%X
4	4	50561	12.11	12.11%X
5	5A	69665	16.69	16.69%X
6	5B	69583	16.67	16.67%X
7	6	69527	16.65	16.65%X
	小计	417480	100.00	

2. 选择建筑面积法分摊的计税成本

本方法是按照各个地块中的计算容积率总建筑面积分摊。通过企业提供的各个地块《综合经济技术指标》可以获知各个地块的计算容积率总建筑面积。分摊后的具体数据如表 4-4 所示。

表 4-4　各个地块建筑面积比例明细

序号	地块编号	计容建筑面积（平方米）	占整个项目比例（%）	应分摊成本金额（元）
1	1	125382	11.22	11.22%X
2	2	135503	12.13	12.13%X
3	3	125000	11.19	11.19%X
4	4	133986	11.99	11.99%X
5	5A	243837	21.83	21.83%X
6	5B	172565	15.45	15.45%X
7	6	180770	16.18	16.18%X
	小计	1117033	100.00	

3. 选择预算造价法分摊公共配套设施成本

一地块周边道路内侧或河流内侧所发生的拆迁及基础设施建设的投入总成本，按照各地块开发项目预算造价的比例进行分摊。

4. 分析结论

根据前面的占地面积法与建筑面积法的数据，将两种计税方法下的公共成本分摊法计税的数据综合为一张表，如表 4-5 所示。

表 4-5　占地面积法与建筑面积法下数据比较明细

序号	地块编号	占地面积法	建筑面积法
		占整个项目百分比（%）	占整个项目比例（%）
1	1	13.06	11.22
2	2	13.52	12.13
3	3	11.30	11.19
4	4	12.11	11.99
5	5A	16.69	21.83
6	5B	16.67	15.45
7	6	16.65	16.18
	合计	100.00	100.00

从房地产企业开发的实践来看，商业销售的价格会很高，而分摊的成本较低，将要缴纳更多的税收。按照案例中的5号地和6号地中的商业项目所占的比重，出于节税的考虑，一定要让5号地和6号地中的商业项目分摊的共同成本多。基于以上按照占地面积法与建筑面积法计算分摊共同成本的数据显示：应选择建筑面积法分摊共同成本，达到房地产企业的节税目的。因此，充分用好用足国家税收政策就是最好的税务筹划。

二、新理念二：在国家相关法律框架下合法进行税务筹划

税法是公法的一种，国家在制定税法时，不得与国家相关民法、行政法、民商法的相关规定相悖。企业在进行税务筹划时，不仅要依据税法的规定，而且要依照国家的民商法和相关法律政策的规定进行税务筹划。因此，在进行税务筹划时，依据的法律依据是国家相关法律规定和税法政策规定。下面以"建筑企业节约社保费用的'农民工'用工筹划之道"为例，加以证明企业必须在"法律框架下进行合法税务筹划，才是安全的税务筹划"。

案例分析35
建筑企业节约社保费用的"农民工"用工策划之道

一、案情介绍

全面营改增后，建筑企业的农民工存在"四种"不同的用工形式：一是建筑企业与劳务公司签订劳务分包合同的用工形式；二是建筑企业项目部直接雇用农民工的用工形式；三是建筑企业与劳务派遣公司签订劳务派遣合同，农民工为劳务派遣人员的用工形式；四是建筑企业与个人包工头签订建筑劳务承包合同，农民工为个人包工头队伍的用工形式。在以上四种农民工用工形式下的建筑企业，对农民工的成本如何进行会计核算？对农民工的个人所得税应如何处理？建筑企业如何选择农民工的用工形式才可以节约社保费用？

二、各种用工形式的社保费用和个税处理分析

1. 建筑企业与劳务公司签订劳务分包合同用工形式的社保费用、个税处理

（1）建筑企业与劳务公司签订劳务分包合同的用工形式的法律分析。

1）农民工的雇佣法律关系。在建筑企业与劳务公司签订劳务分包合同的情况下，在劳动法律关系上，农民工与劳务公司构成雇佣和被雇佣的劳动关系，与建筑企业没有构成雇佣和被雇佣的法律关系。

2）建筑企业与劳务公司签订劳务分包合同的合法性。财税〔2016〕36号文件附件2《营业税改征增值税试点有关事项的规定》第一条第（七）项"建筑服务"第一款规定：以清包工方式提供建筑服务，是指施工方不采购建筑工程所需的材料或只采购辅助材料，并收取人工费、管理费或者其他费用的建筑服务。基于此条规定，清包工方式包括两种方式：一是分包人不采购建筑工程所需的材料（含主材和辅料），只收取全部人工费用；二是分包人只采购建筑工程所需的辅料和收取全部人工费用。《建筑工程施工转包违法分包等违法行为认定查处管理办法（试行)》（建市〔2014〕118号）第九条第（五）项规定：专业分包人将其承包的专业工程中非劳务作业部分再分包的，为违法分包行为。基于此规定，建筑企业总包和专业分包人可以就其纯劳务部分进行分包给劳务公司。

（2）建筑企业与劳务公司签订劳务分包合同用工形式的财务处理。在建筑企业与劳务公司签订劳务分包合同的情况下，劳务公司根据财税〔2016〕36号文件的规定，选择简易计税方法，直接向建筑企业开具3%的增值税专用（普通）发票，建筑企业直接凭劳务公司开具的增值税发票在"工程施工—分包成本—人工费用"科目进行成本核算。

（3）建筑企业与劳务公司签订劳务分包合同用工形式的农民工个人税处理。在建筑企业与劳务公司签订劳务分包合同的情况下，在劳动法律关系上，农民工与劳务公司构成雇佣和被雇佣的劳动关系，与建筑企业没有构成雇佣和被雇佣的法律关系。因此，农民工的个人所得税由劳务公司代扣代缴。

（4）建筑企业与劳务公司签订劳务分包合同用工形式的社保费用处理。

由于建筑企业与劳务公司签订劳务分包合同，在劳动法律关系上，农民工与劳务公司构成雇佣和被雇佣的劳动关系，与建筑企业没有构成雇佣和被雇佣的法律关系。因此，根据《中华人民共和国社会保险法》和《中华人民共和国劳动合同法》的规定，农民工的社保费用由劳务公司根据其与农民工的用工情况分别缴纳。建筑企业不承担农民工的社保费用，劳务公司为了减轻社保费用负担，必须进行用工筹划。

2. 建筑企业项目部直接雇用农民工的社保费用、个税处理

（1）建筑企业项目部直接雇用农民工的用工形式的社保费用处理。

1）农民工的雇佣法律关系。建筑企业项目部直接雇用农民工的用工形式的情况下，在劳动法律关系上，农民工与建筑企业构成雇佣和被雇佣的法律关系。建筑企业必须与农民工签订劳动合同，依法承担给农民工缴纳社会保险的义务。

2）建筑企业与每一位农民工签订劳动合同时，为了解决社会保险费用的负担，分三种情况签订合同而进行社保费用的处理。

第一，有些工种，例如，建筑企业工程项目部的钢筋工、模板工、砼工、砌筑工、抹灰工、架子工、防水工、水电暖安装工、油漆工、外墙保温工等都是按照小时计算劳动报酬的。如果以上工种在一星期工作时间不超过24小时，则建筑企业可以与以上劳动者签订非全日制用工协议书，协议中约定：每小时的劳动报酬、每周工作时间不超过24小时。根据《中华人民共和国社会保险法》（中华人民共和国主席令第35号）第十条第二款和第二十三条第二款的规定，无雇工的个体工商户、未在用人单位参加职工基本医疗保险和基本养老保险的非全日制从业人员可以参加职工基本医疗保险和基本养老保险，由个人按照国家规定缴纳基本养老保险费用和基本医疗保险费。即非全日制用工可以订立口头协议，也可以签订非全日制的劳动合同。对于非全日制用工形式，用工单位必须依法缴纳工伤保险，不缴纳基本养老和基本医疗保险费用，由非全日制用工劳动者本人直接向社会保险费征收机构缴纳社会保险费。

第二，建筑企业与短期（三个月、六个月、不超过一年）用工且不满足非全日制用工的农民工签订劳务协议，协议中必须约定：劳务承包范围、验

收标准、劳务工作期限、劳务款总价款、每月末结算本月劳务款、接受用人单位的工作监督和指导，提供劳务的一方不受用人单位内部各项规章制度的约束，与用人单位是平等的。由于用工主体与提供劳务人员签订劳务协议而不是劳动合同，两者之间构成劳务关系而不是劳动关系，根据《中华人民共和国社会保险法》的规定，建筑企业和农民工都不缴纳社保费用。

第三，建筑企业与长期合作的农民工签订劳动合同，建筑企业和农民工必须依法缴纳社会保险费用，农民工的社保费用由建筑企业代扣代缴。

（2）建筑企业项目部直接雇用农民工的用工形式的财务处理。

1）会计核算：分三种不同的合同签订而进行不同的会计核算。

第一，如果建筑企业与农民工签订非全日制用工的劳动合同，则根据《中华人民共和国劳动合同法》的规定，非全日制的农民工与建筑企业是劳动关系而不是劳务关系。因此，非全日制的农民工的工资在建筑企业的"应付职工薪酬"会计科目中进行成本核算。核算依据是项目的农民工考勤记录表、农民工工资表清单。农民工工资以现金的形式进行发放。在会计核算凭证的后面附上有关主管负责人签字的"农民工考勤记录""农民工工资表清单"和领取工资的农民工本人签字的身份证复印件。

第二，如果建筑企业与短期（三个月、六个月、不超过一年）用工且不满足非全日制用工的农民工签订劳务协议，则建筑企业与农民工约定的劳务报酬（按天、小时、工作量计算后的劳务报酬）必须保证每月在20000元以下。建筑企业财务部每月给农民工发劳务报酬并进行会计核算时，应在"工程施工——劳务费用"科目上核算，而不是在"应付职工薪酬——职工工资"科目上核算。在会计核算凭证的后面附上有关主管负责人签字的"劳务款结算单""劳务款支付凭证"和领取劳务款劳务人员的身份证复印件。

第三，如果建筑企业与长期合作的农民工签订劳动合同，则建筑企业与农民工构成雇佣与被雇佣的劳动关系，则农民工的工资在建筑企业的"应付职工薪酬——农民工工资"会计科目中进行成本核算。核算依据是项目部的农民工考勤记录表、农民工工资表清单。

2）具体的农民工管理的内控流程。如果在建筑企业与长期合作的农民工签订劳动合同的情况下，建筑企业必须按照以下流程加强对农民工的管理。

第一，施工企业必须在工程项目部配备一名劳资专管员，加强农民工的进场、出场管理，编制农民工考勤记录表。

第二，建筑企业财务部必须给每一位农民工在当地银行开办银行工资卡并将工资卡发放到农民工手中。

第三，劳资专管员必须收集每一位农民工的身份证复印件，并要求农民工本人务必在其身份证复印件上签字确认。

第四，施工企业财务部每个月要编制农民工工资支付清单或工作表，要求农民工在工资清单上签字并按手印，作为成本核算的依据。

第五，施工企业财务部每个月要审核工资支付清单，并与劳资专管员提交回来的工时考勤记录表、劳务公司与农民工签订的劳务合同名单核对无误后依法将工资打入农民工本人工资卡。

（3）建筑企业项目部直接雇用农民工用工形式的农民工个税处理。

建筑企业项目部直接雇用农民工用工形式的农民工个税处理要从以下三方面来处理：

第一，建筑企业与农民工签订非全日制用工合同的农民工工资的个税处理。

根据《国家税务总局关于企业所得税应纳税所得额若干税务处理问题的公告》（国家税务总局公告 2012 年第 15 号）第一条的规定，企业因雇用季节工、临时工、实习生、返聘离退休人员所实际发生的费用，应区分为工资薪金支出和职工福利费支出，并按《企业所得税法》规定在企业所得税前扣除。其中，属于工资薪金支出的，准予计入企业工资薪金总额的基数，作为计算其他各项相关费用的扣除依据。因此，建筑企业与农民工签订非全日制用工合同的用工形式，则非全日制用工的"农民工"为建筑公司员工，建筑企业支付给非全日制农民工的工资薪金列支成本费用，在建筑企业的企业所得税前扣除。同时，建筑企业按照新修订的《中华人民共和国个人所得税法》（中华人民共和国主席令第 9 号）的"综合所得"规定代扣代缴个人所得税，即每月减去 5000 元费用，每月代扣代缴个人所得税。

第二，建筑企业与短期（三个月、六个月、不超过一年）用工且不满足非全日制用工的农民工签订劳务协议的农民工个税处理。

根据《中华人民共和国企业所得税法》和《中华人民共和国个人所得税法》（中华人民共和国主席令第 9 号）的规定，在建筑企业与短期（三个月、六个月、不超过一年）用工且不满足非全日制用工的农民工签订劳务协议的情况下，建筑企业支付给农民工的劳务报酬（按天、小时、工作量计算后的劳务报酬）必须保证每月在 20000 元以下。农民工个人所得税由建筑企业代扣代缴。建筑企业的财务部每月发放农民工劳务款时，必须制作内部付款凭证或劳务款支付凭证，支付凭证上必须载明农民工的姓名、手机号码、身份证号码、劳务款金额、本人签名。并依法履行申报代扣农民工的劳务报酬个人所得税。

第三，建筑企业与长期合作的农民工签订劳动合同的农民工个税处理。

在建筑企业与长期合作的农民工签订劳动合同的情况下，建筑企业与农民工之间构成雇佣与被雇佣的劳动关系，建筑企业支付给农民工的工资在建筑企业的企业所得税前进行扣除，建筑企业按照新修订的《中华人民共和国个人所得税法》的"综合所得"规定代扣代缴个人所得税，即每月减去 5000 元扣除费用代扣代缴个人所得税。同时建筑企业和农民工要依法缴纳社保费用，缴纳社保基数是农民工的工资总额。

（4）异地施工建筑企业雇用农民工的个人所得税处理。

1）个人所得税申报缴纳地点：工程作业所在地的税务局。

《国家税务总局关于建筑安装业跨省异地工程作业人员个人所得税征收管理问题的公告》（国家税务总局公告 2015 年第 52 号）第一条规定："总承包企业、分承包企业派驻跨省异地工程项目的管理人员、技术人员和其他工作人员在异地工作期间的工资、薪金所得个人所得税，由总承包企业、分承包企业依法代扣代缴并向工程作业所在地税务机关申报缴纳。总承包企业和分承包企业通过劳务派遣公司聘用劳务人员跨省异地工作期间的工资、薪金所得个人所得税，由劳务派遣公司依法代扣代缴并向工程作业所在地税务机关申报缴纳。"同时国家税务总局公告 2015 年第 52 号第四条规定："建筑安装业省内异地施工作业人员个人所得税征收管理参照本公告执行。"基于此规定，建筑安装业跨省或省内异地工程作业人员的个人所得税的申报缴纳地点是：工程作业所在地的税务局。

2）个人所得税征收方式的选择：全额全员申报和核定征收方式中任选其一。

为了解决重复征税的问题，根据国家税务总局公告 2015 年第 52 号第二条和第三条的规定，跨省异地施工单位应就其所支付的工程作业人员工资、薪金所得，向工程作业所在地税务机关办理全员全额扣缴明细申报。凡实行全员全额扣缴明细申报的，工程作业所在地税务机关不得核定征收个人所得税。总承包企业、分承包企业和劳务派遣公司机构所在地税务机关需要掌握异地工程作业人员工资、薪金所得个人所得税缴纳情况的，工程作业所在地税务机关应及时提供。总承包企业、分承包企业和劳务派遣公司机构所在地税务机关不得对异地工程作业人员已纳税工资、薪金所得重复征税。两地税务机关应加强沟通协调，切实维护纳税人权益。

3）跨省或省内异地工程作业人员的个人所得税征收政策规定。

综合各省的税收政策，对异地施工的建筑企业项目部作业人员的个人所得税处理的政策总结如下：

第一，项目部的管理人员、技术人员和其他作业人员的个人所得税由总承包企业、分承包企业依法代扣代缴并向工程作业所在地税务机关申报缴纳。

第二，跨省异地施工单位应就其所支付的工程作业人员的工资、薪金所得，向工程作业所在地税务机关办理全员全额扣缴明细申报。

第三，施工企业承揽工程项目有以下情形之一的：企业未依照国家有关规定设置账簿的；企业虽设置账簿，但账目混乱或者成本资料、收入凭证、费用凭证残缺不全，难以查账的；企业未按照规定的期限办理扣缴纳税申报（全员全额明细申报），经地方税务机关责令限期申报，逾期仍不申报个人所得税的。工程作业所在地的主管地税机关实行核定征收个人所得税，具体征收比例各省规定不一（例如，江西省按照项目经营收入的 1% 预征个人所得税；广东省按工程造价的 4‰核定征收；江苏省按照工程价款的 4‰核定征收）。

第四，对于项目施工所在地的税务局对施工企业实行核定征收个人所得税的情况下，建筑企业不再向建筑企业注册地的税务主管部门对施工企业的作业人员进行全额全员申报个人所得税。

第五，对于各省对施工企业项目的作业人员按照工程造价或经营收入的一定比例核定征收个人所得税后，建筑企业或劳务公司对民工工资成本直接按照实际支付给民工本人的月工资金额编制工资支付清单表，作为成本核算凭证。

3. 建筑企业与劳务派遣公司签订劳务派遣合同，农民工为劳务派遣人员用工形式的社保费用、个税处理

（1）农民工的社保费用处理和劳务派遣的相关法律规定。

在建筑企业与劳务派遣公司签订劳务派遣合同的情况下，在劳动法律关系上，根据《劳务派遣暂行规定》和《中华人民共和国劳动法》的相关规定，农民工与劳务派遣公司构成雇佣和被雇佣的劳动关系，与建筑企业没有构成雇佣和被雇佣的法律关系。

《中华人民共和国劳动合同法》（中华人民共和国主席令第73号）第六十三条规定：被派遣劳动者享有与用工单位的劳动者同工同酬的权利。用工单位应当按照同工同酬原则，对被派遣劳动者与本单位同类岗位的劳动者实行相同的劳动报酬分配办法。用工单位无同类岗位劳动者的，参照用工单位所在地相同或者相近岗位劳动者的劳动报酬确定。基于此规定，劳务派遣工享有社会保险待遇，建筑企业必须承担被派遣农民工的工资、福利和社会保险费用。建筑企业必须将承担被派遣农民工的工资、福利和社会保险费用支付给劳务派遣公司，由劳务派遣公司为农民工缴纳社会保险费用。也就是说，在劳务派遣的情况下，劳务派遣工的社保费用成本来源于建筑企业（用人单位），但由劳务派遣公司进行缴纳，真正的社保费用成本还是建筑企业承担和支付的。

但是，建筑企业通过劳务派遣形式使用农民工具有一定的法律风险：采用劳务派遣多处受限。

1）按照《劳动合同法》规定，使用的被派遣劳动者数量不得超过企业用工总量的10%。

《劳务派遣暂行规定》（人力资源和社会保障部令第22号）第四条规

定："用工单位应当严格控制劳务派遣用工数量，使用的被派遣劳动者数量**不得超过其用工总量的10%**。"前款所称用工总量是指用工单位订立劳动合同人数与使用的被派遣劳动者人数之和。计算劳务派遣用工比例的用工单位是指依照《劳动合同法》和《劳动合同法实施条例》可以与劳动者订立劳动合同的用人单位。

2）依照《劳动合同法》的规定，劳务派遣员工只能在"临时性、辅助性、替代性"岗位任职。

根据《劳务派遣暂行规定》（人力资源和社会保障部令第22号）第三条和《中华人民共和国劳动合同法》（中华人民共和国主席令第73号）第六十六条的规定，用工单位只能在临时性、辅助性或者替代性的工作岗位上使用被派遣劳动者（只有"三性"岗位才能使用劳务派遣工）。前款规定的临时性工作岗位是指存续时间不超过6个月的岗位；辅助性工作岗位是指为主营业务岗位提供服务的非主营业务岗位；替代性工作岗位是指用工单位的劳动者因脱产学习、休假等原因无法工作的一定期间内，可以由其他劳动者替代工作的岗位。

因此，建筑企业只有满足以下条件的情况下，才能使用劳务派遣工。

第一，使用的被派遣劳动者数量不得超过建筑企业用工总量的10%。

第二，使用被派遣劳动者工作存续时间不超过6个月。

（2）农民工成本的财务处理。

1）劳务派遣合同用工费用的两种签订方式。《国家税务总局关于企业工资薪金和职工福利费等支出税前扣除问题的公告》（国家税务总局公告2015年第34号）第三条规定："企业接受外部劳务派遣用工所实际发生的费用，**应分两种情况按规定在税前扣除：按照协议（合同）约定直接支付给劳务派遣公司的费用，应作为劳务费支出；直接支付给员工个人的费用，应作为工资薪金支出和职工福利费支出。其中属于工资薪金支出的费用，准予计入企业工资薪金总额的基数，作为计算其他各项相关费用扣除的依据。**"基于此规定，劳务派遣合同中的用工费用有两种不同的合同约定，或者更准确地说，就用工费用的合同约定，劳务派遣合同有以下两种不同的签订技巧。

一是在劳务派遣合同中只约定给劳务派遣公司总的劳务派遣费用（包括

劳务派遣公司支付给被派遣者的工资、福利和社保费用）。

二是在劳务派遣合同中分别约定用工单位支付劳务派遣公司的劳务派遣费用，被派遣劳动者的工资、福利和社保费用。

2）财务核算。

《企业会计准则第9号——职工薪酬》（财会〔2014〕8号）第三条规定：职工，是指与企业订立劳动合同的所有人员，含全职、兼职和临时职工，也包括虽未与企业订立劳动合同但由企业正式任命的人员。未与企业订立劳动合同或未由其正式任命，但向企业所提供服务与职工所提供服务类似的人员，也属于职工的范畴，包括通过企业与劳务中介公司签订用工合同而向企业提供服务的人员。

基于《企业会计准则第9号——职工薪酬》（财会〔2014〕8号）第三条和《国家税务总局关于企业工资薪金和职工福利费等支出税前扣除问题的公告》（国家税务总局公告2015年第34号）第三条的规定，与劳务派遣公司签订劳务派遣合同，农民工为劳务派遣人员用工形式的会计核算如下。

第一，如果建筑企业与劳务派遣公司签订的劳务派遣合同中只约定给劳务派遣公司总的劳务派遣费用（包括劳务派遣公司支付给被派遣者的工资、福利和社保费用），则建筑企业直接支付给劳务派遣公司总的费用（不含劳务派遣公司收取劳务派遣费用中的增值税进项税额）在"管理费用——劳务费"科目核算；劳务派遣公司收取劳务派遣费用中的增值税进项税额在"应交税费——应交增值税（销项税额）"科目核算。

第二，如果建筑企业与劳务派遣公司在劳务派遣合同中约定：建筑企业只支付劳务派遣公司的劳务派遣费用，农民工的工资、福利和社保费用直接由建筑企业进行支付，则建筑企业直接支付给农民工的工资、福利和社保费用，在"应付职工薪酬——工资"科目核算。支付给劳务派遣公司的劳务派遣费用在"管理费用——劳务派遣费用"科目核算。

（3）"农民工"作为劳务派遣人员的个人所得税处理。

根据国家税务总局公告2015年第52号的规定，总承包企业和分承包企业通过劳务派遣公司聘用劳务人员跨省异地工作期间的工资、薪金所得个人所得税，由劳务派遣公司依法代扣代缴并向工程作业所在地税务机关申报缴纳。

4. 建筑企业与个人包工头签订建筑劳务承包经营合同，农民工为个人包工头队伍的用工形式的社保费用、个税处理

（1）建筑企业与个人包工头签订建筑劳务承包经营合同的法律分析。

1）建筑企业将建筑劳务承包给包工头的合法性分析。财税〔2016〕36号文件附件 2《营业税改征增值税试点有关事项的规定》第一条第（七）项"建筑服务"第一款规定：以清包工方式提供建筑服务，是指施工方不采购建筑工程所需的材料或只采购辅助材料，并收取人工费、管理费或者其他费用的建筑服务。基于此条规定，清包工方式包括两种方式：一是分包人不采购建筑工程所需的材料（含主材和辅料），只收取全部人工费用；二是分包人只采购建筑工程所需的辅料和收取全部人工费用。《建筑工程施工转包违法分包等违法行为认定查处管理办法（试行）》（建市〔2014〕118 号）第九条第（五）项规定："**专业分包人将其承包的专业工程中非劳务作业部分再分包的，为违法分包行为。**"同时，建市〔2014〕118 号第九条第（六）项规定："**劳务分包单位将其承包的劳务再分包的是违法分包行为。**"基于此规定，专业分包人（即分包人包工包料）可以就专业工程中的劳务作业部分再进行分包。劳务分包人再进行劳务分包是违法行为。

根据以上税收政策分析，在税收法律规定下，劳务分包合同是纯劳务分包的业务合同，即分包人只包人工费用，不采购建筑工程所需的材料，并收取人工费、管理费或者其他费用的建筑服务。实践中的劳务分包合同的分包主体有两种：一种是自然人，称为包工头或班组组长；一种是劳务公司。因此，建筑企业的总包和专业分包人可以就其纯劳务部分进行分包给自然人包工头。

2）总包方或专业分包方直接将劳务作业部分承包给班组负责人（包工头）的经营承包合同的重要约定条款。

总包方或专业分包方与班组负责人（包工头）签订劳务内部承包协议。协议中约定以下重要条款：

A. 在"材料供应"条款中约定：建筑工程需要的所有的材料、动力全部由总包方或专业分包方自行采购。

B. 在"承包方式"条款中约定：班组负责人（包工头）以总包方或专业分包方的名义对外经营，并作为总包方或专业分包方承担相关法律责任。

C. 在"经营所得"条款中约定：班组负责人（包工头）向总包方或专业分包方上交一定的管理费用，经营所得归班组负责人（包工头）所有。

（2）农民工成本的财务处理。由于个人包工头与建筑企业签订建筑劳务承包经营合同，如果包工头到税务部门代开发票给建筑企业，则农民工视为包工头的队伍人员而不是建筑企业的雇用员工；如果包工头不到工程所在地税务部门代开发票给建筑企业，则农民工和包工头都视为建筑企业的雇用员工。农民工成本的财务处理分为两种情况：

第一种，如果包工头到工程所在地国税局代开劳务发票，则建筑企业凭包工头在税务局代开的增值税普通发票进成本，在"工程施工——劳务成本——人工费用"科目核算。

第二种，如果包工头不到工程所在地国税局代开劳务发票，则建筑企业必须将包工头及其所带的农民工看成建筑企业自身的施工队伍，以农民工的工资表和工时考勤表记录作为成本核算的依据，在"应付职工薪酬——民工工资"科目核算。

（3）包工头和农民工的个人所得税处理。

1）法律依据。新修订的《中华人民共和国个人所得税法》（中华人民共和国主席令第9号）第六条第（三）项规定："经营所得，以每一纳税年度的收入总额减除成本、费用以及损失后的余额，为应纳税所得额。"第九条规定："个人所得税以所得人为纳税人，以支付所得的单位或者个人为扣缴义务人。"同时第十二条规定："纳税人取得经营所得，按年计算个人所得税，由纳税人在月度或者季度终了后十五日内向税务机关报送纳税申报表，并预缴税款；在取得所得的次年三月三十一日前办理汇算清缴。"

2）个人所得税处理。基于这些税法规定，包工头和农民工的个人所得税处理如下：

第一，如果包工头到工程所在地国税局代开劳务发票，则建筑企业凭包工头在税务局代开的增值税普通发票进成本，则农民工的工资由包工头负责发放，农民工和包工头的个人所得税往往由代开发票的税务部门按照当地的规定，按照开发票金额的一定比例实行核定征收，由包工头承担，依法向工程所在地税务局代扣代缴。

第二，如果包工头不到工程所在地国税局代开劳务发票，则农民工和包工头都是建筑企业的雇用员工，建筑企业必须依法向工程所在地税务局全员全额申报个人所得税，或者按照当地政府的规定核定征收个人所得税。

（4）包工头和农民工的社保费用处理。

根据上面对包工头和农民工的个人所得税处理、财务处理和相关法律分析可知，建筑企业与包工头签订的是劳务承包经营合同，由于包工头没有成立公司，是以建筑企业的名义对外进行经营，扣除相关成本和税金，剩下的利润归属于包工头本人。因此，包工头和农民工的社保费用处理如下：

第一，如果包工头到工程所在地国税局代开劳务发票给建筑企业进行成本核算，则包工头与建筑企业签订的承包经营合同实质是劳务分包合同，农民工的社保费用不属于建筑企业，而应由包工头承担。

第二，如果包工头不到工程所在地国税局代开劳务发票，则农民工和包工头都是建筑企业的雇用员工，建筑企业必须承担农民工、包工头的社保费用。

三、建筑企业节约社保费用的用工形式的筹划之策

通过以上建筑企业不同用工形式的社保费用和农民工个税的法理、财务分析，建筑企业节约社保费用的用工形式应按照以下方法进行筹划：

（1）建筑企业必须选择与劳务公司签订劳务分包合同，在签订劳务分包合同的情况下，建筑企业不承担农民工的社保费用。

（2）如果建筑企业不与劳务公司签订劳务分包合同，而是建筑企业项目部直接雇用农民工进行工作的情况下，要分以下两种情况进行社保费用的筹划：

第一种情况：建筑企业与农民工之间签订非全日制劳动合同（即一周工作时间不超过 24 小时，一个月不超过 96 小时的用工合同），劳务公司不缴纳社保费用。例如，建筑企业工程项目部的钢筋工、模板工、砼工、砌筑工、抹灰工、架子工、防水工、水电暖安装工、油漆工、外墙保温工等都是按照小时计算劳动报酬的。因此，建筑企业或劳务公司可以与以上劳动者签

订非全日制用工协议书，协议中约定：每小时的劳动报酬、每周工作时间不超过 24 小时。注意：非全日制用工合同，用人单位与劳动者之间是劳动关系而不是劳务关系，用人单位必须为非全日制劳动者代扣代缴个人所得税。

第二种情况：利用零星小额支出税收政策规定与短期（三个月、六个月、不超过一年）用工且不满足非全日制用工的农民工签订劳务协议或劳务合同，每月给农民工劳务结算款控制在 20000 元以内，按照国家税务总局 2018 年 28 号文件的规定，小额零星支出的税前扣除凭证是内部收款凭证：农民工劳务结算单，结算单上写明农民的姓名、身份证件号码、手机号码、劳务款。

（3）建筑企业将长期与其合作的农民工注册为"无雇工的个体工商户"，然后与"无雇工的个体工商户"签订劳务分包合同，节约社保费用。具体操作要点如下：

第一，建筑企业或劳务公司指定专门的部门中的特定人员，在建筑企业或劳务公司注册地的工商部门，为长期与其合作的农民工代理注册为"无雇工的个体工商户"。

第二，建筑企业或劳务公司与注册为"无雇工的个体工商户"的农民工签订劳务分包合同，合同中约定劳务工程范围、劳务款结算和支付等事宜，但必须保证每月结算的劳务分包款是 3 万元以内。

第三，建筑企业或劳务公司指定专门的部门中的特定人员为注册为"无雇工的个体工商户"代理涉税事宜，在建筑企业或劳务公司注册地的国税局代领 3 万元以内（由国税局核定发票金额，在起征点以下不征增值税）的增值税发票，用于建筑企业或劳务公司成本。

第四，建筑企业或劳务公司指定专门的部门中的特定人员每月代理"无雇工的个体工商户"办理个人所得税的申报事宜。

三、新理念三：税务筹划与企业战略管理相结合

（一）纳税筹划与战略管理的关系

战略管理是制定、实施和评价战略使组织能够达到其目标，致力于战略

结构调整，对市场营销战略、财务战略、生产战略、人力资源战略、国际化战略和多样化战略进行综合管理，以实现公司的价值增值。战略管理与纳税筹划的关系极为密切，既有联系又有区别：

首先，战略管理是首要的，纳税筹划是为之服务的。纳税筹划只有在战略管理的框架下才能充分发挥其作用，纳税筹划对企业战略管理能够起到一定作用，但绝不是决定性的作用。

其次，战略管理是从宏观角度看待问题的，它关注的是企业整体，战略管理不仅考虑税收对企业的影响，还考虑其他非税收因素对企业的影响，纳税筹划是在战略管理考虑下的一个很重要的因素。

最后，战略管理和纳税筹划有着共同的目的，即都是从企业整体绩效出发，为股东创造最大价值。在实现这一目标过程中，纳税筹划也明显地带有长期战略的痕迹。

当企业战略决策是否进入某个行业或某个市场时，考虑最多的是该行业或市场的潜力，而不是纳税筹划。尽管也要考虑相关税收政策和税收成本，但这些是附属的、次要的。不能因为纳税筹划因素而改变企业的战略决策，这是一条重要的企业法则。

（二）纳税筹划是在企业发展战略的前提下进行的

企业战略是一个企业为之奋斗的目标及其为达到目标而寻求的途径。如果没有企业战略，企业就难以生存下去，也就达不到资源配置与战略目标的整合效应。因此，了解公司的环境，包括宏观和微观两方面，是确定公司战略目标、实施公司战略管理的关键环节。纳税筹划也正是在对公司环境的综合考察与全面分析的过程中渗透其对战略目标确立的影响的。

在探讨竞争战略与纳税筹划的关系时，必须强调的是：竞争战略是首要的，其次才是纳税筹划，纳税筹划只有在竞争战略确定的情况下才能充分发挥其作用。当然，在某些条件下，纳税筹划可能在确定企业战略时能够起到一定作用，但绝不是决定性的作用，下面我们从多个角度来分析其原因：

1. **市场超越一切**

当企业决定是否进入某个市场时，考虑最多的不是纳税筹划，而是这个市场的潜力如何，企业能否在短期内占领市场。比如，许多外国投资者在考虑投资中国时，首先看重的并不是中国优惠的税率、优厚的待遇，而是庞大的消费市场和广阔的发展空间。当然，优惠的税收待遇能够为投资者提供良好的竞争环境，但投资者有时为了扩大市场份额，是很少考虑税收成本的，甚至有的投资者为了达到一定目的，如扩大市场份额、击败竞争对手、逃避政治经济风险以及获取一定的政治地位等，可能把投资由低税区转向高税区。

2. 纳税筹划为企业战略服务

当企业决定是否进入某个产业时，考虑最多的不是该行业是否能够享受税收优惠，而主要考虑企业进入该行业后能否有长期的发展潜力。在决定是否进入某个行业时，企业首先要考虑行业的供货方或原料提供者，即上游企业是一些什么性质的企业，与企业选择厂址的相对位置如何；其次要考虑它的市场在哪里，下游企业是一些什么性质的企业，是垄断还是竞争性企业；再次要考虑该行业的潜在进入者有哪些，构成的潜在威胁有多大；最后要考虑替代产品或替代服务有哪些，它们是否对本企业构成威胁以及潜在的威胁程度如何，至于纳税筹划问题，则应列在这些因素之后考虑。因此，从这些意义上来说，企业战略是纳税筹划的导向，纳税筹划要为企业战略服务。

3. 企业的战略目标决定了纳税筹划的范围

企业在考虑是否进行某项经营活动时，往往不是从纳税筹划角度出发的，虽然纳税筹划能够渗透企业生产经营的每一个环节，但它并不是企业的首要目标，企业存在的唯一理由是能够盈利，能够为投资者带来收益，而不是能够少缴多少税款。因此，企业采取的某些政策措施，虽然从纳税筹划的角度来说可能是不划算的，但却符合企业的战略目标。如某些上市公司在不违反法律的情况下，采取推迟费用入账时间以降低当期费用的筹划方式，这样筹划的结果使公司的本期利润增加，从而所得税款的缴纳也相应增多。但由于经营业绩变好，股票价格上扬，从而提升公司价值，这对公司来说是有利的，从这个意义上来说，纳税筹划有它自身的局限性。

（三）纳税筹划与财务战略管理

有效的纳税筹划是指公司在实施最大化税后收益的战略决策时要考虑税收的作用。在当今社会，交易成本是极其昂贵的，税负最小化策略的实施可能会引起大量的非税成本。因此，在进行纳税筹划时，应从有效实施公司财务战略的前提出发，在此基础上实现公司税后收益最大化。

1. 财务战略的内涵

财务战略是主要涉及财务性质的战略，因此是属于财务管理范畴的战略。财务战略主要考虑资金的筹集方式以及所融资金的使用和管理的战略问题，并以此与其他性质的战略相区别。财务战略主要考虑财务领域全局的长期发展方向问题，并以此与传统的财务管理相区别。按公司基本财务活动划分，财务战略可分为融资战略、资金运营战略和利益分配战略。

企业财务战略是指为谋求企业资金均衡有效的流动和实现企业整体战略，及增强企业财务竞争优势，在分析企业内外环境因素对资金流动影响的基础上，对企业资金流动进行全局性、长期性与创造性的谋划，并确保其执行的过程。企业财务战略关注的焦点是企业资金流动，这是财务战略不同于其他各种战略的质的规定性；企业财务战略应基于企业内外环境对资金流动的影响，这是财务战略环境分析的特征所在；企业财务战略的目标是确保企业资金均衡有效流动而最终实现企业总体战略。

2. 财务战略与纳税筹划的关系

融资战略中，在进行融资组合和资本结构优化战略时，加大负债比重会获得抵税收益。这是因为负债资金需要支付的利息可以作为费用在税前扣除，减少所得税负担，但这也会使得公司因负债增加而加大财务风险。因此，必须对收益和风险进行权衡，并且要服从和支持公司整体战略的实施，这也就产生了不同的节税方案的比较。

资金运营战略中，投资、公司重组、信用政策、成本管理等战略都需要与纳税筹划相结合。在投资战略中，投资地点、投资行业、投资项目等的选择都涉及纳税筹划问题，并最终体现在以税后投资收益为依据的投资决策过程中。公司重组战略中，由于在一定条件下收购亏损公司可享受税前利润补亏的税收优惠，因此要将纳税筹划运用于其中，在公司节税收益与风险之间进行权衡比较，以得出能使公司收益最大化的策略。信用政策战略中，通过对应收账款的管理，对信用客户采用分期付款计划，以获得节税机会，这也需要对其进行合理的税收策划。而在成本管理战略中，从存货计价方法的调整到折旧方法的选择，都涉及纳税筹划问题。

在收益分配战略中收益分配问题都与公司当时的资本积累、融资、投资相联系，也与公司当时自身所处的环境相关。这也会涉及纳税筹划在其中的运用。

在公司外部环境中，税收法规作为法律环境的一个重要方面，对公司的财务战略有着很强的制约力。公司的纳税支出作为一项刚性的现金流出，对公司的偿债能力和盈利能力都有一定的影响。因此，如何通过有效的纳税筹划使公司获得最大限度的经济利益成为了公司财务战略中的重要内容。

3. 正确认识财务战略中的纳税筹划

在公司财务战略中，纳税筹划是指公司通过合理的节税方案使其获得最大限度的经济利益。

（1）有效的纳税筹划要求策划者在进行财务战略决策时，不仅要考虑显性税收即直接支付给国家的税收，还要考虑隐性税收（有税收优惠但以取得低税前收益率的形式间接支付给国家的税收）。

（2）税负最小方案并非最有效的纳税筹划方案，单纯追求税收成本最小的组织形式是一种短视行为，因为不同的纳税筹划会产生不同的交易成本以及其他非税成本（因非税因素而引发的成本，如商业成本）。在纳税筹划过程中税收仅是众多经营成本中的一种，只有在对所有成本加以考虑后，才能做出有效的纳税筹划方案。

（3）就财务来看，财务报告与纳税筹划之间存在一定的冲突。就公司而言，通常希望向税务局上报尽量低水平的应税收入，但它又希望向投资者报告较高的收入水平，而账面收入与应税收入之间如有较大的差异可能会引起税务局更详细和更严格的检查和审计。因为，较低的收入报告可能会导致股票价格的降低和贷款利息的提高，从而造成公司非税成本增加。例如，大公司由于自身信誉较好，更愿意减少财务报告收入；而对于财务杠杆比率较高的公司来说，降低报告收入所带来的借款利率等成本的增加可能会远远大于节税收益。又如，对于处于创立期的公司来说，尽管较高的财务杠杆比率会给公司带来节税收益，但这一时期公司本身就存在着较大的经营风险，增加负债将使财务风险也随之加大，从而使得公司的破产风险大大增加，从公司财务战略角度来分析，提高杠杆比率是不明智的。因此，纳税筹划者应当对节税收益和由此而造成的非税成本进行权衡，在服从公司财务战略的前提下最大限度地节约税收成本，提高收益。

（四）纳税筹划与税务管理

税务管理就是企业运用管理的手段，制定各种制度对公司的经营过程加以控制，达到规范行为、规避税收风险的目的。税务管理不是单独的企业管理行为，它是在符合企业总体战略的财务战略目标基础上的一种更加微观的管理活动。在我国，随着市场经济体制的建立，企业之间的竞争日趋激烈，因此，加强企业税务管理就显现出其重要意义。即加强税务管理有助于降低税收成本；有助于提高企业经营管理人员的税法观念，提高财务管理水平。

税务管理主要包括税务登记管理、发票管理和纳税申报等。税务管理的核心是纳税筹划，企业其他的税务管理活动最终都是为了实现纳税筹划，实现企业的战略目标。成功的税务管理，为纳税筹划奠定基础，纳税筹划顺利运行依赖于良好的税务管理。成功的税务管理应包含下列主要内容：

（1）要坚持自觉维护税法的原则。企业在加强税务管理中，要充分了解税法，严格按税法规定办事，自觉维护税法的严肃性，不能将加强税务管理引入偷税、逃税和不正当避税的歧途。

（2）设置税务管理机构，配备专业管理人员。企业应设置专门税务管理机构（可设在财务部），并配备专业素质和业务水平较高的管理人员，研究国家的各项税收法规，把有关的税收优惠政策在企业的生产经营活动中用好、用足，并对企业的纳税行为进行统一筹划、统一管理，减少企业不必要的损失。

（3）做好事先预测和协调工作。企业生产经营活动多种多样，经营活动内容不同，纳税人和征税对象不同，适用的税收法律和税收政策也不同，必须在实际纳税业务发生之前，与涉及经营活动的各个部门协调好，对各项活动进行合理安排，适用税法允许的最优纳税方案。如果企业在经济活动发生后，才考虑减轻税负，就很容易出现偷、逃税行为，这是法律所不允许的。

（4）利用社会中介机构，争取税务部门的帮助。目前，社会中介机构如税务师事务所、会计师事务所等日趋成熟，企业可以聘请这些机构的专业人员进行税务代理或咨询，提高税务管理水平。同时，要与税务部门协调好关系，争取得到税务部门在税法执行方面的指导和帮助，以充分运用有关税收优惠政策。

（5）建立良好的、有建设性的税收法律关系。国家税收离不开创造税源的纳税人，而纳税人也离不开国家为其提供的良好的生产经营环境和生活环境，因而也离不开税务的管理、监督和检查。

第二节　建筑房地产企业税务筹划节税秘诀

在建筑房地产企业经营过程中，要真正实现节税的目的，探讨其中节税秘诀很有必要。笔者通过多年的理论研究和实践操作实务总结如下节税的秘诀，以飨读者。

一、房地产母公司中标拿地，项目公司（子公司）开发节税的税务筹划秘诀

（一）房地产母公司中标拿地，项目公司（子公司）开发的两种现象

在房地产拿地开发的实践当中，存在两种现象：一是房地产母公司出钱拿地，获得土地出让金收据，未办理土地证，拟成立子公司开发；二是房地产母公司出钱拿地，获得土地出让金收据并取得土地证，拟成立子公司开发。第一种现象的实质是：房地产母公司已经中标拿地，母公司与土地管理部门签订《国有土地使用权出让协议》，并缴纳土地出让金取得土地出让金合规票据入账，但是还没有取得国有土地使用权证书。然后拟在项目所在地设立全资子公司或项目公司对该土地进行开发。第二种现象的实质是：房地产母公司已经中标拿地，母公司与土地管理部门签订《国有土地使用权出让协议》，并交纳土地出让金，取得国有土地使用权证书以及取得土地出让金合规票据入账，然后拟在项目所在地设立全资子公司或项目公司对该土地进行开发。

（二）房地产母公司中标拿地，项目公司（子公司）开发的两种现象的涉税分析

1. 房地产母公司出钱拿地，获得土地出让金收据，未办理土地证，拟成立子公司开发的税收风险分析

由于母公司在土地中标拿地时，土地出让金是母公司出的，国土部门开具的土地出让金行政事业收据上的抬头是母公司，而不是今后成立的子公司。由于今后成立的子公司从事该母公司中标地块开发的前提条件是，母公司中标地块的土地使用权必须过户或变更到子公司名下，才能进行立项和开发。为此，母公司必须将其中标的土地变更到其子公司名下。可是，虽然国有土地使用权证在国有土地部门的配合下过户到母公司成立的子公司名下，但是国土部门将土地出让金收据已经开给了母公司，没有开给拟成立开发该土地的子公司。存在以下税收风险：子公司在计算土地增值税、增值税和企业所得税时，将面临不能扣除的状况，使子公司的税收成本增加。

2. 房地产母公司出钱拿地，获得土地出让金收据并取得土地证，拟成立子公司开发的法律和税务风险分析

第一，法律风险：房地产母公司将其中标拿的土地过户到其拟成立的子公司进行开发，是一种违法行为。

房地产母公司取得国有土地使用权证书，在法律上该土地使用权是房地产母公司。而且房地产母公司支付土地出让金并获得合规票据，必须在房地产公司母公司入账进土地成本。如果母公司将其中标拿的土地，过户到其设立的全资子公司或项目公司是一种土地转让行为，这将面临一定的税收和法律风险。根据《中华人民共和国城市房地产管理法》第三十九条的规定，以出让方式取得土地使用权的，转让房地产时，应当符合下列条件：①按照出让合同约定已经支付全部土地使用权出让金，并取得土地使用权证书；②按照出让合同约定进行投资开发，属于房屋建设工程的，完成开发投资总额的25%以上，属于成片开发土地的，形成工业用地或者其他建设用地条件。基于此规定，房地产母公司将中标拿的属于房屋建设工程的土地，没有进行任何资金投入对该土地进行开发，即使进行了投入开发，如果投资额达不到开发投资总额的25%以上，房地产母公司就不可以将该土地转让到其子公司名

下，让子公司进行开发是一种违法行为，根据《中华人民共和国城市房地产管理法》第六十六条的规定，由县级以上人民政府土地管理部门没收违法所得，可以并处罚款。

第二，税收风险：母公司转让国有土地承担较重的税收负担。

如果房地产母公司对其中标拿的土地进行投资开发，投资超过投资总额的25%，则意味着房地产母公司投资的不再是单纯的土地使用权，而是在建工程或在建项目投资，应按照不动产转让来交增值税、土地增值税和企业所得税。但是房地产母公司面临缴纳较多税收的风险。根据《国家税务总局关于印发〈土地增值税宣传提纲〉的通知》（国税函发〔1995〕110号）第六条第（二）项的规定，对取得土地使用权后投入资金，将生地变为熟地转让的，计算其增值额时，允许扣除取得土地使用权时支付的地价款、缴纳的有关费用和开发土地所需成本再加计开发成本的20％以及在转让环节缴纳的税金。基于此规定，如果房地产母公司对其中标拿的土地进行投资开发，投资超过投资总额的25%，转让到其子公司名下，土地增值税加计20%扣除时，不可以扣除土地成本，房地产母公司将承担较重的土地增值税。

（三）房地产母公司出钱拿地，获得土地出让金收据，未办理土地证，拟成立子公司开发的税务筹划秘诀

1. 税务筹划的相关法律依据分析

第一，国土资发〔2006〕114号第十条第（二）款第六项的规定。

根据国土资源部于2006年5月31日发布的《招标拍卖挂牌出让国有土地使用权规范（试行）》（国土资发〔2006〕114号）第十条第（二）款第六项"申请人竞得土地后，拟成立新公司进行开发建设的，应在申请书中明确新公司的出资构成、成立时间等内容。出让人可以根据招标挂牌出让结果，先与竞得人签订《国有土地使用权出让合同》，在竞得人按约定办理完新公司注册登记手续后，再与新公司签订《国有土地使用权出让合同变更协议》；也可按约定直接与新公司签订《国有土地使用权出让合同》"的规定，土地竞得人在提交的《投标（竞买）申请书》中约定成立新公司进行开发建设，并明确新公司的出资构成、成立时间等内容，在竞得人按约定成立新公司后，出让人与新公司签订《国有土地使用权出让合同变更协议》，

以新公司名义受让国有土地使用权的，视同出让人将土地使用权直接出让给新公司，按出让国有土地使用权征收有关税款；否则，属于土地竞得人受让国有土地使用权后再将国有土地使用权转让至新公司的行为，应按转让国有土地使用权征收有关税款。

第二，财税〔2016〕140号第八条的规定。

《国家税务总局关于明确金融　房地产开发　教育辅助服务等增值税政策的通知》（财税〔2016〕140号）第八条规定："**房地产开发企业（包括多个房地产开发企业组成的联合体）受让土地向政府部门支付土地价款后，设立项目公司对该受让土地进行开发，同时符合下列条件的，可由项目公司按规定扣除房地产开发企业向政府部门支付的土地价款。**

（1）房地产开发企业、项目公司、政府部门三方签订变更协议或补充合同，将土地受让人变更为项目公司。

（2）政府部门出让土地的用途、规划等条件不变的情况下，签署变更协议或补充合同时，土地价款总额不变。

（3）项目公司的全部股权由受让土地的房地产开发企业持有。"

根据此规定，笔者特别提醒，在适用该文件的规定时，必须注意以下四点：

其一，以上三个条件必须同时满足，否则项目公司不可以扣除房地产开发企业向政府部门支付的土地价款。

其二，如果存在多个房地产开发企业组成的联合体一起中标拿地，则项目公司的全部股权必须由参与中标土地的多个房地产开发企业组成的联合体共同持有。如果只有一个房地产企业参与中标拿地，则项目公司的全部股权，即100%的股权必须由该参与土地中标的一家房地产企业持有。

其三，如果出现自然人中标拿地，然后拟成立独立法人的公司开发该自然人中标的土地，只要符合国土资发〔2006〕114号第十条第（二）款第六项的规定，也不视同该自然人转让该土地到其成立的公司名下的行为，该自然人也不缴纳任何税收。

其四，房地产母公司支付土地出让金，国土部门向房地产公司开具抬头为房地产母公司的土地出让金行政事业收据或非税收入缴款书，能否在子公司列支做成本入账，子公司能否在计算增值税、土地增值税和企业所得税前进行扣除呢？只要符合国土资发〔2006〕114号第十条第（二）款第六项的规定，视同国土部门出让土地给子公司的行为。根据财税〔2016〕140号第八条的规定以及实质重于形式的原则，国土部门向房地产公司开具抬头为房地产母公司的土地出让金行政事业收据或非税收入缴款书可以在子公司做成本入账，在计征增值税时进行抵扣，在企业所得税前也扣除，但在计算土地增值税时能否扣除没有法律依据。

2. 最优税务筹划秘诀：通过《投标（竞买）申请书》中的约定条款进行税务筹划，规避税收风险

第一，母公司（土地竞得人）在向国土部门提交的《投标（竞买）申请书》中约定以下内容：

（1）拟成立子公司进行开发建设。

（2）拟成立子公司的出资构成、成立时间。

（3）房地产母公司代替拟成立子公司垫付土地出让金，土地出让金的收据等到子公司注册成立后直接开在子公司名下。

第二，与国土部门协商一致，根据招标挂牌出让结果，国土部门先与房地产母公司签订《国有土地使用权出让合同》，在房地产母公司办理完子公司注册登记手续后，再与子公司签订《国有土地使用权出让合同变更协议》；或者约定国土部门直接与子公司签订《国有土地使用权出让合同》。

3. 次优的税务筹划秘诀：房地产开发企业、项目公司、政府部门签订三方补充协议，将土地受让人变更为项目公司

如果母公司（土地竞得人）在向国土部门提交的《投标（竞买）申请书》中没有约定以下内容：拟成立子公司进行开发建设；拟成立子公司的出资构成、成立时间；房地产母公司代替拟成立子公司垫付土地出让金，土地出让金的收据等子公司注册成立后直接开在子公司名下，则采用签订三方协议进行规避。

第一，在项目公司的全部股权由受让土地的房地产开发企业持有，而且政府部门出让土地的用途、规划、土地价款总额等条件不变的情况下，房地产开发企业、项目公司、政府部门三方签订变更协议或补充合同，将土地受

让人变更为项目公司。

第二，将国土部门开给房地产母公司的土地出让金收据，到国土部门和财政部门协商换成子公司抬头的土地出让金收据。如果换不成子公司抬头的收据，则将国土部门开给房地产母公司的土地出让金收据放在子公司进行入账进土地成本。

4. 分析结论

以上两种税务筹划秘诀当中，由于考虑到国土部门开给房地产母公司的土地出让金收据，到国土部门和财政部门很难协商一致并换成子公司抬头的土地出让金收据，这样将在土地增值税前很难扣除。因此，笔者建议最好采用通过《投标（竞买）申请书》中的约定条款进行税务筹划，规避税收风险的最优税务筹划秘诀。

（四）房地产母公司出钱拿地，获得土地出让金收据，并取得土地证，拟成立子公司开发的税务筹划秘诀

1. 税务筹划的相关法律依据分析

第一，财税〔2014〕109 号第三条的规定。

《财政部　国家税务总局关于促进企业重组有关企业所得税处理问题的通知》（财税〔2014〕109 号）第三条规定，对 100% 直接控制的居民企业之间，以及受同一或相同多家居民企业 100% 直接控制的居民企业之间按账面净值划转股权或资产，凡具有合理商业目的，不以减少、免除或者推迟缴纳税款为主要目的，股权或资产划转后连续 12 个月内不改变被划转股权或资产原来实质性经营活动，且划出方企业和划入方企业均未在会计上确认损益的，可以选择按以下规定进行特殊性税务处理：

（1）划出方企业和划入方企业均不确认所得。

（2）划入方企业取得被划转股权或资产的计税基础，以被划转股权或资产的原账面净值确定。

（3）划入方企业取得的被划转资产，应按其原账面净值计算折旧扣除。

第二，财税〔2018〕17 号第六条第二款的规定。

《财政部　税务总局关于继续支持企业事业单位改制重组有关契税政策的通知》（财税〔2018〕17 号）第六条第二款规定："同一投资主体内部所

属企业之间土地、房屋权属的划转，包括母公司与其全资子公司之间，同一公司所属全资子公司之间，同一自然人与其设立的个人独资企业、一人有限公司之间土地、房屋权属的划转，免征契税。"

第三，财税〔2014〕116 号第二条的规定。

《财政部 国家税务总局关于非货币性资产投资企业所得税政策问题的通知》（财税〔2014〕116 号）第二条规定："企业以非货币性资产对外投资，应对非货币性资产进行评估并按评估后的公允价值扣除计税基础后的余额，计算确认非货币性资产转让所得。"

第四，国家税务总局公告 2015 年第 40 号第一条第（一）项和第（二）项的规定。

《国家税务总局关于资产（股权）划转企业所得税征管问题的公告》（国家税务总局公告 2015 年第 40 号）第一条第（一）项规定：100% 直接控制的母子公司之间，母公司向子公司按账面净值划转其持有的股权或资产，母公司获得子公司 100% 的股权支付。母公司按增加长期股权投资处理，子公司按接受投资（包括资本公积，下同）处理。母公司获得子公司股权的计税基础以划转股权或资产的原计税基础确定。

国家税务总局公告 2015 年第 40 号第一条第（一）项、第（二）项规定：100% 直接控制的母子公司之间，母公司向子公司按账面净值划转其持有的股权或资产，母公司没有获得任何股权或非股权支付。母公司按冲减实收资本（包括资本公积，下同）处理，子公司按接受投资处理。

第五，国家税务总局公告 2014 年第 29 号第二条第（一）项的规定。

《国家税务总局关于企业所得税应纳税所得额若干问题的公告》（国家税务总局公告 2014 年第 29 号）第二条第（一）项规定，企业接收股东划入资产（包括股东赠予资产、上市公司在股权分置改革过程中接收原非流通股股东和新非流通股股东赠予的资产、股东放弃本企业的股权，下同），凡合同、协议约定作为资本金（包括资本公积）且在会计上已做实际处理的，不计入企业的收入总额，企业应按公允价值确定该项资产的计税基础。

第六，法律依据分析结论。

根据以上税收法律依据，房地产母公司将其中标拿的土地，在没有投入进行开发的情况下，要实现将土地过户到其子公司名下只有两种模式选择：一是母公司将其中标拿的土地，评估作价进行投资入股到其子公司名下。二是母公司按照净值无偿划拨到其子公司名下。在这两种模式中，母公司按照净值无偿划拨到其子公司名下，母公司可以享受更多的税收优惠政策，实现节税的效果。

2. 税务筹划秘诀：母公司与子公司签订按照土地账面价值无偿划拨土地协议，避免母公司与子公司签订土地投资协议

母公司与其成立的准备开发其中标地块的子公司签订按照土地账面价值无偿划转协议，而不能签订土地投资入股协议，否则母公司将承担一定的税收成本。具体以案例进行论证。

案例分析 36

某国有企业的土地变更到全资子公司名下进行开发节税的税务筹划

一、基本情况

房地产公司 A 于 2016 年 3 月 1 日，以 120 万元/亩的价格，通过招投标手续购入白湖片区 D8 地块共 52 亩，现国土部门对该片区综合评估约为 140 万元/亩。A 公司领导层商议一致同意：将白湖片区 D8 地块过户到 A 公司 100% 控股下的具有房地产开发资质的全资子公司 B 公司名下进行综合开发。但该地块如何变更到 B 公司名下，面临两种税收筹划方案：一是 A 公司将该地块按账面净值划转到 B 公司名下，房地产公司 A 没有获得 B 公司任何股权或非股权支付。二是 A 公司将该地块以增资扩股的形式投资入股到 B 公司名下。请问：应选择哪一种方案，使房地产企业的税负最低？

二、税收筹划方案涉税成本分析

1. 第一种方案（资产无偿划转方案：A 公司将该地块按账面净值划转到 B 公司名下，房地产公司 A 没有获得 B 公司任何股权或非股权支付）的涉税成本

（1）A 公司需缴纳的税收成本。

1）企业所得税的处理：A 公司不需缴纳企业所得税。根据《财政部国家税务总局关于促进企业重组有关企业所得税处理问题的通知》（财税

〔2014〕109 号）第三条的规定，对 100% 直接控制的居民企业之间，以及受同一或相同多家居民企业 100% 直接控制的居民企业之间按账面净值划转股权或资产，凡具有合理商业目的，不以减少、免除或者推迟缴纳税款为主要目的，股权或资产划转后连续 12 个月内不改变被划转股权或资产原来实质性经营活动，且划出方企业和划入方企业均未在会计上确认损益的，可以选择按以下规定进行特殊性税务处理：

第一，划出方企业和划入方企业均不确认所得。

第二，划入方企业取得被划转股权或资产的计税基础，以被划转股权或资产的原账面净值确定。

第三，划入方企业取得的被划转资产，应按其原账面净值计算折旧扣除。

《国家税务总局关于企业所得税应纳税所得额若干问题的公告》（国家税务总局公告 2014 年第 29 号）第二条第（一）项规定，企业接收股东划入资产（包括股东赠予资产、上市公司在股权分置改革过程中接收原非流通股股东和新非流通股股东赠予的资产、股东放弃本企业的股权，下同），凡合同、协议约定作为资本金（包括资本公积）且在会计上已做实际处理的，不计入企业的收入总额，企业应按公允价值确定该项资产的计税基础。

国家税务总局公告 2015 年第 40 号第一条第（一）项、第（二）项规定：100% 直接控制的母子公司之间，母公司向子公司按账面净值划转其持有的股权或资产，母公司没有获得任何股权或非股权支付。母公司按冲减实收资本（包括资本公积，下同）处理，子公司按接受投资处理。

基于以上税收政策规定，A 公司将该地块按账面净值划转到 B 公司名下，房地产公司 A 没有获得 B 公司任何股权或非股权支付，A 公司和 B 公司都不需缴纳企业所得税。B 公司应按照公允价值 7280 万元（52×140）作为该划转土地的计税基础。如果 A 公司将该地块按账面净值划转到 B 公司名下，房地产公司 A 没有获得 B 公司 100% 的股权支付，则根据国家税务总局公告 2015 年第 40 号第一条第（一）项的规定，房地产公司 A 按增加长期股权投资处理，子公司按接受投资（包括资本公积，下同）处理。在企业所得税的处理上，房地产公司 A 获得子公司股权的计税基础以划转土地的原计税基础 6240 万元（52×120）确定。

2）增值税、土地增值税的处理。由于本案例中的 A 公司是将其名下的土地资产无偿划转 B 公司名下。无增值，要不要征收土地增值税和增值税呢？具体涉税和财务处理分析如下：

第一，相关增值税和土地增值税的税收政策分析：母公司房地产公司 A 按照土地账面价值划转到其成立的子公司 B，获得子公司 B 100% 的股权支付时（有偿划转），或母公司房地产公司 A 按照土地账面价值划转到其成立的子公司 B，没有获得子公司 B 股权支付和非股权支付（无偿划转），都应视同销售按照公允价值 7280 万元（52×140）作为计税基础缴纳增值税和土地增值税。

《中华人民共和国土地增值税暂行条例实施细则》第二条规定，"条例第二条所称的转让国有土地使用权、地上的建筑物及其他附着物并取得收入，是指以出售或者其他方式有偿转让房地产的行为。不包括以继承、赠与方式无偿转让房地产的行为。"《财政部　国家税务总局关于土地增值税一些具体问题规定的通知》（财税字〔1995〕48 号）第四条又进一步对于细则中"赠与"所包括的范围问题进行了明确："细则所称的'赠与'是指如下情况：①房产所有人、土地使用权所有人将房屋产权、土地使用权赠与直系亲属或承担直接赡养义务人的。②房产所有人、土地作用权所有人通过中国境内非营利的社会团体、国家机关将房屋产权、土地使用权赠与教育、民政和其他社会福利、公益事业的。上述社会团体是指中国青少年发展基金会、希望工程基金会、宋庆龄基金会、减灾委员会、中国红十字会、中国残疾人联合会、全国老年基金会、老区促进会以及经民政部门批准成立的其他非营利的公益性组织。"

根据财税〔2016〕36 号文件附件 1《营业税改征增值税试点实施办法》第十四条第（二）项规定：**单位或者个人向其他单位或者个人无偿转让无形资产或者不动产，应视同销售无形资产、不动产的行为，但用于公益事业或者以社会公众为对象的除外。**

《国家税务总局关于营改增后土地增值税若干征管规定的公告》（国家税务总局公告 2016 年第 70 号）第二条规定，纳税人将开发产品用于职工福利、奖励、对外投资、分配给股东或投资人、抵偿债务、换取其他单位和个人的非货币性资产等，发生所有权转移时应视同销售房地产，其收入应按照《国家税务总局关于房地产开发企业土地增值税清算管理有关问题的通知》（国税发〔2006〕187号）第三条规定执行。纳税人安置回迁户，其拆迁安置用房应税收入和扣除项目的确认，应按照《国家税务总局关于土地增值税清算有关问题的通知》（国税函〔2010〕220号）第六条规定执行。《国家税务总局关于房地产开发企业土地增值税清算管理有关问题的通知》（国税发〔2006〕187号）第三条第（一）项规定："**房地产开发企业将开发产品用于职工福利、奖励、对外投资、分配给股东或投资人、抵偿债务、换取其他单位和个人的非货币性资产等，发生所有权转移时应视同销售房地产。**"

《中华人民共和国增值税暂行条例》（2017年新修订版）第一条规定，在中华人民共和国境内销售货物或者加工、修理修配劳务（以下简称劳务），销售服务、无形资产、不动产以及进口货物的单位和个人，为增值税的纳税人，应当依照本条例缴纳增值税。而《中华人民共和国增值税暂行条例实施细则》第三条规定，条例第一条所称销售货物，是指有偿转让货物的所有权。同时根据财税〔2016〕36号文件附件1《营业税改征增值税试点实施办法》第十一条的规定，有偿是指取得货币、货物或者其他经济利益。

基于以上税收政策规定，"出售或者其他方式有偿转让房地产的行为"是指"出售方式有偿转让房地产的行为"和"其他方式有偿转让房地产的行为"。征收土地增值税必须具备两个条件：一是有偿的转让房地产的行为；二是以出售或其他转让方式转让房地产的行为。当然以"继承、赠与方式无偿转让房地产的行为"肯定不征收土地增值税。而房地产公司A按照账面净值划转土地到其今后成立的子公司名下，房地产公司A获得子公司B 100%的股权支付，构成"有偿"中的取得"其他经济利益"的行为。而房地产公司A按照账面净值划转土地到其今后成立的子公司名下，房地产公司A没有获得子公司B的股权支付或非股权支付，但是发生土地使用权转移到子公司B名下，必须视同销售缴纳增值税和土地增值税。

因此，房地产公司A按照账面净值划转土地到其今后成立的子公司B名下，无论房地产公司A获得子公司B 100%的股权支付还是没有获得子公

B的任何股权支付或非股权支付，房地产公司A都应按照7280万元（52×140）作为计税基础缴纳增值税和土地增值税。

第二，母公司房地产公司A按照土地账面价值划转到其成立的子公司B，获得子公司B 100%的股权支付时（有偿划转），母公司房地产公司A的账务处理。

根据以上税收政策分析，房地产公司A按照账面净值划转土地到其今后成立的子公司名下，房地产公司A获得子公司B 100%的股权支付的行为，必须依法缴纳增值税和土地增值税，征收土地增值税和增值税的计税依据是公允价值。同时，根据国家税务总局公告2015年第40号第一条第（一）项的规定，房地产公司A的账务处理如下：

借：长期股权投资——子公司　　　　　　　　　　　　5993

　　贷：无形资产——土地

　　　　5646［52×120÷（1+5%）－52×120÷（1+5%）×5%］

　　　　应交税费——简易计税　　　　347［52×140÷（1+5%）×5%］

《增值税会计处理的规定》（财会〔2016〕22号）关于"企业发生相关成本费用允许扣减销售额的账务处理"规定如下：按现行增值税制度规定企业发生相关成本费用允许扣减销售额的，发生成本费用时，按应付或实际支付的金额，借记"主营业务成本""存货""工程施工"等科目，贷记"应付账款""应付票据""银行存款"等科目。待取得合规增值税扣税凭证且纳税义务发生时，按照允许抵扣的税额，借记"应交税费——应交增值税（销项税额抵减）"或"应交税费——简易计税"科目（小规模纳税人应借记"应交税费——应交增值税"科目），贷记"主营业务成本""存货""工程施工"等科目。

房地产公司A按照7280万元（52×140）全额给其子公司开具5%的增值税专用发票，发票上的销售额为6933万元，增值税额为347万元，房地产公司A的子公司B未来可以抵扣347万元增值税。但是，根据《关于进一步明确全面推开营改增试点有关劳务派遣服务、收费公路通行费抵扣等政策的通知》（财税〔2016〕47号）第三条第（二）项规定，房地产公司A差额征收增值税，实际缴纳的增值税为49.52万元［52×（140-120）÷（1+

5%）×5%］。房地产公司 A 的账务处理如下：

借：应交税费——简易计税　　　　297.14［52×120÷（1+5%）×5%］

　　贷：无形资产——土地　　　　　　　　　　　　　　　　297.14

第三，母公司房地产公司 A 按照土地账面价值划转到其成立的子公司 B，获得子公司 B 100%的股权支付时，子公司 B 接受母公司房地产公司 A 划转的土地时的账务处理。

借：无形资产——土地（土地的计税基础）

　　　　　5646［52×120÷（1+5%）−52×120÷（1+5%）×5%］

应交税费——应交增值税（增值税进项税额）

　　　　　347［52×140÷（1+5%）×5%］

　　贷：实收资本——房地产公司 A　　　　　　　　　　　5993

第四，母公司房地产公司 A 按照土地账面价值划转到其成立的子公司 B，获得子公司 B 100%的股权支付时（有偿划转）的增值税和土地增值税的处理。

《关于进一步明确全面推开营改增试点有关劳务派遣服务、收费公路通行费抵扣等政策的通知》（财税〔2016〕47 号）第三条第（二）项规定："纳税人转让 2016 年 4 月 30 日前取得的土地使用权，可以选择适用简易计税方法，以取得的全部价款和价外费用减去取得该土地使用权的原价后的余额为销售额，按照 5%的征收率计算缴纳增值税。"基于此税收政策规定，房地产公司 A 按照土地账面净值划转到 B 公司名下，并收到 100%股权支付的情况下，需差额缴纳增值税（140−120）×52÷（1+5%）×5%=49.52（万元）。同时，房地产公司 A 按照账面净值划转到 B 公司，并收到 100%股权支付的情况下，需缴纳土地增值税=［140×52÷（1+5%）−120×52÷（1+5%）−3.64］×30%=296.05（万元）。其中，3.64 万元（52×140×0.05%）为视同销售的印花税。

特别提醒：房地产公司 A 的子公司 B 在未来计算土地增值税时的土地扣除成本是 7280 万元（52×140），而不是 6240 万元（52×120），但是计算企业所得税时的土地扣除成本是 6240 万元，而不是 7280 万元。

第五，母公司房地产公司 A 按照土地账面价值划转到其成立的子公司

B，房地产公司 A 没有获得子公司 B 任何股权或非股权支付时，母公司房地产公司 A 和子公司 B 的账务处理。

根据前面的税收政策分析，母公司房地产公司 A 按照土地账面价值划转到其成立的子公司 B，房地产公司 A 没有获得子公司 B 任何股权或非股权支付的行为也是一种"视同销售的有偿行为"。根据国家税务总局公告 2015 年第 40 号第一条第（二）项的规定，房地产公司 A 按冲减实收资本（包括资本公积，下同）处理，子公司按接受投资处理。

基于此税收政策的规定，A 公司的账务处理如下：

借：资本公积/实收资本（账面净值）　　　　　　6240（120 × 52）

　　贷：无形资产——土地（土地的账面净值）　　　　　　　　6240

B 公司的账务处理如下：

借：无形资产——土地　　　　　　　　　　　　6240

　　贷：实收资本——房地产公司 A 公司　　　　　　　　　　6240

第六，母公司房地产公司 A 按照土地账面价值划转到其成立的子公司 B，没有获得子公司 B 的任何股权支付和非股权支付时（无偿划转）的增值税和土地增值税的处理。

通过前面的"第一，相关增值税和土地增值税的税收政策分析：母公司房地产公司 A 按照土地账面价值划转到其成立的子公司 B，获得子公司 B100% 的股权支付时（有偿划转），或母公司房地产公司 A 按照土地账面价值划转到其成立的子公司 B，没有获得子公司 B 股权支付和非股权支付（无偿划转），都应视同销售按照公允价值 7280 万元（52×140）作为计税基础缴纳增值税和土地增值税"的分析，"母公司房地产公司 A 按照土地账面价值划转到其成立的子公司 B，没有获得子公司的任何股权支付和非股权支付时（无偿划转）"的增值税和土地增值税与"母公司房地产公司 A 按照土地账面价值划转到其成立的子公司 B，没有获得子公司的任何股权支付和非股权支付时"的增值税和土地增值税的处理一样。具体如下：

房地产公司 A 按照土地账面净值划转到 B 公司名下，没有获得子公司的任何股权支付和非股权支付时的情况下，需差额缴纳增值税（140−120）× 52÷（1+5%）×5% = 49.52（万元）。同时，房地产公司 A 按照账面净值划转到 B 公司，没有获得子公司的任何股权支付和非股权支付时的情况下，需缴纳土地增值税 = ［140×52÷（1+5%）- 120×52÷（1+5%）- 3.64］× 30% = 296.05（万元）。其中 3.64 万元（52×140×0.05%）为视同销售的印花税。

特别提醒：通过对企业所得税、土地增值税和增值税的涉税分析，在资产划转的情况下，"房地产公司 A 按照土地账面净值划转到 B 公司名下，没有获得子公司的任何股权支付和非股权支付的情况下"与"房地产公司 A 按照土地账面净值划转到 B 公司名下，并获得子公司 B 100%的股权支付的情况下"相比，两者的共同点和不同点总结如下：

两者的共同点：①房地产公司 A 和其子公司 B 都不缴纳企业所得税；②房地产公司 A 按照土地账面净值划转到 B 公司名下，都要视同销售依法按照公允价值缴纳土地增值税和增值税。

两者的不同点：①房地产公司 A 按照土地账面净值划转到 B 公司名下，没有获得子公司的任何股权支付和非股权支付的情况下，房地产公司 A 的子公司 B 在未来计算土地增值税和企业所得税的土地扣除成本都是按照该土地的公允价值 7280 万元（52×140），而不是账面价值 6240 万元（52×120）。②房地产公司 A 按照土地账面净值划转到 B 公司名下，并获得子公司 B 100%的股权支付的情况下，房地产公司 A 的子公司 B 在未来计算土地增值税时的土地扣除成本是该土地划转时确定的公允价值 7280 万元（52×140），而不是账面价值 6240 万元（52×120），但是在未来开发结束后计税企业所得税时的土地扣除成本是该土地划转时的账面价值 6240 万元，而不是公允价值 7280 万元。

3）印花税的处理。A 公司是将其名下的土地资产无偿划转 B 公司名下的行为，按印花税产权转移书据万分之五税率缴纳印花税。

120×52×0.05% = 3.12（万元）

（2）B 公司需缴纳的税收成本。

1）契税的处理：不需缴纳契税。《财政部 税务总局关于继续支持企业事业单位改制重组有关契税政策的通知》（财税〔2018〕17 号）第六条第二款规定："同一投资主体内部所属企业之间土地、房屋权属的划转，包括母公司与其全资子公司之间，同一公司所属全资子公司之间，同一自然人与其设立的个人独资企业、一人有限公司之间土地、房屋权属的划转，免征契税。"基于此规定，B公司接受A公司划转土地资产，不需缴纳契税。

2）印花税的处理。A公司是将其名下的土地资产无偿划转到B公司名下的行为，按印花税产权转移书据万分之五税率缴纳印花税。B公司缴纳印花税为：

120×52×0.05%＝3.12（万元）

第一种方案下的税收总成本为：

如果房地产公司A将地块按照账面净值划转到B公司，并收到100%股权支付的情况下，或者房地产公司A没有收到B公司任何股权支付和非股权支付的情况下，则税收总成本为351.81万元（6.24＋49.52＋296.05）。

2.第二种方案（增资扩股方案：A公司将该地块以增资扩股的形式投资入股到B公司名下）的涉税成本分析

（1）A公司需缴纳的税收成本。

1）增值税的处理。《财政部　国家税务总局关于全面推开营业税改征增值税试点的通知》（财税〔2016〕36号）附件《营业税改征增值税试点实施办法》第十条：销售服务、无形资产或者不动产，是指有偿提供服务、有偿转让无形资产或者不动产。第十一条：有偿，是指取得货币、货物或者其他经济利益。财税〔2016〕36号文附件二《营业税改征增值税试点有关事项的规定》第一条：适用一般计税方法的试点纳税人，2016年5月1日后取得并在会计制度上按固定资产核算的不动产或者2016年5月1日后取得的不动产在建工程，其进项税额应自取得之日起分两年从销项税额中抵扣，第一年抵扣比例为60%，第二年抵扣比例为40%。取得不动产，包括以直接购买、接受捐赠、接受投资入股、自建以及抵债等各种形式取得不动产，不包括房地产开发企业自行开发的房地产项目。根据上述规定可以得出，企业将无形资产、不动产投资入股换取被投资企业股权的行为属于有偿取得"其他经济利益"，且被投资企业取得不动产包括"接受投资入股"形式取得的不动产，其进项税额准予从销项税额中抵扣。这就意味着企业以土地等无形资产和房屋等不动产投资应作为销售缴纳增值税，并可计算销项税额、开具增值税专用发票给被投资企业作为抵扣进项税额的凭据。因此，以非货币性资产投资要视同销售缴纳增值税。

《关于进一步明确全面推开营改增试点有关劳务派遣服务、收费公路通行费抵扣等政策的通知》（财税〔2016〕47号）第三条第（二）项规定："纳税人转让2016年4月30日前取得的土地使用权，可以选择适用简易计税方法，以取得的全部价款和价外费用减去取得该土地使用权的原价后的余额为销售额，按照5%的征收率计算缴纳增值税。"基于此规定，A公司以白湖片区D8地块增资扩股到B公司，需缴纳增值税为：

（140−120）×52÷（1+5%）×5%=49.5（万元）

2）印花税的处理。按印花税产权转移书据万分之五税率缴纳印花税。

140×52×0.05%=3.64（万元）

3）土地增值税的处理。根据《中华人民共和国土地增值税暂行条例》的规定，在中华人民共和国境内发生转让国有土地及其地上建筑物的行为，是土地增值税的纳税义务人。《国家税务总局关于房地产开发企业土地增值税清算管理有关问题的通知》（国税发〔2006〕187号）第三条第（一）项规定："房地产开发企业将开发产品用于职工福利、奖励、对外投资、分配给股东或投资人、抵偿债务、换取其他单位和个人的非货币性资产等，发生所有权转移时应视同销售房地产。"《财政部　国家税务总局关于继续实施企业改制重组有关土地增值税政策的通知》（财税〔2018〕57号）第四条规定："单位、个人在改制重组时以房地产作价入股进行投资，对其将房地产转移、变更到被投资的企业，暂不征土地增值税。"第五条规定："上述改制重组有关土地增值税政策不适用于房地产转移任意一方为房地产开发企业的情形。"因此，本案例中的房地产A公司需缴纳土地增值税为：

[140×52÷（1+5%）−（120×52÷（1+5%）+3.64）]×30%=296.05（万元）

4）企业所得税。《财政部　国家税务总局关于非货币性资产投资企业所得税政策问题的通知》（财税〔2014〕116号）第二条规定："企业以非货币性资产对外投资，应对非货币性资产进行评估并按评估后的公允价值扣除计税基础后的余额，计算确认非货币性资产转让所得。"基于此规定，A公司将土地投资扩股到 B 公司名下，应缴纳企业所得税。

［（140-120）÷（1+5%）×52-（3.64+ 296.05）］×25% = 172.7（万元）

A 公司需缴纳税费合计：

3.64+ 296.05 + 172.7 = 472.39（万元）

（2）B 公司需缴纳税费。

1）契税的处理。

《财政部 国家税务总局关于继续支持企业事业单位改制重组有关契税政策的通知》（财税〔2018〕17 号）第六条第二款规定，母公司以土地、房屋权属向其子公司增资视同划转、免征契税。因此 A 公司将土地增资投入到其子公司 B 公司名下免征契税。

2）印花税的处理。按印花税产权转移书据万分之五税率缴纳印花税。

140×52×0.05% = 3.64（万元）

B 公司需缴纳税费合计：

208 +3.64 = 211.04（万元）

第二种方案下，双方缴纳税费合计：

472.39 +3.64 = 476.03（万元）

3. 分析结论

由于本案例中房地产公司 A 按照土地账面净值划转到 B 公司名下，在没有获得子公司的任何股权支付和非股权支付的情况下，房地产公司 A 的子公司 B 在未来计算土地增值税和企业所得税的土地扣除成本时都是按照该土地的公允价值 7280 万元（52×140），而不是账面价值 6240 万元（52×120）。而第二种方案下，房地产公司将土地投资于其子公司 B 名下，未来 B 公司计算土地增值税和增值税的计税基础是土地的公允价值 7280 万元（52×140），而不是账面价值 6240 万元（52×120）。通过以上涉税成本分析，土地划转方案双方需缴纳的税费比投资方案节约税款 476.03-351.81 = 124.22。可是领导层决策第二种方案让企业多承担了 332.22. 万元税收成本。因此，领导层的决策失误是最大的浪费，要让企业节约税收成本必须要从决策抓起。

二、企业不缴纳社保费用的筹划秘诀：与劳动者建立劳务关系而不是劳动关系

《深化党和国家机构改革方案》第（四十六）项规定：为提高社会保险资金征管效率，将基本养老保险费、基本医疗保险费、失业保险费等各项社会保险费交由税务部门统一征收。《国税地税征管体制改革方案》规定："**2019 年 1 月 1 日起，基本养老保险费、基本医疗保险费、失业保险费、工伤保险费、生育保险费等各项社会保险费将由税务部门统一征收。**"基于此规定，社会保险费用的征收将更透明，这将增加企业的用人成本，许多企业期望降低企业的社保费用成本。笔者特别提醒全国广大用人单位，不缴纳社保费用的关键是：必须与劳动者建立劳务关系而不是建立劳动关系。即如果用人单位与劳动者建立劳务关系，则用人单位不缴纳基本养老保险、基本医疗保险、失业保险费；如果用人单位与劳动者建立劳动关系，则用人单位必须缴纳基本养老保险、基本医疗保险、失业保险费。

（一）劳动关系的确立和判断标准

《中华人民共和国劳动合同法》第二条规定，在中华人民共和国境内的企业、个体经济组织（以下统称用人单位）和与之形成劳动关系的劳动者，适用本法。基于此规定，与用人单位签订劳动合同的劳动者与用人单位构成劳动关系。

根据《劳动和社会保障部关于确立劳动关系有关事项的通知》（劳社部发〔2005〕12 号）第一条规定，用人单位招用劳动者未订立书面劳动合同，但同时具备下列情形的，劳动关系成立。

（1）用人单位和劳动者符合法律、法规规定的主体资格。

（2）用人单位依法制定的各项劳动规章制度适用于劳动者，劳动者受用人单位的劳动管理，从事用人单位安排的有报酬的劳动。

（3）劳动者提供的劳动是用人单位业务的组成部分。

《劳动和社会保障部关于确立劳动关系有关事项的通知》（劳社部发〔2005〕12 号）第二条规定，用人单位未与劳动者签订劳动合同，认定双方存在劳动关系时可参照下列凭证：

（1）工资支付凭证或记录（职工工资发放花名册）、缴纳各项社会保险费的记录。

（2）用人单位向劳动者发放的"工作证""服务证"等能够证明身份的证件。

（3）劳动者填写的用人单位招工招聘"登记表""报名表"等招用记录。

（4）考勤记录。

（5）其他劳动者的证言等。

其中，（1）（3）（4）项的有关凭证由用人单位负举证责任。

基于以上法律政策规定，劳动关系，是指用人单位与劳动者之间，依法所确立劳动过程中的权利义务关系。劳动关系的判断标准如下：

第一，用人单位与劳动者或职工签订劳动合同。

第二，无论用人单位与劳动者是否签订劳动合同，只要符合以下标准就是劳动关系，受《中华人民共和国劳动法》管辖：用人单位和劳动者符合法律、法规规定的主体资格；用人单位依法制定的各项劳动规章制度适用于劳动者，劳动者受用人单位的劳动管理，从事用人单位安排的有报酬的劳动；劳动者提供的劳动是用人单位业务的组成部分。

（二）劳务关系的确立和认定标准

劳务关系是平等主体之间就劳务的提供与报酬的给付所达成的协议。从主体上看，双方是平等主体之间的自然人、法人、合伙等其他组织，双方地位平等，在人身关系上不具有隶属关系。从法律关系上看，双方的法律关系基于民事法律规范成立，并受民事法律规范的调整和保护。双方的权利义务基于合同的约定产生。劳务关系适用《中华人民共和国民法通则》《中华人民共和国合同法》，并不适用《中华人民共和国劳动合同法》的相关规定。

劳务关系的判断标准是：劳务关系的双方不存在隶属关系，没有管理与被管理、支配与被支配的权利和义务，提供劳务的一方在工作过程中虽然也要接受用人单位指挥、监督，但并不受用人单位内部各项规章制度的约束，双方的地位处在同一个平台上。

（三）劳务关系、劳动关系和社保费用缴纳之间的联系

《中华人民共和国劳动法》（中华人民共和国主席令第 28 号）第七十二条规定，用人单位和劳动者必须依法参加社会保险，缴纳社会保险费。第一百条规定，用人单位无故不缴纳社会保险费的，由劳动行政部门责令其限期缴纳，逾期不缴的，可以加收滞纳金。《中华人民共和国社会保险法》第十条、第二十三条、第四十四条，第五十三条、第五十七条规定，参加基本养老保险、基本医疗保险、失业保险、工伤保险、生育保险的主体是职工。基于此规定，只有用人单位的职工或劳动者才构成参与购买以上五险的主体。基于此规定，依法缴纳社保费用的主体是用人单位的劳动者或职工。劳务关系、劳动关系和社保费用缴纳之间的联系如下：

第一，用人单位与劳动者签订劳动合同的，则用人单位与劳动者构成劳动关系，用人单位和劳动者构成依法缴纳社保费用的义务人，个人的社保费用由用人单位代扣代缴。

第二，用人单位与劳动者签订劳务协议，则用人单位与劳动者构成劳务关系，不是社保费用的缴纳义务人，用人单位与劳动者不缴纳社保费用。

因此，用人单位与劳动者签订劳动合同是缴纳社保费用的前提条件，签订劳务合同是不缴纳社保费用的前提条件，但是更准确地说，用人单位与劳动者建立劳动关系必须缴纳社保费用；建立劳务关系就不缴纳社保费用。

案例分析 37

基于劳务关系和劳动关系判断是否缴纳社保费用的法律分析

一、案情介绍

2017 年 6 月，甲应聘 A 公司业务员岗位，双方签订《劳务协议》，期限 1 年，其中试用期 1 个月，公司每月 5 日支付甲上月劳务报酬 4000 元。2017 年 10 月，由于甲没有完成当月销售业绩，公司拒绝向甲支付当月劳务报酬，并以效益不好为由将甲辞退，未支付任何补偿。甲就提起仲裁，认为双方应为劳动关系，要求公司支付当月工资、缴纳社保费用及违法解除劳动关系的赔偿金。仲裁对其申请不予受理。甲诉至法院，公司主张双方为劳务关系，

并辩称依据双方签订的《劳务协议》约定：公司依据甲完成业绩的情况有权调整劳务报酬等事项，甲应当服从公司的安排，且双方有权随时解除劳务协议，互不承担违约责任。因甲当月未完成销售业绩，A公司拒绝支付劳动者甲的劳务报酬。甲要求公司支付解除劳动关系的赔偿金并为其补交社保费用。最后法院经审理支持了甲的诉讼请求。请从法理上分析A公司与甲之间是劳动关系还是劳务关系，A公司是否应履行给甲缴纳社保费用的义务及法院的审理意见是否正确。

二、法理解析

本案争议的焦点在于甲与公司之间建立的是劳动关系还是劳务关系。分析如下：

劳动关系是指用人单位与劳动者之间，依法所确立劳动过程中的权利义务关系。根据《劳动和社会保障部关于确立劳动关系有关事项的通知》规定，用人单位和劳动者符合法律、法规规定的主体资格；用人单位依法制定的各项劳动规章制度适用于劳动者，劳动者受用人单位的劳动管理，从事用人单位安排的有报酬的劳动；劳动者提供的劳动是用人单位业务的组成部分的，劳动关系成立。

劳务关系是平等主体之间就劳务的提供与报酬的给付所达成的协议。从主体上看，双方是平等主体之间的自然人、法人、合伙等其他组织，双方地位平等，在人身关系上不具有隶属关系。从法律关系上看，双方的法律关系基于民事法律规范成立，并受民事法律规范的调整和保护。双方的权利义务基于合同的约定产生。

从劳动关系的主体上看，一方是符合法律规定的机关、企事业单位、社会团体、个体经济组织或其他组织，另一方是符合劳动年龄并具有与履行劳动合同义务相适应能力的自然人。从用工关系上看，劳动法律关系建立后，劳动关系中的劳动者与用人单位具有隶属关系，劳动者应接受用人单位的管理，服从用人单位的安排。从法律关系上看，双方的权利义务受劳动法律规范调整。从而衍生出用人单位应为劳动者缴纳社会保险、解除劳动关系时的补偿、赔偿金等法定义务。而在本案中，甲与公司虽然签订的是《劳务协议》，但协议中约定了甲的工作时间、工作内容，要求甲入职A公司后受公司员工守则的约束，公司按月定期支付工资，双方存在管理与被管理的情形，这些都符合劳动关系的特点，具备关于劳动关系成立的条件。因此，甲与A公司虽然签订的是《劳务协议》，但实质上是劳动关系，根据《中华人民共和国社会保险法》的规定，A公司必须履行依法缴纳社保费用的义务。

基于以上分析，A公司拒绝向甲支付工资及解除劳动关系的行为显然违反《劳动法》相关规定，因此法院支持甲的诉求是正确的。

（四）用人单位与劳动者建立劳务关系的筹划要点

（1）建筑企业总承包方或建筑专业分包方必须与劳务公司签订劳务分包合同，建筑总承包方或建筑专业分包方与劳务公司之间是劳务分包关系而不是劳动关系，建筑企业不缴纳社保费用。

（2）劳务公司与农民工之间签订非全日制劳动合同（即一周工作时间不超过24小时，一个月不超过96小时的用工合同），劳务公司不缴纳社保费用。例如，建筑企业工程项目部的钢筋工、模板工、砼工、砌筑工、抹灰工、架子工、防水工、水电暖安装工、油漆工、外墙保温工等都是按照小时计算劳动报酬的。因此，建筑企业或劳务公司可以与以上劳动者签订非全日制用工协议书，协议中约定：每小时的劳动报酬、每周工作时间不超过24小时。注意：非全日制用工合同，用人单位与劳动者之间是劳动关系而不是劳务关系，用人单位必须给非全日制劳动者代扣代缴个人所得税。

（3）建筑企业或劳务公司与农民工签订劳务合同，每月控制给农民工劳务结算款在20000元以内，按照国家税务总局2018年28号文件的规定，小额零星支出的税前扣除凭证是内部收款凭证：农民工劳务结算单，结算单上写明农民的姓名、身份证件号码、手机号码、劳务款。

三、"甲供工程"增值税计税方法选择的税务筹划秘诀

《财政部　国家税务总局关于全面推开营业税改征增值税试点的通知》（财税〔2016〕36号）附件2《营业税改征增值税试点有关事项的规定》第一条第（七）款"建筑服务"第（二）项规定："**一般纳税人为甲供工程提供的建筑服务，可以选择适用简易计税方法计税。**"在该条规定中有两个特别重要

的词——"可以"和"甲供工程"。具体的内涵是，只要发生"甲供工程"现象，建筑施工企业在增值税计税方法上，具有一定的选择性，既可以选择增值税一般计税方法（即建筑企业向发包方开具 10% 的增值税发票），也可以选择增值税简易计税方法（即建筑企业向发包方开具 3% 的增值税发票）。根据财税〔2018〕32 号文件的规定，自 2018 年 5 月 1 日起，建筑企业的增值税税率改为 10%，销售材料、设备和出租动产的税率改为 16%，在增值税税率降低后，到底如何选择增值税计税方法，与发包方和建筑方的利益相关，本书探讨"甲供工程"中建筑企业一般计税方法和简易计税方法选择的临界点。

（一）"甲供工程"中建筑企业销售额的确定

《财政部　国家税务总局关于全面推开营业税改征增值税试点的通知》（财税〔2016〕36 号）附件 1《营业税改征增值税试点实施办法》第三十七条规定：**"销售额，是指纳税人发生应税行为取得的全部价款和价外费用，财政部和国家税务总局另有规定的除外。"**同时财税〔2016〕36 号附件 2《营业税改征增值税试点有关事项的规定》第一条第（三）项第（9）款规定：**"试点纳税人提供建筑劳务服务适用简易计税方法的，以取得的全部价款和价外费用扣除支付分包款后的余额为销售额。"**根据以上政策规定，"甲供工程"中建筑企业计算增值税的销售额体现为两个方面：

一是建筑企业选择一般计税方法计算增值税的情况下，销售额是建筑企业发生建筑应税行为向发包方或业主收取的全部价款和价外费用。

二是建筑企业选择简易计税方法计算增值税的情况下，销售额是建筑公司向业主收取的全部价款和价外费用扣除支付分包款后的余额。

（二）"甲供工程"中建筑企业增值税计税方式的选择分析

按照财税〔2016〕36 号附件 1《营业税改征增值税试点实施办法》和财税〔2018〕32 号文件的规定，建造服务的适用税率是 10%，而设备、材料、动力的适用税率一般均是 16%。据此，可以大概计算出"甲供工程"中建筑企业增值税计税方式选择的临界点。

假设"甲供工程"合同中约定的工程价税（工程造价是税前工程造价+税前工程造价×10%）合计（不含甲方购买的材料和设备）为 A，则建筑企业选择一般计税方式和简易计税方法下的增值税计算如下。

1. 一般计税方式下的应缴增值税

应缴增值税 = A×10%÷（1+10%）−建筑企业采购材料物质的进项税额 = 9.1%×A−建筑企业采购材料物质的进项税额

2. 简易计税方法下的应缴增值税

应缴增值税 = A×3%÷（1+3%）= 2.91%×A

3. 两种方法下税负相同的临界点

9.1%×A−建筑企业采购材料物质的进项税额 = 2.91%×A

推导出：

建筑企业采购材料物质的进项税额 = 6.19%×A

（1）由于一般情况下，机电安装、钢结构安装的建筑企业采购材料物质的适用税率一般均是16%，于是推导出临界点：

建筑企业采购材料物质的进项税额 = 建筑企业采购材料物质价税合计×16%÷（1+16%）= 6.19%×A

由此计算出临界点：

建筑企业采购材料物质价税合计 = 44.21%× A

（2）从事房建工程、路桥工程、水利工程、管道工程和装修工程的建筑企业，建筑企业自行采购材料物质中有30%左右的砂石料、砖和混凝土抵扣3%，70%左右的钢筋建筑材料抵扣16%，于是，推导出临界点：

建筑企业采购材料物质的进项税额 = 建筑企业采购材料物质价税合计×16%÷（1+16%）×70%+建筑企业采购材料物质价税合计×3%÷（1+3%）×30% = 6.19%×A

（0.0966+0.00874）×建筑企业采购材料物质价税合计 = 6.19%×A

由此计算出临界点：

建筑企业采购材料物质价税合计 = 56.27%× A

4. "甲供工程"中，建筑企业选择按一般计税方法或者简易计税方法的税务筹划秘诀：依据临界点参考值进行选择

在甲供工程模式下，建筑企业选择按一般计税方法或者简易计税方法的临界点参考值是：

（1）从事房建工程、路桥工程、水利工程、管道工程和装修工程的建筑

企业的临界点参考值是：

建筑企业采购材料物质价税合计＝56.27%×甲供材合同中约定的工程价税合计

具体是：

建筑企业采购材料物质价税合计>56.27%×甲供材合同中约定的工程价税合计，则选择一般计税方法有利。

建筑企业采购材料物质价税合计<56.27%×甲供材合同中约定的工程价税合计，则选择简易计税方法有利。

（2）机电安装、钢结构安装的建筑企业的临界点参考值是：

建筑企业采购材料物质价税合计＝44.21%×甲供材合同中约定的工程价税合计

具体是：

建筑企业采购材料物质价税合计>44.21%×甲供材合同中约定的工程价税合计，则选择一般计税方法有利。

建筑企业采购材料物质价税合计<44.21%×甲供材合同中约定的工程价税合计，则选择简易计税方法有利。

因此，建筑企业采购材料物质占整个工程造价的多少，或者说甲供材占整个工程造价的多少，是选择计税方式的关键。

案例分析38

建筑企业采购材料物质价税合计> **44.21%**×甲供材合同中约定的工程价税合计，选择一般计税方法

一、案情介绍

江苏省某企业委托中国京冶公司承建一主题乐园项目，工程总承包合同造价为1000万元，材料部分600万元，其中甲供材为200万元；安装部分400万元。中国京冶将其中100万元的机电安装工作分包给中冶建研公司。假设建筑企业购买材料均取得16%的增值税专用发票。请分析中国京冶公司如何选择增值税的计税方法？

二、涉税分析

（1）选择一般计税方式下的应缴增值税为：

应缴增值税＝（1000－200）×10%÷（1+10%）－［（600－200）×16%÷（1+10%）+100×10%÷（1+10%）］

$$= 72.73-（58.18+9.09）$$

$$= 5.46（万元）$$

（2）选择简易计税方法下的应缴增值税为：

应缴增值税＝（1000－200－100）×3%÷（1+3%）=20.38（万元）

三、分析结论

因此，建筑企业采购材料物质价税合计 422 万元［400÷（1+10%）×（1+16%）］> 44.21%×甲供材合同中约定的工程价税合计（800 万元）= 353.68 万元,选择一般计税方法计算增值税，比选择简易计税方法计算增值税节省 14.92 万元（20.38－5.46）增值税。

案例分析 39

建筑企业采购材料物质价税合计< 44.21%×甲供材合同中约定的工程价税合计，选择简易计税方法

一、案情介绍

江苏省某企业委托中国京冶公司承建一主题乐园项目，工程总承包合同造价为 1000 万元，材料部分 600 万元，其中含甲供材为 500 万元；安装部分400 万元。中国京冶将其中 100 万元的机电安装工作分包给中冶建研公司。假设购买材料均取得 16%的增值税专用发票。请分析中国京冶公司如何选择增值税的计税方法？

二、涉税分析

（1）选择一般计税方式下的应缴增值税为：

应缴增值税＝（1000－500）×10%÷（1+10%）－［（600－500）×16%÷（1+10%）+100×10%÷（1+10%）］

$$= 45.45-（14.54+9.09）$$

$$= 21.82（万元）$$

（2）选择简易计税方法下的应缴增值税为：

应缴增值税=（1000−500−100）×3%÷（1+3%）= 11.65（万元）

三、分析结论

因此，当建筑企业采购材料物质价税合计 105.45 万元［100 万元÷（1+10%）×（1+16%）］< 44.21%×甲供材合同中约定的工程价税合计（500 万元）= 221.05 万元，选择简易计税方法计算增值税，比选择一般计税方法计算增值税节省 10.17 万元（21.82−11.65）增值税。

四、"甲供工程"涉税业务中的认识误区及选择简易计税的税务筹划秘诀

在实践操作中，"甲供工程"涉税审计、结算和开具发票问题上存在不少认识误区。"甲供工程"选择简易计税方法计征增值税的税法依据及有效性和无效性如何进行判断，是建筑企业和发包方必须关注和注意的重要问题。

（一）"甲供工程"涉税审计、结算和开具发票问题上的认识误区

实践调研显示，在当前选择简易计税方法计征增值税的"甲供工程"涉税审计、结算和开具发票问题上，不少发包方的工程结算人员、财务人员和工程审计人员，对选择简易计税方法计征增值税的"甲供工程"涉税处理的税收法律政策理解不透，存在严重的认识误区，具体包括以下认识误区。

（1）甲方必须按照"税前工程造价×（1+3%）"作为终审工程价向施工方支付工程价款。

（2）由于"甲供工程"按照"税前工程造价×（1+11%）"（2016 年 5 月 1 日至 2018 年 4 月 30 日）和"税前工程造价×（1+10%）"（自 2018 年 5 月 1 日之后）作为工程造价的计价依据，施工企业选择简易计税方法计征增值税，按照3%向甲方开具增值税发票，所以认为：施工企业少缴纳8%的增值税（2016 年 5 月 1 日至 2018 年 4 月 30 日之间的"甲供工程"），或者说少缴纳7%的增值税（自 2018 年 5 月 1 日之后的"甲供工程"），导致国家财政资金的浪费，或认为建筑企业漏税。

（3）"甲供工程"选择简易计税方法计征增值税，施工企业按照3%向

甲方开具增值税发票，甲方认为要从工程总价款中扣除 8 个点的工程款（2016 年 5 月 1 日至 2018 年 4 月 30 日之间的"甲供工程"），或 7 个点的工程款（自 2018 年 5 月 1 日之后的"甲供工程"）。

以上三种认识都是极端错误的，根本不符合国家的税收法律政策规定，如果不加以纠正将有害于建筑行业的健康发展。

（二）建筑企业"甲供工程"业务选择简易计税方法向甲方开具 3% 增值税发票的税法依据及分析

1. 建筑企业"甲供工程"业务选择简易计税方法的税法依据

（1）建筑企业可以选择简易计税方法向甲方开具 3% 增值税发票的税法依据。

《财政部 国家税务总局关于全面推开营业税改征增值税试点的通知》（财税〔2016〕36 号）附件 2《营业税改征增值税试点有关事项的规定》第一条第（七）款"建筑服务"第（二）项规定："**一般纳税人为甲供工程提供的建筑服务，可以选择适用简易计税方法计税。**"在该条文件规定中有两个特别重要的词——"可以"和"甲供工程"。具体的内涵是，只要发生"甲供工程"现象，建筑施工企业在增值税计税方法上，具有一定的选择性，既可以选择增值税一般计税方法（即建筑企业向发包方开具 10% 的增值税发票），也可以选择增值税简易计税方法（即建筑企业向发包方开具 3% 的增值税发票）。另外，简易计税方法是一种税收优惠政策，根据国税发〔2008〕30 号文件的规定，企业要享受税收优惠政策，必须在当地税务机关先备案后享受，不备案不享受。即企业享受税收优惠政策实行的是备案制而不是审批制，企业只要将有关依法享受税收优惠政策的资料交到当地机构所在地的税务机关进行备案即可。

（2）建筑企业必须选择简易计税方法向甲方开具 3% 增值税发票的税法依据。

《财政部 国家税务总局关于建筑服务等营改增试点政策的通知》（财税〔2017〕58 号）第一条规定："**建筑工程总承包单位为房屋建筑的地基与基础、主体结构提供工程服务，建设单位自行采购全部或部分钢材、混凝土、砌体材料、预制构件的，适用简易计税方法计税。**"基于此规定，有关

"房屋建筑的地基与基础、主体结构建筑服务，只要建设单位采用'甲供材'方式，建筑企业必须选择简易计税方法计计征增值税"，而不能再选择"一般计税方法计征增值税"，必须满足以下条件：

A. 享受简易计税方法计税的主体：建筑工程总承包单位。

B. 享受简易计税方法计税的建筑服务客体：房屋建筑的地基与基础、主体结构建筑服务。

C. "甲供材"的材料对象："甲供材"只限于甲方自购"钢材、混凝土、砌体材料、预制构件"四种材料中的任一种。

2. 简易计税和一般计税方法的选择原则

根据《财政部　国家税务总局关于全面推开营业税改征增值税试点的通知》（财税〔2016〕36 号）附件 2《营业税改征增值税试点有关事项的规定》第一条第（七）款"建筑服务"第（二）项和相关税收法律规定，简易计税和一般计税方法的选择原则如下。

第一，简易计税方法和一般计税方法的选择是专门针对每一个项目而言，而不是针对企业而言。即建筑企业依据税收法律政策的规定，有的施工项目只要符合选择简易计税方法的税收政策规定，则可以选择简易计税方法计征增值税，有的项目可以选择一般计税方法计征增值税。

第二，一个施工项目一旦选择简易计税方法计税后，不能更改为一般计税方法计税。财税〔2016〕36 号文附件 1《营改增试点实施办法》第十八条第二款规定：**"一般纳税人发生财政部和国家税务总局规定的特定应税行为，可以选择适用简易计税方法计税，但一经选择，36 个月内不得变更。"**

第三，一个施工项目绝对不可以既选择一般计税方法又选择简易计税方法计征增值税。即要么选择一般计税方法，要么选择简易计税方法计征增值税。

第四，建筑企业在发生"甲供材或甲供工程"业务时，在符合税法规定的情况下，建筑企业选择一般计税方法还是选择简易计税方法计征增值税的决定权在于发包方而不是地方税务机关。

3. 业主或发包方同意的情况下，建筑企业可以选择简易计税方法计征增值税的深刻含义

笔者认为，业主或发包方同意的情况下，建筑企业可以选择简易计税方

法计征增值税的深刻含义体现为两方面：

（1）"甲供工程"的建筑合同中明确约定：建筑企业选择简易计税方法计征增值税，并向甲方开具3%的增值税发票。

（2）如果"甲供工程"建筑合同中没有明确约定建筑企业选择简易计税方法计征增值税，并向甲方开具3%的增值税发票，但是建筑企业在税务机关备案了"甲供工程"选择简易计税方法计税，并给甲方开具了3%的增值税发票，甲方没有提出任何异议，甲方的财务部门已经收到建筑企业开具的3%增值税发票进行账务处理，视同为甲方或发包方同意建筑企业选择简易计税方法。

（三）"甲供工程"简易计税方法选择的税务筹划秘诀

1. "甲供工程"简易计税方法选择有效性的认定标准

（1）非房屋建筑工程和房屋建筑工程的"甲供工程"可以选择简易计税方法的有效性认定标准。根据财税〔2016〕36号文件附件2有关"甲供工程"业务，建筑企业可以选择简易计税的规定，结合下文"甲供工程"简易计税方法选择的五种有效性情况分析。笔者认为，非房建工程的"甲供工程"简易计税方法选择有效性的认定标准必须同时满足以下两个关键条件：

1）必须满足"甲供工程"的税法概念，或者说，在建筑合同中的"材料和设备供应"条款中明确约定：甲方或发包方自行购买或提供全部或部分建筑工程中的材料、设备或动力。

2）甲方或发包方与建筑企业签订建筑合同时，必须在建筑合同中约定以下两个条款：一是在建筑合同中的"增值税计税方法选择"条款中约定：施工企业或建筑企业选择简易计税方法计征增值税。二是在建筑合同中的"发票开具"条款中约定：建筑企业向甲方或发包方开具3%的增值税专用发票或增值税普通发票，增值税的计税基础是不含"甲供材"金额的工程结算价（"甲供材"的差额结算法）。

（2）房屋建筑工程的"甲供工程"必须选择简易计税方法的有效性认定标准。根据《财政部 国家税务总局关于建筑服务等营改增试点政策的通知》（财税〔2017〕58号）第一条的规定，房屋建筑工程的"甲供工程"简易计税方法选择有效性的认定标准是必须同时满足以下三个条件：一是享受简易计税方法计税的主体：建筑工程总承包单位；二是享受简易计税方法计税的建筑服务客体：房屋建筑的地基与基础、主体结构建筑服务；三是"甲供材"的材料对象："甲供材"只限于甲方自购"钢材、混凝土、砌体材料、预制构件"四种材料中的任一种材料。

特别提醒：房屋建筑工程的"甲供工程"必须选择简易计税方法计征增值税的情况，完全不需要在建筑合同中约定：建筑企业总承包方选择简易计税方法计征增值税，向房地产企业开具3%的增值税发票。

2. "甲供工程"简易计税方法选择的税务筹划秘诀：策划五种有效的简易计税方法

根据《财政部　国家税务总局关于全面推开营业税改征增值税试点的通知》"财税〔2016〕36号"附件2《营业税改征增值税试点有关事项的规定》第一条第（七）款"建筑服务"第（二）项和财税〔2018〕57号文件第一条的税收法律规定，以及根据《中华人民共和国招标投标法》及其实施条例有关"建筑合同必须与招标文件保存一致"的规定，"甲供工程"简易计税方法选择的五种合法有效性情况如下。

（1）建筑企业与业主或发包方签订包工包料的建筑合同，而且发包方的招标文件中没有约定"不允许甲供材和甲供设备"的情况下，经双方协商一致后，建筑企业与业主或发包方签订有关业主或发包方自行采购建筑工程所用的部分主材、辅料、设备或全部电、水、机油的补充协议，在业主或发包方同意的情况下，建筑企业就可以选择简易计税方法计征增值税。

（2）在发包方的招标文件中没有约定"不允许甲供材和甲供设备"的情况下，建筑企业与业主或发包方签订建筑合同时，在建筑合同中"材料与设备供应"条款中约定："业主或发包方自行采购建筑工程所用的部分主材、辅料、设备或全部电、水、机油。"在业主或发包方同意的情况下，建筑企业就可以选择简易计税方法计征增值税。

（3）如果发包方的招标文件中明确约定"不允许甲材料或工程设备"的情况下，经双方协商一致后，建筑企业与业主或发包方签订有关业主或发包方自行采购建筑工程所用的部分或全部电、水、机油的补充协议是有效的协议。在业主或发包方同意的情况下，建筑企业就可以选择简易计税方法计征增值税。

（4）为房屋建筑的地基与基础、主体结构提供工程服务，在"甲供材"的情况下，建筑工程总承包单位必须选择简易计税方法，而不能选择一般计税方法计征增值税。

（5）在发包方的招标文件中明确约定"不允许甲供材和甲供设备"的情况下，经双方协商一致后，建筑企业与业主或发包方签订有关业主或发包方自行采购建筑工程所用的部分主材、辅料、设备的"甲供材"建筑合同，是违背了《中华人民共和国招标投标法》中关于"建筑合同必须与招标投标文件一致"的规定，是一种违反管理性强制性规定，而不是违反效力性强制性规定，根据《中华人民共和国合同法》的规定，是一种有效的合同。在业主或发包方同意的情况下，建筑企业可以选择简易计税方法计征增值税。但从审计的角度看，往往以招标文件为主，而不是以建筑合同为准，有一定的法律风险。

3．"甲供工程"简易计税方法选择的税务筹划秘诀：规避两种无效的简易计税方法

根据税法的规定，"甲供工程"简易计税方法选择的两种无效性情况如下：

（1）建筑合同中约定的甲方购买的材料、设备没有在建筑工程计价里面，即甲方购买的材料或设备根本不含在工程计税价里。而建筑企业选择简易计税方法是无效的，如果建筑企业在税务机关备案为简易计税方法计税也是无效的。

（2）如果"甲供工程"建筑合同中明确约定：建筑企业选择一般计税方法计税，向甲方开具10%的增值税发票（自2018年5月1日之后的"甲供工程"合同）或11%的增值税发票（自2016年5月1日至2018年4月30日的"甲供工程"合同），而建筑企业选择简易计税方法计税，则简易计税方法选择是无效的。

5

建筑房地产企业税收安全策略四：
建立涉税内控制度

制度是一个经济主体行为规范的总和，任何公司在经营过程中都有各自的公司管理制度。如果从制度与税收有无关系的角度来划分，公司管理制度分为涉税管理制度和非涉税管理制度。公司的各项制度都会影响一个公司的成本和收入，从而影响一个公司的税收成本。制度定江山，制度才是真正的老板，说的就是制度会严重影响一个公司的经营状况和经验成果，特别是涉税制度会严重影响一个公司缴纳多少税金。例如，公司的工资薪酬制度、劳动保护制度、安全生产经营制度、营销制度、采购制度、公司费用报销制度、业绩考核制度、招投标制度、人事管理制度、产品售后管理制度等，都会影响企业的成本从而影响企业税负。因此，制度控税的实质是利用国家税收政策，给企业设计和制定低税负的企业制度，使企业在涉税制度的安排下进行有序的生产经营活动，达到低税负的目的。制度控税的思想也给企业提供了一条税收规划的思路，即为了让企业实现低税负的目的，应该多从制度上下功夫，在"只有制度才能成方圆"的理念下，为企业设计和制定各种低税负的涉税内控制度。本章主要介绍四部分内容：一是涉税内控制度影响企业税负；二是建筑企业内部承包经营节税的内控管理制度设计；三是建筑企业挂靠工程税收安全的五项涉税内控制度设计；四是节约社保费用的职工福利费制度和职工培训制度设计。通过这些涉税内控制度设计的案例分析，充分证明企业为了节税必须建立良好的涉税内控制度。

第一节　涉税内控制度影响企业税负

涉税内控制度是指企业通过设置良好的企业内部制度来规范企业的经营，使企业经营规范有序，开源节流，达到控制非纳税成本，最终使企业节省税金，减少税收风险的一种税务管控行为。制度控税折射出一种税收与制度间的逻辑关系，即涉税内控制度与企业税收之间是辩证统一关系：涉税内控制度决定了公司的经营行为，公司的经营行为决定企业税收的多少。如果要让企业进行节税，则必须重视公司各项制度的重构和设计，充分选择更有利于公司节税的制度。因此，公司涉税制度的设计是公司进行税收筹划的一种重要技术，公司应该重视降低税负的涉税制度设计，公司在制定制度时必须考量税收成本。

一、良好的企业涉税内控制度是控制企业税负的重要因素

涉税制度是企业进行税收筹划的重要工具，也是企业控制税负的重要源泉。公司常用的涉税制度主要有发票管理制度、纳税风险预警制度、纳税成本控制制度、税收预算管理制度、税负分析制度、纳税评估制度、所得税台账管理制度、合同管理制度、采购制度、营销制度等。这些涉税制度都会影响企业的税负。有不少公司很不重视公司涉税制度的建设，即使重视公司制度的建设，也很少从税收的角度来思考公司制度的设计，从而使公司承担了不必要的税收成本。因为从制度设计实践来看，大部分公司的制度构建和设计工作都是由公司法律部门或聘请的法律顾问来完成的，而大部分法律部门或法律顾问工作者都是学法律出身的，很少有税收学或会计学专业出身的，这些法律工作者在对公司进行制度设计时根本不可能考虑为公司设计更节税的制度。因此，当前大部分公司内部的各项制度很难起到节税的作用。为了为公司制定更节税的制度，必须从节省税收的角度去设计公司的各项制度，给企业带来节税的红利。

实践中，有不少企业通过设计良好的节税制度而实现节税的效果，也有不少企业因制度设计本身存在问题从而多缴税。

案例分析40

某房地产企业采购制度设计不合理的涉税成本

一、案情介绍

某房地产企业制定了一项采购制度，制度中明确规定：降低企业采购成本是企业控制成本中的重中之重，为此，采购部门在采购时，必须优先选择报价最低的供应商进行交易，在必要时，尽量选择"不要票一个价"的采购价进行交易。一次，该企业采购部门在采购原材料过程中，材料供应商报出两个价格：一个是 100 万元，供应商不开发票，只开收据；另一个是 120 万

元，供应商开发票。结果该采购部负责人选择了第一个价格，为了节约 20 万元采购成本而选择供应商不开发票。请分析该企业的涉税成本。

二、涉税成本分析

采购中为降低采购成本而不开具发票的涉税风险主要体现在企业无法抵扣增值税进项税额和企业所得税前无法扣除成本从而使企业多缴纳企业所得税，甚至会使企业增加的税收高于降低的采购成本。基于此分析，本案例中的企业由于没有索取供应商的发票，只索取一张 100 万元的收据，其增值税进项税额就不可以抵扣 16 万元，企业所得税税前不可以扣除 100 万元成本，因为根据《企业所得税税前扣除凭证管理办法》（国家税务总局公告 2018 年第 28 号）、国税发〔2008〕40 号和国税发〔2009〕114 号文件的规定，企业没有取得合理合法的票价，其成本不可在企业所得税前扣除，所以该企业要多缴纳企业所得税 25 万元，加上不能抵扣的 16 万元增值税，总共要多承担 41 万元税费，扣除节省的采购成本 20 万元，还多承担 21 万元，真是得不偿失。

如果公司在采购制度中明确规定：公司在采购过程中必须见票付款或必须向供应商索取发票，则本案例中的公司就不会产生损失 21 万元。

二、企业税务风险最终归因于企业涉税内控制度问题

企业涉税风险分为多交税和少交税的风险，企业是多交税还是少交税，在一定程度上与其制定的涉税制度有着千丝万缕的关系。制度是企业经营中的行为准则，特别是企业的一些涉税内控制度，是产生或控制企业税收风险的主要因素。纵观企业税收风险的历史可以发现，公司制度决定企业经营过程，企业经营过程决定企业风险，不仅限于税收风险，即企业涉税风险或多或少都缘于公司制度。基于此分析，要控制税收风险，将税收风险控制在萌芽状态，公司决策层、管理层必须从涉税内控制度设计和制定入手，在公司设计和制定涉税内控制度时，充分考虑涉税内控制度执行过程中隐藏的潜在税收风险的识别和防范，重点在公司涉税内控制度的制定和设计环节控制和防范企业的涉税风险。如果在公司涉税内控制度的制定和设计环节没有全面

估计和控制未来的企业涉税风险，则企业涉税风险永远存在，迟早会使企业产生税务危机。

企业的涉税内控制度与企业的社保费用和税收成本有着重要的正相关关系。例如，公司制定的良好的工资薪酬制度和职工福利费用制度，将会为企业节约社保费用，否则会增加企业的社保费用。因此，公司在制定工资薪酬制度和职工福利费用制度时，必须考虑到企业社保费用的负担问题，应制定企业少缴纳社保费用和职工福利费制度。

案例分析41

某企业工资薪酬和福利费制度对高管人员社保费用和个税负担的影响

一、案情介绍

北京市某企业 2019 年度的高管人员工资薪酬制度规定：在某一高管人员年收入 500000 元的前提下，月工资为 20000 元，12 月给予高管人员绩效考核奖 260000 元，高管人员年出差天数为省内 60 天、省外 60 天。假设北京市规定子女教育、继续教育、大病医疗、住房贷款利息或者住房租金、赡养老人等专项扣除附加费用支出为 10 万元，北京市 2018 年社保最高缴费基数确定为月工资收入 27401 元，社保最低缴费基数确定为月工资收入 7080 元。请问，应如何制定工资薪酬制度和高管人员的职工福利费制度，使该高管缴纳的社会保险费用最低，缴纳的个人所得税也最低？

二、工资薪酬和福利费制度设计

1. 相关法律依据

（1）社保费用基数的上下限。根据《职工基本养老保险个人账户管理暂行办法》（劳办发〔1997〕116 号）的规定，本人月平均工资低于当地职工平均工资 60% 的，按当地职工月平均工资的 60% 缴费；超过当地职工平均工资 300% 的，按当地职工月平均工资的 300% 缴费，超过部分不计入缴费工资基数，也不计入养老金的基数。因此，在计算社保费用的基数时，高管人员月工资收入高于职工上一年月平均工资的 300% 的部分不缴纳社保费用，月工资收入在社保缴费基数的上下限之间的，则实际月工资为缴纳社保费用的基数。本案例中月工资收入 7080 元<20000 元<27401 元，因此，以 20000 元

作为缴纳社保基数。

（2）2018年《中华人民共和国个人所得税法》修改后的个人所得税税率。根据《中华人民共和国个人所得税法》（2018年新修版）的规定，个人所得税税率（综合所得适用）如表5-1所示。

表5-1 个人所得税税率

级数	全年应纳税所得额	税率（％）
1	不超过36000元的部分	3
2	超过36000元至144000元的部分	10
3	超过144000元至300000元的部分	20
4	超过300000元至420000元的部分	25
5	超过420000元至660000元的部分	30
6	超过660000元至960000元的部分	35
7	超过960000元的部分	45

注：1. 本表所称全年应纳税所得额是指依照本法第六条的规定，居民个人取得综合所得以每一纳税年度收入额减除费用6万元以及专项扣除、专项附加扣除和依法确定的其他扣除后的余额。

2. 非居民个人取得工资、薪金所得、劳务报酬所得、稿酬所得和特许权使用费所得，依照本表按月换算后计算应纳税额。

（3）社保费用的缴费比例。根据2018年中华人民共和国人力资源和社会保障部的统计，社会保险费用的缴费比例分别为：基本养老保险28%（用人单位承担20%，职工承担8%），基本医疗保险12%（用人单位承担10%，职工承担2%），失业保险3%（用人单位承担2%，职工承担1%），生育保险0.8%，工伤保险0.5%，五险合计占缴费基数的44.3%。

（4）个人所得税计算允许税前扣除其依法缴纳的"三险一金"。根据《中华人民共和国个人所得税法》（2018年新修订版）第六条第（一）项的规定，自2019年1月1日起，居民个人在计算个人综合所得的个人所得税时，其按照国家规定的范围和标准缴纳的"三险一金"允许在其应纳税所得额中扣除。

2. 工资薪酬和福利费制度设计之策

（1）设计之前的税费成本分析。社保费用成本（企业承担部分加上个人承担部分）：

200×44.3%×12+260000×44.3%=106320+115180=221500（元）

个人所得税成本：

高管人员一年的应纳税所得额=500000-60000（6万元年扣除费用）-500000×11%（高管人员缴纳的基本养老保险、基本医疗保险、失业保险）-100000（专项附加扣除费用）=285000（元）

高管人员一年的个人所得税成本：

285000×20%=57000（元）

筹划前的税费总成本：

57000+221500=278500（元）

（2）设计方案。

第一，在公司的工资薪酬制度中规定，高管人员的月工资收入为35000元。

第二，在公司的福利费制度中规定，一年中，职工的防暑降温费用、取暖费用共为20000元。

第三，在公司的福利费制度中规定，职工一年报销体检费用4000元。

第四，自带手提电脑来单位工作的工具补偿费用，一年补偿2000元。

第五，在公司的福利费用制度中规定，一年中职工报销来回探亲假路费4000元。

第六，在公司的《差旅费用报销管理办法》中规定公司高管差旅津贴的标准（省内每天100元，省外每天150元）。

第七，剩下的金额500000-35000×12-［（20000+4000+2000+8000）+60×80+60×150］=80000-47800=32200（元）作为年终绩效奖，在2020年前发放。

（3）设计后的税费成本分析。根据《关于规范社会保险缴费基数有关问题的通知》（劳社险中心函〔2006〕60号）第四条和《国家税务总局关于企业工资薪金及职工福利费扣除问题的通知》（国税函〔2009〕3号）第二条的规定，企业的福利费用和差旅费津贴不作为计算社保费用基数的金额。因此，经过筹划后的税费成本如下：

社保费用成本（企业承担部分加上个人承担部分）：

由于高管人员的工资收入高于社保基数的上限 27401 元，应以上限 27401 元作为计算社保费用的基数，具体计算为：

$27401 \times 44.3\% \times 12 + [80000 - (20000 + 4000 + 2000 + 8000) - 60 \times 80 - 60 \times 150] \times 44.3\% = 145664 + 21175.4 = 166839.4$（元）

个人所得税成本：

高管人员一年的应纳税所得额 $= 500000 - 60000$（6 万元年扣除费用）$- \{27401 \times 12 + [80000 - (20000 + 4000 + 2000 + 8000) - 60 \times 80 - 60 \times 150\} \times 11\%$（高管人员基本养老保险、基本医疗保险、失业保险"三险"的缴纳比例）$- 100000$（专项附加扣除费用）$= 500000 - 60000$（6 万元年扣除费用）$- (328812 + 32200) \times 11\% - 100000$（专项附加扣除费用）$= 300288.68$（元）

高管人员一年的个人所得税成本：

$300288.68 \times 25\% = 75072.17$（元）

筹划后的税费总成本：

$166839.4 + 75072.17 = 241911.57$（元）

（4）设计后的省税结论。设计之后比设计之前，每个高管人员节约税费成本：

$278500 - 241911.57 = 36588.43$（元）

第二节　建筑企业内部承包经营节税的内控管理制度设计

建筑企业内部承包经营是指建筑企业为了调动企业内部各股东、项目经理的工作积极性，降低行政管理成本，以承包经营的模式，将企业承包的各项工程承包给各股东、项目经理负责，公司针对每一个项目收取一定比例的管理费用，所有的成本、税金和其他成本由承包者承担，项目税后利润扣除上交公司管理费用的剩余利润全部归承包者所有的一种管理制度。这种内部承包经营管理制度在实践中存在不少财税法律风险。具体分析如下：

一、建筑企业内部承包经营的模式

实践调研显示，目前的建筑企业，特别是民营建筑企业存在以下几种内部承包经营模式：

（一）"建筑总公司+项目部"管理体制模式下的项目经理承包制

"总公司+项目部"的二级管理体制，是指建筑总公司中标工程后，总公司组建工程项目部开展具体的施工活动的项目管理体制。该管理体制模式下的项目经理承包制的特点为：建筑企业通过自身的资源投标的项目或者是项目经理通过自身的人际关系和利于建筑企业的资质投标的项目，都承包给项目经理，由项目经理全权负责整个项目的生产经营和管理。

（二）"建筑总公司+事业部制区域公司+项目部"管理体制模式下的项目承包制

"建筑总公司+事业部制区域公司+项目部"是建筑总公司在某些区域（一般是在各个省的省会城市）组建事业部制区域公司，该事业部制区域公司承担总公司驻该区域的管理职能，该区域内的建筑工程项目全是由总公司中标，然后在工程所在地以总公司名义组建项目部，由归该区域事业部制区域公司管理的管理体制。在该管理体制模式下的项目承包制的特点为：事业部制区域公司（特别提醒：事业部制区域公司不是建筑总公司的分公司）的负责人，通过自身的人际关系和利于建筑总公司的资质投标的项目，或者建筑总公司通过企业的资源投标的项目，都承包给事业部制区域公司的负责人（或区域经理）。

二、建筑企业内部承包经营模式的经营管理制度的特点

笔者深入企业内部调研显示，建筑行业全面营改增后，建筑企业内部承包经营模式存在以下制度特点：

（一）财务上实行建筑企业总公司统一核算制度

具体的操作流程如下：

（1）建筑企业总公司向项目部或事业部制的区域公司派驻财务会计人员，负责本项目部或本区域公司管辖下的各项目部的财务会计核算。

（2）各项目部或事业部制区域公司的财务人员以建筑总公司的名义进行会计核算。

（3）各项目部或事业部制区域公司以建筑总公司名义在项目部或事业部制区域公司所在地设立临时结算账户。

（二）资金使用管理制度

（1）建筑公司收到业主的工程进度款时，扣下建筑总公司的管理费用和税金后，将剩下的资金全部划出给项目部或事业部制区域公司的临时结算账户（专用账户）。

（2）如果项目要垫资本，则各项目部或事业部制区域公司的承包者自己进行民间融资，或以建筑总公司的名义向银行融资的资金直接打入项目部或事业部制区域公司的临时结算账户（专用账户）。

（3）所有的资金支付都是通过项目部或事业部制区域公司的临时结算账户（专用账户）以现金支票或现金的形式支付给采购负责人员，然后由采购负责人员将现金支票或现金支付给供应商、分包方和设备出租方。在开现金支票时，支票上的收款单位栏空着，不写收款方的单位名称。

（三）物资采购管理制度

（1）建筑企业总公司没有设立建筑物资采购部门，各项目部或事业部制区域公司管辖下的各项目部的建筑物资采购事宜全部由项目部经理或事业部制区域公司的承包者指定人员负责。

（2）各项目部或事业部制区域公司的财务核算人员，凭借项目部采购人员拿来的采购材料清单或材料验收清单、材料采购货款结算单，先向采购人员开出现金支票，然后向负责采购的人员索取发票做账。

（四）合同管理制度

（1）所有的采购事宜，有的有采购合同，有的没有采购合同，即使有采购合同，也都是项目部的采购负责人与供应商拟订的不规范的采购合同。

（2）材料到工地上后的材料验收清单管理不规范，有的有验收清单，有的没有验收清单。

（五）发票开具和使用管理制度

（1）项目部所有的收入发票，由建筑总公司向业主或发包方统一开具，开具发票的时间节点是收到业主或发包方支付工程进度款时，即根据收款的时间点向业主或发包方开具发票。如果工程已经完工，对于拖欠的工程进度款，建筑总公司不开发票。

（2）所有的采购、分包等进项成本发票获取的时间是，各项目部或事业部制区域公司的采购负责人从各项目部或事业部制区域公司的财务负责人开出现金支票后，到有关供应商或分包商处获取发票，各项目部或事业部制区域公司的财务负责人做账（即先付款后索取发票）。

（六）项目部或事业部制区域公司承包者的利润获取渠道

（1）增加材料成本发票，将材料发票拿回公司财务部进行报销。

第一，采购材料时，往往向材料供应商给予税点而要求材料供应商多开材料发票，虚增材料成本。

第二，市场与销售建筑材料的个体工商户签订采购建筑辅料的假合同，然后凭假合同到当地税务部门代开发票，自己承担代开发票的税点而拿税务部门代开的发票回施工企业财务部报销。

第三，材料供应商给税点购买发票拿回财务报账。

（2）虚增人工费用：一是通过民工工资表的形式，虚增民工人员，增加工资成本，回财务部报销；二是向劳务派遣公司或建筑劳务公司支付税点，多开劳务发票从而增加人工成本。

三、建筑企业内部承包经营模式的经营管理制度存在的税收法律风险

通过以上建筑企业内部承包经营模式的经营管理制度的特点来看，建筑企业内部承包经营模式的经营管理存在以下税收法律风险：

（一）不符合"四流统一"或"三流统一"，导致虚开发票或不能抵扣增值税进项税金的风险

根据《国家税务总局关于纳税人对外开具增值税专用发票有关问题的公告》（国家税务总局公告 2014 年第 39 号）的规定，对外开具增值税专用发票同时符合以下情形的，不属于对外虚开增值税专用发票：

（1）纳税人向受票方纳税人销售了货物，或者提供了增值税应税劳务、应税服务。

（2）纳税人向受票方纳税人收取了所销售货物、所提供应税劳务或者应税服务的款项，或者取得了索取销售款项的凭据。

（3）纳税人按规定向受票方纳税人开具的增值税专用发票相关内容，与所销售货物、所提供应税劳务或者应税服务相符，且该增值税专用发票是纳税人合法取得并以自己名义开具的。

基于以上税收政策规定，第（1）条的内涵是物流（劳务流）；第（2）条的内涵是资金流；第（3）条的内涵是票流。综合起来，根据国家税务总局公告 2014 年第 39 号的规定，如果一项销售行为或劳务行为同时满足销售方（劳务提供方）、增值税专用发票的开具方、款项的收款方是同一民事主体，或者说是满足"合同流、劳务流（物流）、资金流和票流"等"四流统一"的采购行为（劳务行为），不属于对外虚开增值税专用发票的行为。

《国家税务总局关于加强增值税征收管理若干问题的通知》（国税发〔1995〕192 号）第一条第（三）项规定：**"购进货物或应税劳务支付货款、劳务费用的对象，纳税人购进货物或应税劳务，支付运输费用，所支付款项的对象，必须与开具抵扣凭证的销货单位、提供劳务的单位一致，才能够申报抵扣进项税额，否则不予抵扣。"** 该文件特别强调"所支付款项的对象，必须与开具抵扣凭证的销货单位、提供劳务的单位一致"，其含义是：谁支付款项并不重要，没有特别强调支付款项的单位必须一定是采购方或劳务接受方。只要收款方与开具增值税专用发票的单位是同一个单位，则获取增值税专用发票的单位就可以申报抵扣增值税进项税额，否则就不可以申报抵扣增值税进项税额。

基于此规定，货物流、资金流、票流一致，在可控范围内可以安全抵扣，票面记载货物与实际入库货物必须相符，票面记载开票单位与实际收款单位必须一致，必须保证票款一致！基于以上税收法律政策分析，建筑企业内部承包经营模式的经营管理制度存在项目部或事业部制区域公司的采购负责人购买建筑材料，财务部门开具现金支票或支付现金，然后采购负责人再支付材料供应商、分包商和设备出租方，索取增值税专用发票（也有可能采购负责人从第三方买发票）来财务报销的现象，是典型的"票款不一致"和"三流不统一"，甚至是虚开增值税发票，是不可以抵扣增值税进项税额的。

（二）由于采购、货款支付和索取供应商发票缺乏制衡机制，很容易出现项目部或事业部制区域公司的采购负责人用钱购买发票或向供应支付税点多索取发票回财务部套现的情况，从而犯虚开增值税专用发票罪

最高人民法院《关于适用〈全国人民代表大会常务委员会关于惩治虚开、伪造和非法出售增值税专用发票犯罪的决定〉的若干问题的解释》（法发〔1996〕30号）规定：具有下列行为之一的，属于"虚开增值税专用发票"：

（1）没有货物购销或者没有提供或接受应税劳务，而为他人、为自己、让他人为自己、介绍他人开具增值税专用发票。

（2）有货物购销或者提供或接受了应税劳务，但为他人、为自己、让他人为自己、介绍他人开具数量或者金额不实的增值税专用发票。

（3）进行了实际经营活动，但让他人为自己代开增值税专用发票。

虚开税款数额1万元以上的或者虚开增值税专用发票致使国家税款被骗取5000元以上的，应当依法定罪处罚。虚开税款数额10万元以上的，属于"虚开的税款数额较大"。

基于以上法律规定，项目部或事业部制区域公司的采购负责人用钱购买发票或向供应支付税点多索取发票回财务部套现，在存在真实交易行为的情况下，让他人为自己开具数量或者金额不实的增值税专用发票的现象，构成虚开增值税发票的行为。

（三）存在被内部人举报公司漏税或敲诈勒索的风险

由于以上分析的内部承包经营管理制度，项目部或事业部制区域公司的财务人员知道公司存在虚开增值税发票和购买发票增加成本少交税的可能。

一旦有对公司有不满情绪的财务人员从公司辞职，向税务稽查机关、纪律检查部门、公安经侦部门举报公司存在虚开增值税发票和购买发票增加成本少交税的违法行为，则公司将面临的后果不堪设想。

四、建筑企业内部承包经营规避财税风险的内控管理制度设计

为了促进企业规避财税风险，增强企业的税收安全，必须从制度设计上进行规范经营。笔者认为，必须将建筑企业的内部承包经营制改为内部项目负责制。具体的建筑企业内部项目负责制的制度设计如下：

（一）合同管理制度

合同决定业务流程，业务流程决定税收，合同是控制企业税收的主要源头。由于建筑业务涉及建筑总承包合同、采购合同、分包合同、租赁合同等各类合同的签订，因此，建筑企业内部承包经营中的合同管理制度如下：

1. 实行统一的合同会签制度

具体的操作要点如下：

（1）各项目部或事业部制区域公司必须使用建筑总公司方统一模板的合同范本。

建筑总公司必须制定适合自身经营范围的统一模板的各类合同范本。各项目部或事业部制区域公司在签订所有的进项类合同时，必须使用建筑总公司统一的合同模板，以建筑总公司的名义与材料供应商、分包商和设备出租方等第三方签合同。不得让各项目部或事业部制区域公司随便从网上下载一份不规范的合同与第三方签订，然后将合同交回建筑总公司盖章签字。

（2）所有的合同由建筑总公司各职能部门统一会签。

各项目部或事业部制区域公司实施项目中涉及的进项类合同（劳务分包合同、物资采购合同、机械设备租赁合同、周转材料租赁合同）必须由建筑总公司法律部或合同管理部门统一审核、评审，然后由建筑总公司的经营、工程、法务、财务等职能部门进行合同会签，最后由建筑总公司的法人代表签字盖章。

2. 实行统一的合同管理制度

（1）所有的合同必须在建筑总公司合同管理部门进行备案建档管理。签

订进项类合同时，各项目部或事业部制区域公司必须向建筑总公司合同管理部或法律部提供中标项目投标文件完整的工作量清单，以便建筑总公司合同管理部或法律部对中标项目工作量和进项类合同采购量进行核实。建筑总公司合同管理部对各项目部或事业部制区域公司的项目实施过程中涉及的进项类合同履行实行审核与监督，对各项目部或事业部制区域公司履行合同过程中不当行为有指导其整改的职责。各项目部或事业部制区域公司与供应方签署的进项类合同一式五份，合同管理部留原件三份建档备案，各项目部或事业部制区域公司施工现场留原件（副本）一份存档，另原件（正本）一份为进项类合同供应方留存。所有的进项合同必须交给建筑总公司合同管理部门进行备案管理，未经建筑总公司盖章并在建筑总公司合同管理部门备案的进项类合同均视为无效合同。

（2）合同盖章的顺序管理。如果建筑总公司对各项目部或事业部制区域公司项目实行非电子化管理，则各项目部或事业部制区域公司先从建筑总公司领用未盖章的书面字纸合同范本，然后交给相关第三方盖章签字，最后交回建筑总公司盖章签字。如果建筑总公司对各项目部或事业部制区域公司项目部实行信息化管理，对合同签订实施电子合同签订程序，则由建筑总公司合同管理部门统一审核电子合同无误后，打印出来后交由各项目部或事业部制区域公司递交给第三方签字盖章，然后再交回建筑总公司签字盖章。

（3）合同领用与编号管理。各项目部或事业部制区域公司从建筑总公司领用纸质合同范本或审核后的电子合同时，建筑总公司必须实行编号领用制度。如果出现写错的纸质合同或没有与第三方签订的合同，则必须交回建筑总公司保管，不能随意丢弃，否则罚款。

（4）财务部门凭合同付款管理。与各项目部或事业部制区域公司管辖下的项目有关的所有进项类合同必须传递一份给建筑总公司财务部或财务处，财务部门审核并凭借合同付款。

3. 视同合同性质凭证的管理

在税法上，采购订单、发货单、提货单、验收货确认单和结算单是视同合同性质的凭证。由于各项目部或事业部制区域公司负责人拥有材料设备物质的采购权和定价权，所以项目部必须配备材料核算员，对项目中进项类合同（物资采购合同、机械设备租赁合同、周转材料租赁合同）涉及相关采购和租赁业务的材料和设备的入库及出库进行现场清点，填写好验收确认单，一式两份，一份留给供应商等第三方，另一份留给各项目部或事业部制区域公司的财务部作为付款和收取增值税发票的依据。

（二）实施项目成本或项目利润率指标控制制度

具体的操作要点如下：

1. 建筑总公司确定各项目的工程成本指标或各项目的利润率指标

建筑总公司的成本预算部对每个中标的项目，根据合同总金额（不含增值税）、工程概算造价清单，编制工程成本指标，作为各项目部或事业部制区域公司下的各项目的成本控制考核指标。或者建筑总公司根据合同额（不含增值税）的一定比例确定项目利润率指标，作为各项目部或事业部制区域公司负责人向建筑总公司提供的项目利润率考核指标。

2. 超过或低于建筑总公司制定的成本控制指标的处理

超过成本控制指标部分由各项目部或事业部制区域公司负责人承担，低于成本控制指标部分作为各项目部或事业部制区域公司负责人的考核奖励。

3. 超过或低于建筑总公司制定的项目利润率指标的处理

低于项目利润率控制指标部分由各项目部或事业部制区域公司负责人承担，超过项目利润率控制指标部分作为各项目部或事业部制区域公司负责人的考核奖励。

（三）实施项目生产经营负责制

1. 项目负责人负责项目的各项生产经营技术指标

建筑总公司与各项目部或事业部制区域公司负责人必须签订项目生产经营责任状书，约定：负责人负责项目的生产安全、工程质量、农民工的劳资管理、项目的所有物资采购、工程结算、合同签订，达到国家规定的技术指标。

2. 项目成本费用负责制

各项目部或事业部制区域公司负责人负责承担项目所发生的所有成本，确保成本不超过建筑总公司下达的各项成本控制指标，否则超过部分的支出由负责人承担。节约的成本支出属于各项目部或事业部制区域公司负责人的绩效考核奖。

（四）实施集中统一的财务收付结算管理制度

1. 建筑总公司与各项目部或事业部制区域公司实施全程信息化办公管理

具体的操作要点如下：

（1）人员管理：实施各项目部或事业部制区域公司的财务主管和会计核算人员派遣制度。

各项目部或事业部制区域公司的财务主管和会计核算人员全部由建筑总公司统一派遣，受建筑总公司财务部统一垂直领导。事业部制区域公司的财务主管在一定期限满后，必须与其他事业部制区域公司的财务主管进行轮岗。

（2）账务事项管理：各项目部或事业部制区域公司旗下的项目部以建筑总公司为会计核算主体。

在平常的业务核算上，各项目部或事业部制区域公司旗下的项目部的收入和成本，都以建筑总公司的名义建账进行会计核算。

（3）资金收付管理。

1）项目部提前编制资金使用计划，向总部提出付款申请。

各项目部或事业部制区域公司不设立临时结算户，建筑总公司实施"收支两条线"管理，在建筑总公司财务部设立资金处，统一调配建筑总公司内部的资金。各项目部或事业部制区域公司旗下的项目部根据涉及的采购、专业分包、劳务分包等需要的资金支付，提前编制一定期限的资金支付使用计划，在规定的时间内上报建筑总公司财务部，提出付款申请。

2）总部资金处按照"见票付款"的原则，将资金审核相关付款法律凭证，满足"四流统一"条件后，向第三方付款。

各项目部或事业部制区域公司的项目负责人、财务负责人审核合同、验收材料清单、分包工程进度结算书或分包工程量清单等有关法律凭证无误后，必须在收到第三方开具的增值税发票，而且满足"四流统一"条件后，由建筑总公司财务部的资金处，按照公对公账户的原则，将资金从建筑总公司银行存款账户直接支付给与工程项目有真实业务往来的供应商、分包商、设备出租方的银行账户。

3）零星辅料采购费用的报销。

各项目部或事业部制区域公司负责人，以建筑总公司名义为项目施工所购买的辅料，可以由负责人以现金支付、微信支付、支付宝支付，然后索取发票回各项目部或事业部制区域公司财务处报销。但是建议单次报销在 2 万元以内，最多不能超过 5 万元，而且只能领普票报销，不能领专票报销。辅料报销，必须按照一定的费用报销流程，一定要提供销售方盖章的销售清单明细。

4）业主或发包方的工程进度款全部划入建筑总公司的财务部。

2. 没有实施信息化管理（OA 办公系统）的建筑企业资金支付流程

首先，各项目部或事业部制区域公司在工程所在地选择一家银行，以建筑总公司的名义申请单独开设临时银行结算户（或项目部专属账户）。

其次，各项目部或事业部制区域公司的财务负责人将提前一定期限编制的项目资金使用支付计划和资金支付申请，传递给建筑总公司财务部，审核后，建筑总公司将申请额度的资金划入临时银行结算户（或项目部专属账户）。

最后，各项目部或事业部制区域公司财务处，根据"见票付款"原则，将资金通过临时结算账户进行公对公对外支付。

3. 票据开具管理制度

各项目部根据《建设工程施工承包合同》，按期及时以建筑总公司的名义与发包方进行工程结算。建筑总公司财务部要制定《发票管理办法》，开具发票之前，由项目部经办人员填写《发票开具申请表》，项目部的经办人员、项目负责人、项目财务负责人签字后，交由建筑总公司相关管理部门、财务部核准，建筑总公司财务部税务经办人员根据核准的《发票开具申请表》及增值税纳税义务向发包单位开具增值税专用发票或普通发票。

4. 各项目部或事业部制区域公司负责人考核绩效奖的提取渠道

在项目工程完工、办理竣工结算并验收合格后，各项目部或事业部制区域公司负责人考核绩效奖如何从建筑公司总部提取？一般方法如下：

包工头或项目经理要把建筑企业账上属于各项目部经理或事业部制区域公司负责人考核绩效奖部分的利润提取出来，主要有三种方式：

（1）每月给项目经理预发工资。

（2）建筑企业账上属于各项目部经理或事业部制区域公司负责人考核绩效奖份额部分的利润扣除为其预发工资的剩余部分，在年终通过年终奖的方式进行发放。该年终奖要依照年终奖的税收政策计算并扣除个人所得税。

（3）可以通过适量的费用发票，如业务招待费用、差旅费用、会议费用进行报销。

第三节　建筑企业挂靠工程税收安全的
五项涉税内控制度设计

制度控税是指企业通过设置良好的企业内部制度来规范企业的经营，使企业经营规范有序，开源节流，达到控制非税收成本，最终使企业节省税收、减少税收风险的一种税务管控行为。制度控税折射出一种税收与制度间的逻辑关系，即制度与税收之间是辩证统一关系：制度决定了公司的经营行为，公司的经营行为决定企业税收的多少。如果要让企业进行节税，则必须重视公司各项管理制度的重构和设计，充分选择更有利于公司节税和规避企业税收风险的管理制度。建筑企业挂靠经营是建筑行业中非常普遍的经济现象，由于建筑挂靠经营涉及借用建筑企业资质承揽业务从事非法经营的法律风险，虚开增值税发票和挂靠人从被挂靠方取出利润漏税的税收风险，挂靠人拖欠农民工劳务款、供应商材料款而被挂靠方负主要偿还责任的财务风险，为了控制以上风险，提升税收安全，笔者认为建筑企业挂靠经营业务必须制定和实施合同管理制度、物资采购管理制度、招投标的内控管理制度、挂靠项目的施工管理制度和集中统一的财务收付结算管理制度五项制度控税措施。

一、合同管理制度

合同决定业务流程，业务流程决定税收，合同是控制企业税收的主要源头。由于建筑挂靠业务涉及建筑总承包合同、采购合同、分包合同、租赁合同等各类合同的签订，因此，建筑企业挂靠经营中的合同管理制度如下：

（一）实行统一的合同会签制度

1. 必须使用被挂靠方统一模板的合同范本

被挂靠方必须制定适合自身经营范围的统一模板的各类合同范本。挂靠方在签订所有的进项类合同时，必须使用被挂靠方统一的合同模板，以被挂靠方的名义与材料供应商、分包商和设备出租方等第三方签合同。不得让挂靠方随便从网上下载不规范的合同与第三方签订，然后将合同交回被挂靠方盖章签字。

2. 所有的合同由被挂靠方各职能部门统一会签

挂靠方实施项目中涉及的进项类合同（劳务分包合同、物资采购合同、机械设备租赁合同、周转材料租赁合同）必须由被挂靠方法律部或合同管理部门统一审核、评审，然后由被挂靠方的经营、工程、法务、财务等职能部门进行合同会签，最后由被挂靠方的法人代表签字盖章。

（二）实行统一的合同管理制度

1. 所有的合同必须在被挂靠方合同管理部门进行备案建档管理

签订进项类合同时，挂靠方必须向被挂靠方合同管理部或法律部提供中标项目投标文件完整的工作量清单，以便被挂靠方合同管理部或法律部对中标项目工作量和进项类合同采购量进行核实。被挂靠方合同管理部对挂靠方项目实施过程中的进项类合同履行实行审核与监督，对挂靠方履行合同过程中的不当行为有指导其整改的职责。挂靠方与供应方签署的进项类合同一式五份，合同管理部留原件三份建档备案，挂靠方施工现场留原件（副本）一份存档，另原件（正本）一份为进项类合同供应方留存。所有的进项合同必须交给被挂靠方合同管理部门进行备案管理，未经被挂靠方盖章并在被挂靠方合同管理部门备案的进项类合同均视为无效合同。

2. 合同盖章的顺序管理

如果被挂靠方对挂靠方项目实行非电子化管理，则挂靠方先从被挂靠方领用未盖章的书面纸质合同范本，然后交给相关第三方盖章签字，最后交回被挂靠方盖章签字。如果被挂靠方对挂靠方项目部实行信息化管理，对合同签订实施电子合同签订程序，则由被挂靠方合同管理部门统一审核电子合同无误后，打印出来交由挂靠方递交给第三方签字盖章后，再交回被挂靠方签字盖章。

3. 合同领用与编号管理

挂靠方从被挂靠方领用纸质合同范本或审核后的电子合同时，被挂靠方必须实行编号领用制度。如果出现写错的纸质合同或没有与第三方签订的合同，则必须交回被挂靠方保管，不能随意丢弃，否则罚款。

4. 财务部门凭合同付款管理

与挂靠项目有关的所有进项类合同必须传递一份给被挂靠项目部的财务部门，财务部门凭借审核后的合同付款。

（三）视同合同性质凭证的管理

在税法上，采购订单、发货单、提货单、验收确认单和结算单是视同合同性质的凭证。由于挂靠方拥有材料设备物质的采购权和定价权，所以被挂靠方应实行材料员派遣制度，对挂靠方实施项目中进项类合同（物资采购合同、机械设备租赁合同、周转材料租赁合同）涉及相关采购和租赁业务的材料和设备的入库及出库进行现场清点，填写好验收确认单，一式四份，一份留挂靠方，一份留给供应商等第三方，一份留给被挂靠方的法律部或合同管理部门，一份留给被挂靠项目部的财务部作为付款和收取增值税发票的依据。

二、物资采购管理制度

由于被挂靠项目的质量是被挂靠方终身责任制，所有对于被挂靠项目的工程质量管理是被挂靠方不可推卸的责任。为了防止豆腐渣工程，杜绝安全隐患，被挂靠方必须加强工程采购物资的管理。

（一）被挂靠方建立合格供应商的选择制度

1. 被挂靠方建立合格供应商库

为了杜绝走逃供应商或资信不良的材料供应商的开票行为，而且被挂靠方几乎靠挂靠方开展业务，在只收取管理费用的情况下，让挂靠方将与其具有长期合作的供应商呈报给被挂靠方法律部或合同管理部门，由被挂靠方与其签订长期采购框架合作协议，约定材料的品种、技术标准和产品型号，内部协商采购优惠价格，将该供应商纳入被挂靠方的合格供应商储备数据库，今后与被挂靠方合作的挂靠方必须从被挂靠方合格供应商数据库中选择供应商采购建筑材料。

2. 被挂靠方指定材料供应商

在被挂靠方很强势或挂靠业务在被挂靠方的业务中所占比例很低的情况下，可以指定统一的材料供应商或被挂靠方认可的由挂靠方成立的材料贸易公司采购。

3. 被挂靠方指定材料和设备品牌，划定劣质供应商的标准

当挂靠方很强势，而且挂靠方的资信很高时，被挂靠方只指定挂靠项目所用的材料和设备的品牌，让挂靠方在市场上自由选择材料和设备供应商。但是必须杜绝从劣质供应商采购材料和设备。根据工商营业执照判断，劣质供应商的标准如下：

（1）刚注册的小规模增值税纳税人的材料供应商。

（2）经营时间在两年以内的材料供应商。

（3）经营地与公司注册地不一致的材料供应商。

（二）制定规范的建筑物质采购制度

1. 主材和设备的采购管理制度

挂靠方以被挂靠方的名义从被挂靠方指定的供应商或按照被挂靠方指定的品牌要求而购买的工程所耗用的主材和设备，挂靠人必须先把资金支付给被挂靠方的银行账户，然后由被挂靠方支付给相关的供应商等第三方。绝对不允许挂靠方直接将材料、设备款支付给供应商，然后索取发票回被挂靠方报销材料和设备款。

2. 辅料的采购管理制度

挂靠方以被挂靠方的名义购买辅料，可以由挂靠方进行现金支付、微信支付、支付宝支付，然后索取发票回被挂靠方财务处报销。但是建议单次报销在2万元之内，最多不能超过5万元，而且只能领普通发票报销，不能领增值税专用发票报销。辅料报销一定要提供销售方盖章的销售清单明细。

三、集中统一的财务收付结算管理制度

（一）实行专门的账户共同管理

挂靠项目所有的收支项目（零星支出除外），都必须通过被挂靠方的账

户走账。由于实践中的建筑工程都要垫资施工，被挂靠方不可能替挂靠方进行融资或垫资，所以挂靠方垫资用于采购材料和发放的工资都先转入被挂靠方的银行账户，然后由被挂靠方的账户转入有关材料供应商、分包商、建筑设备出租方和有关人员的工资卡。因此，挂靠项目的银行账户可以实行以下两种管理中的任何一种：第一种是以被挂靠方的银行账户作为挂靠项目的收支结算账户；第二种是设立项目部专属账户管理。即如果被挂靠方与挂靠的项目不在一个市辖区内，或跨省或在一个省内跨市县区，则被挂靠方在挂靠项目所在地选择一家银行，以被挂靠方的名义开设一个临时结算账户（以下简称项目部专属账户），本项目的所有资金收付结算通过该临时结算户进行，必须实行收支两条线管理。

（二）实行资金收付的统一管理

如果挂靠项目从被挂靠方的账户走账，则资金实行收支两条线管理，所有资金通过被挂靠方的 U 盾授权密码支付。挂靠方享有挂靠项目财务收支、核算的审批权，被挂靠方享有监督审批权。涉及财务支付款项时，须被挂靠方和挂靠方双方领导共同履行审批签字手续后方可支付。具体的操作程序如下：

（1）由挂靠方负责财务管理的主管领导和财务负责人在付款通知单上签字确认。

（2）挂靠方将该由挂靠方签字的付款通知单交给被挂靠方，经被挂靠方负责财务工作的主管领导和财务负责人签字确认。

（3）由被挂靠方的财务部填写付款凭证，并经被挂靠方负责财务管理的主管领导和财务负责人在付款凭证上签字。

（4）被挂靠方的出纳进行付款。

如果在工程所在地，以被挂靠方的名义单独开设了临时银行结算户（或项目部专属账户），则该项目部专属账户收付款的短信通知，必须绑定挂靠方主管领导的电话号码，以便挂靠人可以监管到项目部专属账户的资金变动。具体操作流程如下：

第一，发包方将工程进度款拨入被挂靠方一般账户时，被挂靠方扣留管理费用和税费后，将剩余的工程款拨入项目部专属账户。

第二，项目部专属账户的资金由挂靠方在法律允许下自由支配使用。

（三）被挂靠方实行统一的会计核算

被挂靠企业对挂靠的项目在会计上单独建账、独立核算。被挂靠企业必须向挂靠项目委派主任会计，全面负责挂靠项目的财务核算。被挂靠方对挂靠项目必须实行统一的财务核算制度，挂靠方必须就本挂靠的项目所发生的材料设备费、人工费、机械租赁费和管理费用，取得正规的合法票据（包括增值税专用发票和增值税普通发票），递交给被挂靠方进行会计核算，也就是说，挂靠方必须以被挂靠方的名义建账对该挂靠项目进行会计核算，挂靠方不进行会计核算，最后体现的项目利润全部在被挂靠方账上。

四、招投标的内控管理制度

挂靠方以被挂靠方的名义对外进行有关的投标工作，具体的相关管理制度如下：

第一，挂靠方在招标单位发布招标文件后，到被挂靠企业开具介绍信，再去招标单位领取招标文件，以被挂靠方名义报名投标，被挂靠方必须做好投标登记工作，同时做好相关的配套管理服务。

第二，被挂靠方根据招标单位的招标文件，制作投标文件，包括但不限于技术标、商务标。同时，被挂靠方必须派管理人员参与开标全过程中的服务工作。

第三，投标保证金的管理。挂靠方先把投标保证金存入被挂靠方的基本银行账户，然后由被挂靠方根据《中华人民共和国招标投标法》的规定，从其基本银行账户向招标单位指定的银行账户支付投标保证金。如果工程中标，则挂靠方将工程中标情况及时告知被挂靠企业各个相关职能部门。

五、挂靠项目的施工管理制度

（一）挂靠项目施工身份公示管理

挂靠方必须在项目部施工现场的边界处，用安全网或铁板围起来或修建临时的封闭式的施工围墙，通过广告公司制作广告牌，标明"被挂靠方企业名字+×××项目部"和"被挂靠方企业名字+承建×××项目"的宣传标语，并在广告牌上以及塔式起重机等大型施工设备显要位置标明被挂靠企业的LOGO，向社会告知施工方身份是被挂靠方企业。同时，在项目部的封闭式的施工围墙上标注项目概况，注明项目建设方、施工方、监理方、工程面积、项目管理人员等项目详细情况。

（二）项目管理人员派驻管理

被挂靠方对挂靠项目下发"关于成立×××项目部"的文件，然后，向挂靠的项目部派驻持证上岗的项目经理、经营、工程、安全、财务等人员，其人员工资、费用由挂靠的项目承担。被挂靠方委派在项目部的管理人员、被挂靠方公司总部职能部门的管理人员要对项目的经营、技术、工程生产、安全等实施管理。

（三）项目部的资金支付管理

挂靠方必须对挂靠项目部的采购、专业分包、劳务分包等需要的资金支付提前制订资金计划，在规定的时间内提出付款申请，上报被挂靠方企业后，由被挂靠方企业按照公对公账户的原则，从被挂靠方银行存款账户直接支付给与挂靠工程项目有真实业务往来的供应商、分包商的银行账户。

（四）成本票据开具管理

所有的挂靠项目所发生的资金支付，在被挂靠方企业审核支付之前，必须"凭票付款"，要求供应商、分包商根据合同约定先开具合规合法的增值税发票，被挂靠方驻挂靠项目部的财务负责人或负责核算挂靠项目的财务负责人根据合同审核票据无误后，再从被挂靠方的银行账户进行公对公支付。另外，被挂靠方根据《建设工程施工承包合同》按期及时与发包方进行工程结算。被挂靠企业要制定《发票管理办法》，开具发票之前，由挂靠项目部经办人员填写《发票开具申请表》，挂靠项目部的经办人员、项目负责人、项目财务负责人签字后，交由被挂靠方企业相关管理部门、财务部核准，被挂靠企业税务经办人员根据核准的《发票开具申请表》，以及增值税纳税义务向发包单位开具增值税专用发票或普通发票。

第四节　节约社保费用的职工福利费制度和职工培训制度设计

一、企业节约社保费用的职工福利费制度和职工培训制度设计的法律依据分析

（一）社会保险费用的缴纳基数

《关于规范社会保险缴费基数有关问题的通知》（劳社险中心函〔2006〕60号）第一条规定："**凡是国家统计局有关文件没有明确规定不作为工资收入统计的项目，均应作为社会保险缴费基数。**"

关于工资总额的组成，国家统计局发布的《关于工资总额组成的规定》（国家统计局令第1号）做出了明确规定，根据该规定，工资总额是指各单位在一定时期内直接支付给本单位全部职工的劳动报酬总额，由计时工资、计件工资、奖金、加班加点工资、特殊情况下支付的工资、津贴和补贴等组成。

1. 用人单位缴纳基本社会保险费用的基数

用人单位应当缴纳基本养老保险费的基数是本单位职工工资总额。工资总额是指用人单位在一定时期（一般以年计算）内，直接支付给本单位全部职工的劳动报酬的总额。工资总额的计算，应以直接支付给全体职工的全部劳动报酬为根据。在每月申报用人单位承担的社会保险费用时，以上一年度用人单位职工工资总额除以12作为每月申报社会保险费用的基数。

2. 职工缴纳基本社会保险费用（基本养老保险、基本医疗保险和失业保险）的基数

职工缴纳基本社会保险费的缴费基数是本人工资。在实际操作中，本人工资一般是指本人上年度月平均工资。月平均工资按国家统计局规定列入工资总额统计的项目计算，包括工资、奖金、津贴、补贴等收入。根据《职工基本养老保险个人账户管理暂行办法》（劳办发〔1997〕116号）规定，职

工本人一般以上一年度本人月平均工资为个人缴费工资基数（有条件的地区也可以本人上月工资收入为个人缴费工资基数）。新招职工（包括研究生、大学生、大中专毕业生等）以起薪当月工资收入作为缴费工资基数；从第二年起，按上一年实发工资的月平均工资作为缴费工资基数。

要特别注意职工个人缴纳基本养老保险费的上下限。根据《职工基本养老保险个人账户管理暂行办法》（劳办发〔1997〕116 号）的规定，本人月平均工资低于当地职工平均工资 60% 的，按当地职工月平均工资的 60% 缴费；超过当地职工平均工资 300% 的，按当地职工月平均工资的 300% 缴费，超过部分不计入缴费工资基数，也不计入计发养老金的基数。

（二）社会保险费用的缴纳比例

（1）《国务院关于建立城镇职工基本医疗保险制度的决定》（国发〔1998〕44 号）规定，基本医疗保险费由用人单位和职工共同缴纳。用人单位缴费率应控制在职工工资总额的 6% 左右，职工缴费率一般为本人工资收入的 2%。具体缴费比例由各统筹地区根据实际情况确定。随着经济发展，用人单位和职工缴费率可作相应调整。目前的比例调整为：用人单位缴费率应控制在职工工资总额的 10% 左右，职工缴费率一般为本人工资收入的 2%。

（2）《失业保险条例》第六条规定，城镇企业事业单位按照本单位工资总额的 2% 缴纳失业保险费，城镇企业事业单位职工按照本人工资的 1% 缴纳失业保险费。城镇企业事业单位招用的农民合同工本人不缴纳失业保险费。

（3）根据《国务院关于建立统一的企业职工基本养老保险制度的决定》（国发〔1997〕26 号）规定，个人缴纳基本养老保险费的比例，1997 年不得低于本人缴费工资的 4%，1998 年起每两年提高 1 个百分点，最终达到本人缴费工资的 8%。目前，个人缴纳基本养老保险费的比例统一为本人缴费工资的 8%。企业缴纳基本养老保险费的比例，一般不得超过企业工资总额的 20%。

（三）不列入社保费用缴费基数的情形

根据《关于规范社会保险缴费基数有关问题的通知》（劳社险中心函〔2006〕60 号）第四条的规定，根据国家统计局的规定，下列项目不计入工资总额，在计算缴费基数时应予以剔除：

（1）有关劳动保险和职工福利方面的费用。职工保险福利费用包括医疗卫生费、职工死亡丧葬费及抚恤费、职工生活困难补助、文体宣传费、集体福利事业设施费和集体福利事业补贴、探亲路费、计划生育补贴、冬季取暖补贴、防暑降温费、婴幼儿补贴（即托儿补助）、独生子女牛奶补贴、独生子女费、"六一"儿童节给职工的独生子女补贴、工作服洗补费、献血员营养补助及其他保险福利费。

（2）劳动保护的各种支出。包括工作服、手套等劳动保护用品，解毒剂、清凉饮料，以及按照国务院 1963 年 7 月 19 日劳动部等七单位规定的接触有毒物质、矽尘作业、放射线作业和潜水、沉箱作业、高温作业五类工种所享受的由劳动保护费开支的保健食品待遇。

（3）出差补助、误餐补助。指职工出差应购卧铺票实际改乘座席的减价提成归己部分；因实行住宿费包干，实际支出费用低于标准的差价归己部分。

（4）对自带工具、牲畜来企业工作的从业人员所支付的工具、牲畜等的补偿费用。

（5）调动工作的旅费和安家费中净结余的现金。

（四）税法上的工资总额和职工福利费用的界定

《国家税务总局关于企业工资薪金及职工福利费扣除问题的通知》（国税函〔2009〕3 号）第二条"关于工资薪金总额问题"规定如下：

《中华人民共和国企业所得税法实施条例》第四十、第四十一、第四十二条所称的"工资薪金总额"，是指企业按照本通知第一条规定实际发放的工资薪金总和，不包括企业的职工福利费、职工教育经费、工会经费以及养老保险费、医疗保险费、失业保险费、工伤保险费、生育保险费等社会保险费和住房公积金。属于国有性质的企业，其工资薪金不得超过政府有关部门给予的限定数额；超过部分，不得计入企业工资薪金总额，也不得在计算企业应纳税所得额时扣除。

《国家税务总局关于企业工资薪金及职工福利费扣除问题的通知》（国税函〔2009〕3 号）第三条"关于职工福利费扣除问题"规定如下：

《中华人民共和国企业所得税法实施条例》第四十条规定的企业职工福

利费，包括以下内容：

（1）尚未实行分离办社会职能的企业，其内设福利部门所发生的设备、设施和人员费用，包括职工食堂、职工浴室、理发室、医务所、托儿所、疗养院等集体福利部门的设备、设施及维修保养费用和福利部门工作人员的工资薪金、社会保险费、住房公积金、劳务费等。

（2）为职工卫生保健、生活、住房、交通等所发放的各项补贴和非货币性福利，包括企业向职工发放的因公外地就医费用、未实行医疗统筹企业职工医疗费用、职工供养直系亲属医疗补贴、供暖费补贴、职工防暑降温费、职工困难补贴、救济费、职工食堂经费补贴、职工交通补贴等。

（3）按照其他规定发生的其他职工福利费，包括丧葬补助费、抚恤费、安家费、探亲假路费等。

《国家税务总局关于企业所得税若干问题的公告》（国家税务总局公告2015年第34号）第一条关于"企业福利性补贴支出税前扣除问题"规定如下：

列入企业员工工资薪金制度、固定与工资薪金一起发放的福利性补贴，符合《国家税务总局关于企业工资薪金及职工福利费扣除问题的通知》（国税函〔2009〕3号）第一条规定的，可作为企业发生的工资薪金支出，按规定在税前扣除。

不能同时符合上述条件的福利性补贴，应作为国税函〔2009〕3号文件第三条规定的职工福利费，按规定计算限额税前扣除。

但根据劳社险中心函〔2006〕60号的规定，每月发给职工的交通补贴、通讯补贴、午餐补助等要作为缴纳社保费用基数。

二、少缴纳社会保险费用的职工薪金、劳动保护和业务提升培训制度设计

如果用人单位利用全日制人员完成工作，又没有与劳务公司签订劳务分包合同或劳务派遣协议，或者用人单位与劳务公司签订劳务分包或劳务派遣协议，将社会保险费用转移给劳务公司，劳务公司和用人单位与全日制的人员必须签订劳动合同，用人单位和劳务公司除必须购买工伤和生育保险外，

还必须按照当地政府的规定，购买基本养老保险、基本社会保险和失业保险。在用工单位和劳务公司的全日制员工同意用工单位和劳务公司从其个人工资收入中代扣代缴社会保险费用的情况下，应构建缴纳社会保险费用的职工薪金制度。具体的制度设计如下：

（一）在职工收入总额不变的情况下，应调整工资收入和职工福利收入的比例结构，公司每年年初制定工资薪金和福利制度，增加不作为缴纳社保费用基数的职工福利费用，降低职工工资费用

根据税法的规定，操作要点如下：

第一，企业每年给职工探亲路费 4000 元、冬季取暖补贴 3000 元、防暑降温费 3000 元。

第二，企业建立职工食堂，规定职工食堂经费补贴，根据《关于规范社会保险缴费基数有关问题的通知》（劳社险中心函〔2006〕60 号）的规定，如果企业有食堂，支付给职工食堂经费补贴不作为社保缴纳的基数；如果企业没有食堂，则公司规定午餐补助标准，要作为缴纳社保的基数。

注意：以上费用不需要提供发票，只要在工资福利制度上规定就行，但是依法缴纳个人所得税。另外，如果公司在福利费用制度中规定一年当中的元宵节、端午节、清明节、国庆节、中秋节等几个大节中的过节费用，并规定一定额度的交通费用补贴、手机通信费用补贴，则要计入缴纳社保费用的基数。

第三，企业制定《职工出差费用报销管理办法》，办法中规定省内和省外的职工出差补助和误餐补助标准。

第四，企业规定每 3 年给员工更换手提电脑，所有权归企业所有，职工只有使用权。①企业可以抵扣购买电脑的增值税进项税；②职工不缴纳个人所得税；③企业可以计提职工福利费用，在企业所得税前扣除，少缴纳企业所得税。或者公司在福利费制度中规定：职工自己购买上班用手提笔记本电脑，可拿发票回公司分三年进行报销。

第五，企业每年年末开年会，聚餐费用计入会议费用。

第六，公司在规定限额内每年给员工报销体检费用，或统一在指定的医院进行体检，费用由公司统一支付。

第七，公司在福利费制度中规定：公司统一租赁专家公寓或员工宿舍解决员工的居住问题。特别提醒：公司每月给予员工的房租补贴，需要作为计算社保费用的基数。

第八，公司在职工福利费用制度中规定设立孝顺父母福利基金和职工幼儿关爱基金：在公司工作满一年的员工，公司每年每月给予职工父亲母亲各500元职工孝顺父母福利基金费；同时给予结婚的每位职工每月500元职工幼儿关爱基金。

第九，公司在福利费制度中规定：公司每年在职工生日那天给予职工1000元生日祝贺基金。

第十，公司福利制度中规定：公司每年给每位职工法定假期日旅游度假补助10000元。

（二）建立职工劳动保护和安全生产制度

第一，企业规定每年一定额度的劳动保护费用支出。主要是企业定制职工工作服、手套等劳动保护用品，以及解毒剂、清凉饮料。

第二，《国家税务总局关于企业所得税若干问题的公告》（国家税务总局公告2011年第34号）第二条"关于企业员工服饰费用支出扣除问题"规定：根据工作性质和特点，由企业统一制作并要求员工工作时统一着装所发生的工作服饰费用，根据《实施条例》第二十七条的规定，可以作为企业合理的支出给予税前扣除。

基于以上税收政策文件的规定，企业对工作服的操作要点是：

（1）企业必须与具有一般纳税人资格的服装厂签订工作服的定制合同，在合同中约定：在工作服的某一部位必须有公司的商标标识。

（2）企业必须通过公对公进行转账结算工作服的定制款。

（3）要求员工工作时统一穿着工作服。

（4）服装厂给企业开具16%的增值税专用发票。

（三）建立职工技能提升培训制度

根据《财政部、国家税务总局关于企业职工教育经费税前扣除政策的通知》（财税〔2018〕51号），明确自2018年1月1日起，企业发生的职工教育经费支出，不超过工资薪金总额8%的部分，准予在计算企业所得税应纳税所得额时扣除；超过部分，准予在以后纳税年度结转扣除。根据《财政部、全国总工会等部门关于印发〈关于企业职工教育经费提取与使用管理的意见〉的通知》（财建〔2006〕317号）的规定，企业的职工教育经费的列支范围包括以下十一项：

（1）上岗和转岗培训。

（2）各类岗位适应性培训。

（3）岗位培训、职业技术等级培训、高技能人才培训。

（4）专业技术人员继续教育。

（5）特种作业人员培训。

（6）企业组织的职工外送培训的经费支出。

（7）职工参加的职业技能鉴定、职业资格认证等经费支出。

（8）购置教学设备与设施。

（9）职工岗位自学成才奖励费用。

（10）职工教育培训管理费用。

（11）有关职工教育的其他开支。

根据以上税收政策规定，企业应该制定职工培训制度，让职工有机会出去参加各种培训。但是根据财建〔2006〕317号文件的规定，以下两种费用不得从职工教育经费中列支：

第一，企业职工参加社会上的学历教育以及个人为取得学位而参加的在职教育，所需费用应由个人承担，不能挤占企业的职工教育培训经费。

第二，对于企业高层管理人员的境外培训和考察，其一次性单项支出较高的费用应从其他管理费用中支出，避免挤占日常的职工教育培训经费。

参考文献

［1］ 肖太寿：《纳税筹划》，经济科学出版社 2010 年版。

［2］ 查方能：《纳税筹划》，东北财经大学出版社 2012 年版。

［3］ 朱国平：《纳税筹划》，中国财政经济出版社 2007 年版。

［4］ 盖地：《建筑施工企业纳税与筹划操作指南》，中国财政经济出版社 2010 年版。

［5］ 段九利、白秀峰：《房地产企业全程纳税筹划》，中国市场出版社 2011 年版。

［6］ 肖太寿：《最新税收政策下企业涉税 76 难点深度解析及经典案例》，中国市场出版社 2011 年版。

［7］ 蔡昌：《税务风险揭秘》，中国财政经济出版社 2011 年版。

［8］ 蔡昌：《税务稽查零风险：税务稽查应对手册》，北京大学出版社 2011 年版。

［9］ 肖太寿：《最新税收政策下企业涉税疑难问题处理及经典案例解析》，经济科学出版社 2010 年版。

［10］ 肖太寿：《最新税收政策下企业所得税汇算清缴重点难点处理与填报方法》，中国市场出版社 2010 年版。

［11］ 张书箱、江家银：《避税与反避税的理论与实务》，安徽人民出版社 1995 年版。

［12］ 李明俊、李柳田：《企业领导者如何税得香》，企业管理出版社 2010 年版。

［13］ 宋洪祥：《点税成金——企业经营决策的税收管理与风险控制》，经济日报出版社 2009 年版。

［14］ 肖太寿、吴华：《商业模式下的合同控税策略——6 类经济合同中的涉税风险管控及例解》，中国长安出版社 2013 年版。

［15］ 肖太寿：《企业税收成本控制》（税务咨询师教材），中国时代经

济出版社 2012 年版。

［16］肖太寿：《砍掉企业税收成本三把刀及 76 案例精解》，经济科学出版社 2012 年版。

［17］肖太寿：《合同控税理论及 51 案例真解》，中国市场出版社 2014 年版。

［18］肖太寿：《合同控税：21 种节税技巧 72 个实战案例》，中国市场出版社 2015 年版。

［19］肖太寿：《建筑房地产企业税务管控》，经济管理出版社 2017 年版。

［20］肖太寿：《建筑房地产企业合同控税》（第 2 版），中国市场出版社 2017 年版。